Enid Howarth/Jan Tras
Unvollkommen lebt sich's besser

Inhalt

Einleitung

Der Zwang zur Perfektion und die Angst vor dem Versagen sind so amerikanisch – und so deutsch wie Mutterschaft und Apfelkuchen. Auch die Deutschen wurden vom »American Dream« erfaßt, vom »amerikanischen Traum« – und wenn uns dieser Traum sagt: »Sei vollkommen«, so lehrt uns die allgemeine Erfahrung allzuoft: »Ich habe versagt – wieder einmal.« Ganz normale Menschen empfinden sich als zutiefst mangelhaft, weil sie selbst und ihr Leben nicht vollkommen sind. Ihre Arbeit, ihre Eltern, ihre Ehen und Beziehungen, ihre Kinder, ihre Körper, ihre Persönlichkeiten, ihr ganzes Selbst, all das ist enttäuschend menschlich. In der Kultur verankerte, von uns übernommene Mythen über Vollkommenheit, die so tief in unserer Psyche wurzeln, daß sie schlichte Realität zu sein scheinen, schlagen uns in Fesseln. Sie machen unser Leben und Lieben viel schwieriger, als es sein müßte.

Unvollkommen lebt sich's besser – soll alle vom Traum der Vollkommenheit Infizierten daran erinnern, daß es eigentlich das Wichtigste ist, menschlich zu sein. Als Beraterinnen für geistige Gesundheit haben wir dieses Buch für unsere Klientinnen und Klienten, unsere Familien, unsere Freunde und all jene geschrieben, die sich selbst dafür bestraften, menschlich zu sein, und sich dafür schämen, daß sie unvollkommen sind.

»*Unvollkommen lebt sich's besser*« handelt vom ernsten Geschäft, glücklich zu leben. Es soll eine praktische Anleitung sein, die tröstet, informiert und erfreut. Sie stellt vertraute Bilder in Frage und zweifelt Autoritäten an. Sie wirft ein wenig Licht auf Furcht, Zorn, Verweigerung, Schuld, Scham und das Problem der Selbstachtung. Sie erkundet selbstzerstörerische Glaubenssysteme, schwierige Beziehungen und mitabhängige Verhaltensweisen. Sie wendet sich an alle, die in dem Ozean unmöglicher Träume und Erwartungen schwimmen – Studierende, Eltern, professionelle Berater/innen, Mitabhängige – und an alle, die an persönlicher Entwicklung, Erweiterung des Bewußtseins oder dem Humor im menschlichen Leben interessiert sind.

Sie brauchen aber nicht in ernsten Schwierigkeiten zu stecken, um dieses Buch zu genießen. Sie brauchen nur willens zu sein, das Positive hervorzuheben und das Negative nicht zu ernst zu nehmen, über den Schlamassel lachen, in dem Sie stecken, und zugeben, daß es so ja auch nur schiefgehen konnte. Sie können das Buch sogar einem Freund geben, ohne damit anzudeuten, daß ihm irgend etwas fehlt. Wir haben es einfach gehalten, locker und trotzdem pfiffig. Es ist kein Penicillin, sondern eher ein Stärkungsmittel, ein Urlaub an der See, ein Strauß mit einem Dutzend Rosen.

» Unvollkommen lebt sich's besser« nahm seinen Anfang als »Vollkommen sind Sie nicht: Das Abenteuer, ganz gewöhnlich zu sein«, (»Perfect You're Not: The Adventure of Being Ordinary«), einem seitenfüllenden Artikel im Albuquerque Journal vom 8. Dezember 1991. Wir erhielten Briefe von Leserinnen und Lesern, die uns sagten, sie hätten die Seite ausgeschnitten, auf Karton gezogen, an ihren Kühlschrank geklebt. Eltern schickten den Artikel ihren Kindern. Lehrer diskutierten ihn im Unterricht. Wir hatten, so viel stand fest, eine Saite angeschlagen, die Resonanz fand. Überrascht und erfreut über diese freundlichen Reaktionen, setzten wir uns zusammen, um eine kurze flotte Ausarbeitung unseres ursprünglichen Artikels zu schreiben. Vier Jahre später, nach intensiver und schöpferischer Arbeit, war das Buch fertig.

Die Einsichten, die wir darin über die Schwierigkeiten der menschlichen Existenz zum Besten geben, stammen aus unserer langen Erfahrung aus Therapie, Theater und Unterricht. Enid hat über englische Literatur promoviert und unterrichtet und berät inzwischen seit fast dreißig Jahren an der University of New Mexico.

Sie hat Gedichte veröffentlicht, Theaterstücke, Essays und Kritiken. Jan hat eine Ausbildung als psychologische Betreuerin und arbeitet sowohl klinisch als auch in privater Praxis als Beraterin für Kranke. In einem früheren Lebensabschnitt ist Jan am Broadway aufgetreten und in Werbespots des landesweiten Fernsehens. Wir sind beide zugelassene Beraterinnen für psychische Gesundheit und haben als Therapeutinnen und auf Workshops zusammen gearbeitet, bevor wir uns gemeinsam an dies Buch wagten.

Zusammen zu schreiben hat für uns all unser bisheriges Wissen darüber, wie Bücher entstehen, über den Haufen geworfen. Es war ein unerwartet aufregender Prozeß für uns beide. Auf der Couch im Wohnzimmer oder im Garten steckten wir die Köpfe zusammen und überlegten, tranken Tee, aßen Plätzchen. Wir machten uns Notizen und formten diese langsam zu groben Gliederungsentwürfen, die wir auf farbiges Papier malten und an die Wände unserer Büros hefteten. Kleinere und größere Stückchen wurden dem Computer einverleibt, der als Behältnis für unseren unordentlichen, kollektiven Genius diente. Dann saßen wir nebeneinander vor dem Bildschirm und stritten uns über jeden Satz, jedes Wort, jedes Komma und brachten so die Papier-Kreatur zur Welt, die Sie, liebe Leserin, lieber Leser, nun in Händen halten.

Das Buch hätte nicht entstehen können ohne die Unterstützung unserer Familien und Freunde. Alles Liebe vor allem Peter, Nicholas, Rachel, Sam, Jo und Anne. Vielen Dank auch an Sharon, unsere Heldin der letzten Minuten, Karen, unsere vertrauensselige Verlegerin, Skip, unseren Computerhexer, und die enthusiastische Mannschaft in Fairview.

I
Perfektion, die letzte Grenze! – ?

Perfektion als letzte Grenze, »kühn in Gebiete vorzudringen, in die noch nie jemand vorgedrungen ist«, wie Captain Kirk, Spock, Wonder Woman, Superman – das ist eine große Illusion. Perfektionistinnen wollen besser sein als die Besten, fehlerlos, wollen Weltrekorde brechen, wieder und wieder Gold holen. Perfektionisten träumen von perfekten Lösungen für die komplexen Probleme des Universums. Was für eine Herausforderung! Welche Illusion! Was für ein probates Mittel, sich selbst das Leben schwer zu machen!

Echte Menschen – keine Comicfiguren oder fürs Fernsehen geschaffene Mitglieder der Raumschiffmannschaft – überqueren niemals die letzte Grenze zwischen echtem Leben und perfektem Leben. Echten Menschen ist dieser Weg versperrt. Sie haben Höhen und Tiefen, gute Tage und schlechte, Erfolge, Mißerfolge und ab und zu einmal einen perfekten Augenblick. Manchmal gelingt uns ein perfekter Tennisaufschlag, ein perfektes Soufflé, ein perfekter Kuß. Wir bilden uns gern ein, wir könnten diese Augenblicke immer haben oder zumindest wieder und wieder. Aber das können wir nicht. Ein Augenblick ist nicht das Leben. Das Leben besteht aus unzähligen Augenblicken – vollkommenen, unvollkommenen, gewöhnlichen, außergewöhnlichen, schrecklichen und wunderbaren. Es kann nicht nur die guten Augenblicke geben, und wir können keinen einzigen davon auf ewig festhalten. Den köstlichen Augenblicken können wir lediglich erlauben, in unserem Gedächtnis haften zu bleiben und uns Freude und Inspiration zu schenken.

Die meisten von uns haben Jahre ihres Lebens darauf verwandt, sich mit intergalaktischer Geschwindigkeit auf eine Vision des perfekten Ichs und des perfekten Lebens zuzubewegen. Diese Visionen haben wir geerbt in Familie und Schule, aus Büchern, Filmen und dem Fernsehen – von der Welt um uns herum. Unsere jüngsten Landkarten und Reiseführer waren wahrscheinlich Artikel, Bücher und Kassetten zum Thema Selbsthilfe. Auf der Suche nach Vollkommenheit haben wir viele Ratschläge angenommen. Wir haben versucht, positiv und lebensbejahend zu sein, aktiver zuzuhören, vor dem Frühstück Liegestützen zu machen, vor dem Abendessen Wasser zu trinken und vorm Zubettgehen ein Aspirin zu nehmen. Wir wurden ermutigt, Tagebuch zu führen, Träume zu notieren, Vorzüge aufzulisten, Vermieter zur Rede zu stellen und Lob zu wiederholen.

Auf der Jagd nach dem perfekten Körper haben wir vielleicht beschlossen, Diät zu halten oder gerade nicht, Fruchtsafttage auszuprobieren oder braunen Reis und Gemüse zu essen, Pampelmusen und trockenen Toast. Wir haben Gewichte gestemmt, Yoga gemacht, sportliches Gehen betrieben, Tai Chi gelernt oder so viele Stufen auf dem Stepper erklommen, daß wir eigentlich in den siebten Himmel hätten gelangen müssen. Wie enttäuscht waren wir, als wir feststellen mußten, daß unsere Gene einiges mitzureden hatten, was die Form und Masse unserer Oberschenkel, unserer Bizeps und unseres Bauches betrifft. Wie niedergeschmettert waren wir, als wir begriffen, daß der Körper, den wir geerbt haben, niemals so aussehen würde wie der, nach dem wir uns verzehrten. Wir alle haben den aussichtslosen Kampf mit unserer DNA gekämpft, haben versucht, unsere Zellprogrammierung zu überlisten, und sind gescheitert.

Diese Kämpfe haben uns vieles gelehrt. Gewiß waren einige unserer Bemühungen hilfreich, aber wir sind immer noch nicht perfekt. Wir hatten einige Erfolge, aber es hätten mehr sein sollen, es hätte immer noch mehr Einsatz, mehr Schweiß, es hätten mehr Veränderungen und mehr Verbesserungen sein dürfen. Was aussah wie ein schnurgerader Weg, war in Wirklichkeit ein gar nicht so lustiges Karussell, das sich auf ewig im Kreis drehte, ohne ein Ende in Sicht.

Die Sphäre der Perfektion befand sich immer knapp außerhalb unserer Reichweite. Wir konnten uns ihr nähern, sie um ein Haar berühren. Aber immer wieder entzog sie sich uns. Und diese Beinaheerfolge hielten uns bei der Stange. Doch die schmerzliche Wahrheit ist: So werden wir niemals zur Perfektion gelangen. Es mag an der Zeit sein, aus dem Karussell auszusteigen, das Raumschiff zu verlassen und die Füße wieder auf unsere Erde zu setzen, um eine neue Sphäre der Perfektion oder letzten Grenze zu finden, die leichter zu erreichen ist. Es mag an der Zeit sein, daß wir uns Ruhe gönnen.

Die Wahrheit ist, wir sind vollkommen und einzigartig unvollkommen – jeder und jede einzige in seiner und ihrer Art, eine sehr begrenzte Auflage. Unsere Unvollkommenheiten befähigen uns, anders zu sein, neue Grenzen zu erkunden. Flexibel zu sein, phantasievoll und kreativ. Uns zu amüsieren, zu lachen, wir selbst zu sein.

Stellen wir uns einmal vor, wir lebten zufrieden mit unserem unvollkommenen Ich, wüßten unser unvollkommenes Leben zu schätzen, freuten uns der Tatsache, den Anforderungen zu genügen. Malen wir uns einmal aus, ganz gewöhnlich zu sein, das Menschsein zu genießen und uns auf der Welt zu Hause zu fühlen. Stellen wir uns vor, wir fänden uns wirklich genau so, wie wir sind, in Ordnung und entspannten uns. Was für eine Vorstellung!

Mit absolut unwissenschaftlichen Experimenten ist ein bedeutender Durchbruch erzielt und bewiesen worden, daß wir durch Erkennen und Anerkennung unserer Unvollkommenheiten vieles erreichen können: Wir können Streß abbauen, zu unserer geistigen Gesundheit beitragen, möglicherweise abnehmen (oder zunehmen), den Cholesterinspiegel senken, Lachfältchen vertiefen und natürlich unsere Sexualität steigern. Das ist nicht etwa ein völlig neues Konzept, sondern ein ganz altes. Die Navajo-Weber haben immer geglaubt, daß zu große Perfektion hochmütig sei und möglicherweise die Götter beleidige. Sie haben bewußt einen Fehler in die wunderschönen, symmetrischen Muster ihrer Teppiche eingewoben, um der menschlichen Unvollkommenheit Rechnung zu tragen.

Die japanische Blumensteckkunst macht sich bewußt asymmetrische Anordnungen zunutze, um unerwartete Formen und Illusionen zu schaffen und die natürliche Schönheit der Blumen auf diese Weise künstlich zu betonen. Wenn wir Ideen aus diesen Kulturen entnehmen, kann das unsere deutsche Sturheit (wie auch die amerikanische Starrköpfigkeit) durchaus etwas mildern.

Die Kultur, in der wir leben, hat ihre Vorstellungen von Vollkommenheit von Plato geerbt, dem Genius der griechischen Antike, der als erster die Begriffe von unerreichbaren Zielen und unmöglichen Träumen festgeschrieben hat. Seine Vorstellungen wurden von der Kirche übernommen und uns durch die Religion vermittelt (»Strebe nach Heiligkeit«), durch die Schule (»Wenn du nur härter arbeiten würdest, dann bekämst du jedes Mal eine Eins«) und die Familie (»Wenn du es nur versuchen würdest, könntest du unser perfektes Kind sein«). Die Autoritätspersonen versäumten es häufig, zu erwähnen, daß die Welt voller herrlicher Möglichkeiten und erreichbarer Ziele ist. Stellen Sie sich vor, Sie wären großzügig dafür belohnt worden, daß Sie die Schule genießen, als Vierter über die Ziellinie kommen oder einfach entspannt, gelassen und zufrieden sind.

Das soll keineswegs eine Kritik an herausragenden Leistungen sein. Übung und Begeisterung können uns tatsächlich auf große Bühnen wie die Carnegie Hall bringen. Aber die Vorstellung dort dauert nur zwei Stunden, der Applaus zehn Minunten und die Kritiken erscheinen nur einen Tag lang. Die einzige dauerhafte Belohnung ist die Liebe zum Schaffensprozeß selbst – zu der Anstrengung, der harten Arbeit und dem Kampf, die Tag für Tag nötig sind. Wenn wir unsere Zeit dafür einsetzen wollen, können wir gewiß große Dinge vollbringen. Aber auch wenn herausragende Leistungen erreichbar sind: die Vollkommenheit ist es nicht.

Diese Vorstellung steht im Gegensatz zu den Botschaften der Leute, die viel Geld damit verdienen, uns vorzugaukeln, Perfektion sei durchaus möglich, wünschenswert und sogar notwendig. Sie wollen uns glauben machen, daß auch wir perfekt sein können, wenn wir nur genug von ihren Produkten oder ihren Dienstleistungen erwerben. Schauen wir uns also einmal das perfekte Model auf dem Cover einer Illustrierten an. Niemand erzählt uns, daß die junge Frau Stunden und Stunden gebraucht hat, bis sie geschminkt, ihr Haar geföhnt, geglättet, aufgerollt, gesteckt und geklammert war. Man versucht uns vergessen zu machen, daß kein echter Mensch so aussieht wie sie. Nicht einmal sie selbst sieht aus wie sie. Aber den Frauen wird erzählt, daß sie vielleicht den perfekten Körper, den perfekten Mann, das perfekte Bankkonto und das perfekte Leben haben könnten, wenn sie nur die richtigen Kleider, das richtige Make-up und die richtigen Implantate kauften. Den Männern wird erzählt, daß sie vielleicht den perfekten Körper, die perfekte Frau, das perfekte Bankkonto und das perfekte Leben haben könnten, wenn sie nur die richtigen Kleider, den richtigen Wagen und die richtigen Implantate kauften. Also träumen und kaufen wir immer mehr und hoffen, daß der nächste Kauf uns ans Ziel bringt. Doch leider ist alles nur hohler Schein – die Erfindung eines Werbetexters, das Gerede eines Hochstaplers, ein Reklametrick der Medien, eine ausgeklügelte psychologische Falle.

Der hohle Schein übt einen wirklich großen Reiz aus. Wir alle sind damit aufgewachsen. Wir haben Scheinspiele gespielt und so getan, als seien sie echt. Märchen versprachen uns ein wunderbares, magisches, zauberhaftes Leben. *Aschenbrödel, Dornröschen, Schneewittchen, König Artus, Robin Hood,* Hollywoodfilme, Musicals und das Fernsehen haben uns gelehrt, daß unser Leben verzaubert werden könne. Männer könnten klug, tapfer und stark genug sein, um den Drachen zu erschlagen, den Feind zu besiegen und die schöne Prinzessin zu erringen. Frauen könnten auf ewig jung sein, hinreißend und ausgeglichen, während sie darauf warten, daß der unbesiegbare, attraktive Prinz zu ihrer Rettung kommt. Wir könnten alle der untergehenden Sonne entgegenreiten und glücklich und zufrieden leben bis an das Ende unserer Tage.

Manchmal sind uns solche Geschichten und Märchen lieb,

weil wir uns gern des Augenblicks erinnern, da wir sie zum ersten Mal hörten: an den Trost, den sie uns an verregneten Bibliotheksnachmittagen schenkten, die Wärme, die sie verströmten, wenn wir es uns mit der kleinen Schwester vorm Fernseher gemütlich machten, oder das wohlige Gefühl, wenn unser Lieblingsopa uns sicher zu Bett gebracht hatte. Wir wollen das Band nicht zerreißen lassen, das uns mit den Märchenerzählern, unseren Eltern, unseren Freunden, dem älteren Bruder oder Großtante Martha verbindet. Und weil uns die Erinnerung an diese Augenblicke so überaus kostbar ist und wir uns danach sehnen, uns ein Gefühl von Sicherheit und Dauerhaftigkeit zu bewahren, sind wir nach wie vor anfällig für Märchen. Diese frühen Bilder tief in unserem Gedächtnis und unserer Vorstellungswelt können dafür sorgen, daß wir immer weiter nach einem Leben suchen, das so nicht möglich ist, daß wir uns danach sehnen, der ideale Held oder die ideale Prinzessin zu sein, die es in Wirklichkeit nicht gibt. Daß wir weiter nicht realisierbaren Träumen nachhängen.

Diese Träume haben solche Macht, daß sie unser Leben beherrschen können. Sie können mythische Ausmaße annehmen wie ein Geist aus der Flasche, so riesig erscheinen wie Rübezahl. Sie können uns wie magisch anziehen, uns in ein smaragdgrünes Leben im Märchenfilmland locken, in dem sich nichts jemals verändert, in dem alle Dinge nur zum Besten sind und jeder auf ewig jung, stark und fröhlich bleibt. Was für eine dramatische Versuchung – verführerisch, unwiderstehlich, trügerisch und so schwer aufzugeben.

Aber das echte Leben spielt sich nicht im Märchenland ab. Sondern in Stuttgart, Hamburg, Rostock und Dinkelsbühl. Und wir, die wir in der bewegten, sich verändernden echten Welt leben, schaffen ständig unsere eigenen Lebensgeschichten, schaffen sie ständig neu, stutzen sie zurück und fügen neue Figuren und Situationen hinzu. Zufall, Glück, Schicksal, Gene und Karma sind unsere Koautoren. Wir wachsen und verändern uns, während das Leben sich entfaltet. Unsere Geschichten werden mit beweglichen Lettern gedruckt. Wir

verfassen ständig neue Kapitel, die auf neuen Informationen beruhen. Wir treffen neue Entscheidungen, weil wir jetzt mehr wissen,
als wir je wußten. Und so ändern wir die Richtung und revidieren
alte Entscheidungen. Das Leben ist nicht zu Ende, wenn ein Abenteuer vorüber ist. Während des »... und sie lebten glücklich bis an das
Ende ihrer Tage« geschehen durchaus erstaunliche Dinge.

Dasjenige in uns, das sich an die simple Sicherheit der Kinder-
märchen klammert, möchte uns glauben machen, daß es in der Welt
geordnet und berechenbar zugeht, daß das Gute immer über das
Böse triumphiert und die Klugheit obsiegt. Aber in Wahrheit ist das
echte Leben genauso kompliziert wie Dinkelsbühl und Rostock. Mit
dieser Vielschichtigkeit zu leben ist einfacher, wenn wir unsere Wahrnehmung von den alten Märchen befreien, die wir uns selbst
erzählen. Wir können hinter den Bühnenrauch und die Spiegel
sehen, den Vorhang zurückziehen und feststellen, welcher Zauberer
hier tatsächlich am Werk ist.

Und damit ist die Zeit gekommen, furchtlos zu handeln. Verlassen Sie das Märchenland. Kehren Sie nach Hause zurück. Kommen Sie nach Stuttgart, Dinkelsbühl und Rostock und leben Sie in
der echten Welt. Mit all ihren Unvollkommenheiten, ausgefransten
Enden und Überraschungen wimmelt es im echten Leben nur so von
Möglichkeiten. Sie selbst werden der Zauberer sein, der gewöhnliche
Mensch, der Magie wirken kann. Sie können die alten Illusionen, die
Sie festhalten, mit dem Wasser der Wahrheit besprengen, und die
hinterhältigen Mythen des Westens zum Schmelzen bringen.

Wie Sie das machen? Seien Sie beherzt. Folgen Sie dem vorge-
zeichneten Weg ins wirkliche Leben. Machen Sie dort Halt, wo Sie
etwas Interessantes finden. Stürmen Sie an allem vorbei, was Sie
nicht interessiert. Halten Sie sich an das, was Ihnen gefällt, und lassen Sie alles andere links liegen. Bestimmen Sie selbst Ihre
Geschwindigkeit. Gute Reise!

Hier ist die Straßenkarte,
der Sie auf Ihrem Wege folgen:

1. Zu jedem Kapitel werden wir uns einen Ihrer wohlgehüteten MYTHEN vornehmen. Vielleicht sind Sie bereit, ihn gut gelaunt hinter sich zu lassen.

2. Zu jedem Mythos gibt es eine vom gesunden Menschenverstand diktierte WAHRHEIT, die Sie wahrscheinlich bereits kennen, aber nicht gern zur Kenntnis nehmen. Die WAHRHEIT ruft: »Wach auf! Du bist ein durch und durch mit Fehlern behafteter Mensch. Dein Antrag auf einen Heiligenschein ist abgelehnt worden.« Diese Wahrheit gehört in Ihren Rucksack, damit Sie sich auf Ihrer Reise daran stärken können.

3. ES WAR EINMAL ... bietet hilfreiche Geschichten, Märchen und Anekdoten, um schlüpfrige Stellen auf dem Weg auszuleuchten.

4. DER ANFANG beschreibt einige der Orte, an denen die Mythen entstanden und in den Petrischalen unserer Jugend wuchsen und gediehen.

5. DIE GEGENWART ist dieser kleine rote Pfeil, der sagt: »Sie befinden sich hier.« Er zeigt, wie der Mythos weiterhin unsere erwachsene Psyche beeinflußt.

6. DAS ZIEL bietet realistische Alternativen zu den überholten mythologischen Vorstellungen an.

7. In den ÜBUNGEN beschreiben wir erstaunliche Kniffe und unerwartet nützliche Taktiken, die Ihnen helfen, nicht den Verstand zu verlieren, während Sie die neuen Überlegungen keimen lassen. Mit Hilfe der Strategien, die Sie sich hier aneignen können, bleiben Sie flexibel und vermeiden es, sich auf der weniger gut geteerten Straße zu sehr zu verausgaben.

8. BESTÄRKUNGEN sind Zwischenmahlzeiten für unterwegs, respektlose Botschaften, die Sie sich wiederholen können, wenn Sie ein wenig Kräftigung benötigen. Das sind die Bonbons, die Ihnen niemand eingepackt hat, als Sie erwachsen wurden. Also packen Sie sie jetzt selbst ein.

Holen Sie tief Luft. Schließen Sie die Augen nicht. Los geht's!

2

Ich kann und sollte perfekt sein!

Der Mythos

Perfektion ist erreichbar; daher kann und soll ich perfekt sein. Wenn ich nur mehr tue, mir mehr Mühe gebe, mehr lerne, mehr arbeite, mehr verdiene, mehr kaufe, mehr trainiere, dann werde ich perfekt sein.

Die Wahrheit

Nein, Sie werden nicht perfekt sein. Sie werden müde, pleite, gestreßt und verschwitzt sein und sich wie ein Versager vorkommen. Das Streben nach dem perfekten Gesicht und Körper, dem perfekten Partner, dem perfekten Einkommen und dem perfekten Leben kostet viel Zeit, Energie und Geld. Die einfache Wahrheit ist: Perfektion ist selten, flüchtig und wird im allgemeinen nur zufällig erreicht.

Das Loch mit einem Schlag, der Sieg zum Grand Slam, der Goldmedaillenlauf, für den jeder Preisrichter zehn Punkte gibt: das sind seltene und kostbare Ereignisse in einem Menschenleben. Selbst die größten Athleten, die ihr ganzes Leben auf das Streben nach Perfektion abstellen, wissen, daß sie die Vollkommenheit vielleicht nur einen Augenblick lang erreichen werden, bevor sie ihnen unausweichlich wieder entgleitet. Sie können niemals wissen, ob sie das Glück haben werden, diese Perfektion jemals wieder zu erreichen. Auch Sie haben einige vollkommene Augenblicke erlebt. Aber so sehr Sie sich auch bemühen, werden solche Augenblicke immer flüchtig und unberechenbar bleiben. Sie können sie nicht festhalten, können kein perfektes Leben, kein perfektes Ich daraus formen.

Der Anfang

Woher haben Sie Ihre hohen Erwartungen? Als wir noch klein und verletzlich waren, schienen die Erwachsenen riesig, tüchtig und mächtig wie Götter. Sie definierten unsere Welten. Ihre Reaktionen formten uns und lehrten uns, wer wir waren. Wir haben uns nicht selbst erfunden. Wenn die Erwachsenen uns drängten, besser zu sein, haben wir versucht, besser zu sein. Wenn sie uns anspornten, vollkommen zu sein, haben wir versucht, vollkommen zu sein. Wenn sie unvollkommen waren, und das waren sie gewiß, haben wir uns manches Mal geschworen, niemals ihre Fehler zu machen. Wir beschlossen, vollkommener zu sein als sie.

Wenn wir uns in unseren Familien wirklich geliebt und geborgen fühlten, waren Korrekturen lediglich Informationen. Wenn wir uns ungeliebt oder unsicher fühlten, wirkten Korrekturen wie Kritik, wie Zurückweisungen, Drohungen oder Angriffe. Wir stellten uns vor, daß etwas mit uns nicht stimmte, auf ganz böse Weise nicht stimmte. So fürchteten wir, die Menschen, die wir liebten und brauchten, zu verlieren, wenn wir nicht alles genau richtig machten.

Es war einmal ...

Ein verschwitzter Höhlenbewohner kam von der Jagd zurück. Er hatte gerade vierhundert Pfund Bisonfleisch mit einer Steinaxt zerlegt. Er war müde und reizbar. Als er in seine Höhle zurückkehrte, brannte kein Feuer. Sein kleiner Sohn, überglücklich, seinen Vater zu sehen, rannte ihm entgegen, um sich die Geschichte der großen Jagd anzuhören. Aber der Höhlenbewohner war erschöpft und hatte keine Geduld. Er schrie seinen Sohn an, schalt ihn, weil er kein Feuer gemacht hatte. Der Junge krümmte sich innerlich. »Verdammt«, mochte er sich auf Höhlenbewohnerisch gesagt haben, »schon wieder hab ich alles falsch gemacht. Was ist bloß los mit mir? Ich muß mich bessern, wenn ich will, daß mein Papa mich lieb hat und mich mit auf die Jagd nimmt.« Es ist immer dieselbe alte Geschichte. Über Hunderte von Generationen hinweg haben Kinder sich abgemüht, damit müde, reizbare, erwachsene Neandertaler ihnen das Gefühl gaben, etwas wert zu sein.

Kinder versuchen, perfekt zu werden, um Liebe, Zuneigung und Lob zu ernten. Sie versuchen, böse Blicke zu meiden, Worte der Enttäuschung, Schelte, Beschämung oder gar Schläge. Als Kinder haben wir vielleicht den Druck verspürt, der perfekte Feuermacher zu sein, der perfekte Sohn oder die perfekte Tochter, der perfekte Bruder oder die perfekte Schwester. Man hat vielleicht von uns erwartet, daß wir die perfekte Schülerin waren, der perfekte Fußballspieler oder der perfekte Geschirrabspüler. Nachbarn, Lehrer, Trainer, Pfarrer und Leute, an die wir uns nicht einaml mehr erinnern können, haben einige dieser Botschaften bekräftigt. Ihre Werturteile wurden ein Teil von uns, die fordernden Stimmen, die wir immer noch in unseren Köpfen hören können. Echos aus der Kindheit sagen uns, daß wir fehlerhaft sind und weiter versuchen müssen, uns zu bessern. Wir tun uns selber an, was uns die erwachsenen Götter antaten, als wir noch klein waren.

Wenn Sie darin Ihre Erfahrungen wiederfinden, werden Sie vielleicht das Gefühl haben, in einer Zeitfalle gefangen zu sitzen. Das Kind in Ihnen hat vielleicht immer noch Angst, Eltern und anderen Erwachsenen zu mißfallen – wie zum Beispiel Schwiegereltern, Chefs, Vorarbeitern, Professoren oder anderen wichtigen Personen. Ob Ihre Familie unmögliche Anforderungen an Sie gestellt hat oder ob Sie diese selbst erfunden haben, Ihr innerer Schweinehund bemüht sich möglicherweise immer noch um Fehlerlosigkeit. Dieses verinnerlichte Streben nach Perfektion kann Ihr Leben beherrschen.

Die Gegenwart

Wenn wir unsere eigene strengsten Kritikerinnen und Richter sind – und uns selbst niemals genauso lieben oder akzeptieren, wie wir sind –, ist das schlimmer als Schuppenflechte oder Panikattacken. Wir alle kennen diese nörgelnde, voreingenommene Stimme in unseren Köpfen. Sie klingt wie Fingernägel auf der Schiefertafel. Am lautesten ist sie gewöhnlich nach einem Mißgeschick, vorm Einschlafen oder frühmorgens. Nennen wir diese Stimme den Richter, obwohl härtere Bezeichnungen durchaus zutreffend sein können.

Der Richter sagt etwa folgendes:

»Du hättest es besser wissen müssen.«

»Du hättest es besser hinkriegen müssen.«

»Mit diesem Versuch hast du deine Möglichkeiten nicht ausgeschöpft.«

»Diesmal hast du das Schiff verpaßt.«

»Schäm dich.«

»Du findest dich doch so toll. Aber du hast es verpfuscht.«

Ohne Schweißausbrüche zu bekommen, kann Ihr Richter Ihnen fünfhundertneunundneunzig Gründe nennen, warum Sie von sich selbst enttäuscht sein sollten. Ihrem Richter können Sie es nicht recht machen. Sie sind schuldig im Sinne der Anklage, ohne Rechtsbeistand, Verhandlung oder Geschworene, so wie die arme Alice aus *Alice im Wunderland,* wenn die Herzdame schreit: »Kopf ab!«

Der innere Krieg hört niemals auf. Der Richter brüllt: »Sei perfekt. Mach es richtig, Dummkopf!« Das Kind in uns sagt: »Ich versuch's ja. Ich versuch's auch weiter. Nächstes Mal mache ich es besser.« Wir brauchen einen Friedensstifter, eine Fürsprecherin, eine erwachsene Stimme in uns, die sagt: »Immer mit der Ruhe. Ich weiß, daß ich nicht perfekt bin. Ich bin all diese Konflikte so leid. Ich wünschte, ihr zwei würdet es endlich gut sein lassen und euch beruhigen, damit ich mein ganz normales Leben weiterführen kann.«

Es war einmal ...

Jennifer, eine junge, sehr tüchtige Zahnärztin mit einer gutgehenden Praxis, sollte vor Studierenden eine Rede halten. Sie nahm die Einladung voller Zuversicht an: »Klar. Klar. Natürlich.«

Beinahe augenblicklich setzte das Geschrei ihres inneren Richters ein. »Du weißt nicht genug, um diese Rede zu halten. Jeder wird merken, daß du eine Hochstaplerin bist. Sieh bloß zu, daß die Rede perfekt wird, obwohl ich daran zweifle, daß du das kannst. Du mußt besser aussehen, bevor du vor all diese Leute trittst. Nimm endlich diese fünf Pfund ab, du Fettsack. Laß dir die Haare schneiden. Bereite dich so vor, daß du alle Fragen beantworten kannst. Mach ja keine Fehler. Mach dich nicht zur Närrin. Sei perfekt.«

Während die Stimme ihres Richters lauter wurde, wurde Jennifer immer ängstlicher und verkrampfter. Wenn sie aß, wenn sie auf ihren nächsten Patienten wartete, und jedesmal, wenn sie sich eine Pause gönnte, hörte sie ihre eigene kritische Stimme wie einen unzufriedenen Beifahrer in ihrem Kopf herumnörgeln. Sie stellte sich vor, was alles schief gehen konnte, welche Fehler sie alle machen konnte. Ihre innere Stimme machte sie ständig nieder, während sie sich gleichzeitig zu unmöglicher Größe, zur Perfektion drängte.

Schon bald war Jennifer wie erstarrt und vollkommen unsicher, sobald sie an die Rede dachte. Ihre Verdauung wurde in Mitleidenschaft gezogen. Sie bekam Schluckauf. Es juckte sie am ganzen Körper. Je eindringlicher sie sich mahnte, daß sie eine perfekte Rednerin sein müsse, um so unmöglicher erschien ihr das alles. Sie wurde so nervös, daß sie sich vorstellte, sie würde alles aufgeben, ihre Praxis dicht machen, ihre Koffer packen, ihre Familie verlassen und der französischen Fremdenlegion beitreten, obwohl sie wußte, daß damit kein einziges Problem gelöst sein würde. Sie mußte etwas anderes tun, aber sie wußte nicht, was.

An eben jenem Abend, an dem sie endgültig zu entscheiden gedachte, welchen Koffer sie für ihre Fahrt in die Sahara packen wollte, sprang Socks, ihr alter Hund, auf ihr Bett und leckte ihr die Hand. Socks machte sich keine Sorgen wegen ihrer Rede. Er machte sich wegen gar nichts Sorgen. Er wußte nicht, daß sie nicht perfekt war, und es scherte ihn nicht. Er war absolut im Reinen mit sich selbst, mit seiner Hundigkeit und seiner unkritischen Liebe zu ihr. Er schien überhaupt keine abscheulichen inneren Stimmen zu besitzen, die an ihm herumzankten. Jennifer kratzte Socks hinter den Ohren und begiff, daß er etwas wußte, das sie vergessen hatte. Auch wenn er aussah wie ein ungemachtes Bett, hatte er niemals Zweifel an seinem hundigen Selbst. Ihn plagten weder Angst noch Scham. Er wußte, daß er vollkommen hinlänglich war.

Sie lauschte auf Socks Keuchen und erinnerte sich, daß auch sie in vieler Hinsicht hinlänglich war. Immerhin sah sie nicht so aus wie ein ungemachtes Bett, und sie war wirklich eine fähige Zahnärztin, eine gute Mutter, eine vorsichtige Fahrerin, eine hervorragende Köchin und eine verantwortungsbewußte Hundebesitzerin. Selbst wenn die Stimme ihres Richters in ihrem Kopf herummäkelte, konnte sie wahrscheinlich vor einem Publikum eine zusammenhängende Rede halten. Die Leute würden sie vielleicht sogar mögen.

Als Jennifer mit diesen Gedanken im Bett lag, konnte sie sich zum ersten Mal seit Tagen entspannen. Ihr Schluckauf verging. Sie änderte ihr Ziel und nahm sich vor, statt der perfekten Rede eine hinlängliche Rede zu halten. Ihre Verdauung besserte sich. Sie erinnerte sich, daß sie doch wirklich eine Menge wußte und den Studierenden hilfreich sein konnte. Ihre Juckerei hörte auf. Langsam kehrte ihre Zuversicht zurück. Das fühlte sich an wie das Kitzeln im Gaumen, wenn die Betäubungsspritze des Zahnarztes nachläßt. Statt sich auf sich selbst und ihre Darbietung zu konzentrieren, konzentrierte sie sich nun auf die Sache und das Publikum. Schließlich war das Publikum nicht der Feind. Die Leute würden kommen, um zu hören und zu lernen, was immer sie ihnen zu bieten hatte.

Während ihrer Rede geschah etwas Magisches. Nach den ersten fünf Minuten grenzenloser Angst entspannte Jennifer sich und hatte schließlich sogar Spaß. Sie verlor ihre Hemmungen, machte Witze, und zum ersten Mal, seit sie sich bereitgefunden hatte, diese Rede zu halten, amüsierte sie sich. Sie war viel besser, als sie es sich hätte vorstellen können, und ihr Publikum dankte ihr mit begeistertem Applaus. Sie hatte sich gestattet, einfach zu sein, wer sie war, ohne sich unter Perfektionsdruck zu setzen, und sich so der ihr gestellten Aufgabe gewachsen gezeigt. Endlich einmal wußte die kritische Stimme in ihrem Kopf nichts mehr zu sagen.

Die meiste Zeit erinnert Jennifer sich an dieses Ereignis. Socks ist ihre lebendige Gedächtnisstütze. Manchmal vergißt sie es, und der Richter übernimmt wieder das Kommando. Manchmal sagen ihr Schluckauf und Verdauungsstörungen, daß sie unbedingt irgend etwas anders machen muß. Manchmal, wenn sie mit dem Hund Gassi geht, kann sie die Lautstärke der unbarmherzigen inneren Stimme herunterdrehen. Manchmal kann sie sie ganz abstellen und etwas Frieden finden. In diesen Augenblicken strahlt die Sonne heller und sie auch.

Das Ziel

Statt Perfektion anzustreben, sollten Sie darauf hinarbeiten, hinlänglich, kompetent und einmalig zu sein. Dieses Ziel können Sie tatsächlich erreichen. Sagen Sie sich einfach immer wieder, daß Sie bereits hinlänglich sind, daß Sie ganz gewiß einmalig sind und daß Sie Kompetenz erreichen können – ganz gleich, was Ihr innerer Richter dazu zu bemerken hat. Lassen Sie die Vorstellung des Gutgenug-seins in ihr Leben ein. Entlassen Sie sich selbst in eine entspannte Normalität.

Sie finden es wahrscheinlich durchaus in Ordnung, daß andere weniger als perfekt sind. Seien Sie sich selbst gegenüber genauso großzügig. Irgendwie sind die anderen Leute gut genug, und Sie können sie so lieben und akzeptieren, wie sie sind. Mit Pickeln, Pusteln,

Warzen und Überbein. Lieben und akzeptieren Sie sich selbst genauso unkritisch.

Übungen

Hier sind einige Techniken, Praktiken und Strategien, die Ihnen helfen, mit Ihrem inneren Richter fertigzuwerden.

1. Drehen Sie seine Lautstärke herunter, damit Sie sich selbst denken hören können. Lassen Sie die Stimme immer leiser werden. Sagen Sie dem Richter: »Ich höre Dich. Du brauchst mir nicht ins Ohr zu schreien.«
2. Schaffen sie diese unversöhnliche Stimme des Richters aus sich heraus. (Bringen Sie sie von innen nach außen.) Stellen Sie sich die Stimme vor. Zeichnen Sie sie. Formen Sie sie aus Lehm. Geben Sie ihr einen Namen. Schmücken Sie sie mit Federn, Knochen, Pelzen, Münzen. Geben Sie ihr ein häßliches, ekelhaftes, schauderhaftes Aussehen. Heften Sie sie auf eine Zielscheibe. Nähen Sie sie auf einen Sandsack. Befestigen Sie sie an einem Kissen, das Sie mit Händen und Füßen bearbeiten können. Weisen Sie ihr einen Platz in der Hundehütte zu.
3. Greifen Sie durch. Geben Sie diesem Richter Widerworte. Braten Sie ihm eins über. Machen Sie ihn klein. Es ist ein neuer Tag vor Gericht. Nehmen Sie die Fäden in die Hand.

Wir bedauern, Sie davon in Kenntnis setzen zu müssen, daß Sie den Richter nicht töten können. Sie können ihn nicht einmal absolut zum Schweigen bringen. Aber Sie können ihn beherrschen, ihm zeigen, wer der Chef ist, und vorübergehend Frieden mit ihm schließen. Machen Sie sich klar, daß seine ursprüngliche Aufgabe darin bestand, Sie zu schützen. Jetzt brauchen Sie ihn kaum noch, erst recht nicht, wenn er tyrannisch ist. Ob er nützlich ist oder nicht, der Richter ist immer ein Teil von uns. Er ist unser innerer Gefährte, eine Stimme, die aus früheren Tagen übriggeblieben ist. Wir müssen lernen, mit der Bestie zu leben. Sie zähmen. Sie abrichten. Dafür sorgen, daß sie stubenrein ist.

Bestärkungen

Hier sind einige der Leckerbissen, die wir Ihnen versprochen haben. Sie sind wie Vitamine für eine unterernährte Seele. Nehmen Sie sie einmal täglich ein und häufiger an schlechten Tagen. Probieren Sie sie eine Woche lang aus und schauen Sie, ob Sie sich besser fühlen. Wenn Sie sich immer noch einfach dumm und unzulänglich vorkommen, probieren Sie sie noch eine Woche aus.

Ich bin vollkommen unvollkommen.

Unvollkommen sein ist meine Art des Menschseins.

Wenn ich mit deinen Unvollkommenheiten leben kann, kann ich auch mit meinen leben.

Meine Fehler sind besser als deine.

Meine Unvollkommenheiten sind vollkommen normal.

Ich bin tüchtig, liebenswert, klug, patent und durch und durch unvollkommen.

Ich bin unvollkommen, ohne mir die geringste Mühe zu geben.

Ich bin unvollkommen, also bin ich.

3
Ist Unvollkommenheit = Versagen?

Der Mythos

Entweder, ich mache alles vollkommen richtig, oder ich bin eine wertlose Versagerin, ein wertloser Versager.

Die Wahrheit

Sie machen nicht alles vollkommen richtig, und Sie haben es nie getan. Wenn Sie lange genug gelebt haben, sind Sie wahrscheinlich irgendwann durch eine Prüfung gefallen, haben Ihre Schlüssel verloren, Ihre Telefonnummer vergessen, Ihren Drink verschüttet und einen Kotflügel zerbeult. Sie haben wahrscheinlich jemanden verärgert, eine Beziehung beendet, ein oder zwei Herzen gebrochen, einen Fehler begangen und sind auch mal gestolpert und gestürzt. Soviel wissen wir über Sie. Glauben Sie uns ruhig. Soviel wissen wir auch über uns selbst.

Es gibt zwei Arten von Menschen auf dieser Welt: Diejenigen, die denken, daß es zwei Arten von Menschen gibt, und diejenigen, die wissen, daß das Leben so einfach nicht ist. Wie das Leben selbst sind wir alle etwas Reicheres und Vielschichtigeres als bloße Gewinnerinnen oder Verlierer, als jemand, den man richtig oder falsch, gut oder schlecht, klug oder dumm, dünn oder dick, geliebt oder ungeliebt, konservativ oder fortschrittlich, vollkommen oder unvollkommen nennen könnte. Es gibt immer mehr als zwei Alternativen, mehr als zwei Wege des Seins und des Sehens. Es gibt viele Grautöne zwischen Schwarz und Weiß. Es gibt immer, und zwar mindestens, dritte und vierte Möglichkeiten.

So wie ein Teil des Lebens nicht das ganze Leben ist, so ist nicht ein Fehler, ein Defekt, eine Tragödie alles, was uns ausmacht. Einige Fehler scheinen Katastrophen zu sein, aber in Wirklichkeit sind sie Herausforderungen oder Chancen. Einige verändern unser Leben für immer oder geben uns Einblick in unsere Grenzen und unsere Möglichkeiten.

Manchmal scheinen irgendwelche Schwierigkeiten geradezu typisch für uns zu sein, verfolgen uns auf Schritt und Tritt, so daß wir sie ebensowenig abschütteln können wie ein Pferd seinen Stallgeruch, bis wir uns selbst wie eine einzige Katastrophe vorkommen. Dann vergessen wir bisweilen, daß wir mehr sind als die Summe der Katastophen unseres Lebens.

Wir werden wie Teenager, die meinen, wenn sie einen einzigen Pickel im Gesicht haben, könnten sie nicht mehr aus dem Haus gehen. Es ist ihnen peinlich. Sie schämen und verachten und verstecken sich. Der Pickel übernimmt das Kommando. Sie werden zu ihrem Pickel und sind nichts anderes mehr, die tragischen Opfer ihrer eigenen Teenagerdramen. Wir vergessen, daß Menschsein bedeutet, Pickel zu haben, mit Mängeln behaftet zu sein, mit unseren Warzen leben zu müssen.

Früher einmal, als es noch nicht so viele Autos gab und der Mensch sich zu Fuß oder auf Pferd oder Maultier durch die Welt bewegte, waren wir alle besser füreinander zu sehen. Zum normalen Alltagsbild gehörten Menschen mit nur einem Bein oder nur einem Auge oder nur einem Zahn. Alte Leute mischten sich unter Junge, Dicke unter Dünne. Wir sahen, daß es Menschen aller Größen und Formen gab und die meisten davon mehr oder weniger reichlich Schrammen und Schrunden aufwiesen. Heutzutage bewegen sich die meisten von uns – außer in Großstädten – im Auto durch die Welt und bekommen nur noch selten die frühere Vielfalt von Menschen auf der Straße zu Gesicht. Unsere Kenntnis anderer Menschen wird heute immer mehr von den Fernsehschirmen in unseren Wohnzimmer bestimmt.

Die Medien versorgen uns mit schön verpackten Bildern und zeigen uns, wie das Leben sein sollte, wie wir beschaffen sein sollten. Wir lernen, daß die Menschen vollkommen schön sind und das Leben einfach, mühelos und fehlerfrei ablaufen sollte. Wir lernen, daß jedes Problem vor der letzten Werbung gelöst werden kann (und sollte). Wir sehen niemals die Proben, sehen nie den Anfangsflop, den Probelauf, die Premiere unter dem Motto »Laßt uns aus unseren Fehlern lernen«. Nur diejenigen Schnitzer und peinlichen Irrtümer, die eigens des Gelächters wegen inszeniert sind, erinnern uns daran, daß auch die Leute im Fernsehen in Wirklichkeit unvollkommen sind. Aber diese Schnitzer werden um des befreienden Lachens wegen eingesetzt und dienen dazu, uns aus der Illusion des Mediums kurz in die Realität zurückzuholen, uns ins Gedächtnis zu rufen, daß Fehler vollkommen normal sind. Wir vergessen aber völlig, daß eine qualitativ hochwertige Fernsehproduktion viel Zeit, Mühe, Übung und viele Wiederholungsaufnahmen erfordert. Selbst Beethoven komponierte verschiedene Versionen seiner fünften Symphonie, bevor er endlich mit einer davon zufrieden war. Vergessen Sie die Sache mit der Vollkommenheit. Es ist schon schwer genug, etwas einfach richtig zu machen.

Von der harten, alles fordernden Arbeit des Menschen ist heutzutage kaum noch etwas zu sehen. Die Dinge scheinen von selbst zu geschehen. Aber bevor ein Fisch auf seinem Styroportablett liegt und unter der durchsichtigen Cellophanhülle auf Käufer wartet, haben viele, viele Menschen lange und hart gearbeitet, damit er seinen Weg bis in den Lebensmittelmarkt um die Ecke fand. Das vergessen wir nur allzuleicht. Irgendwo haben Leute ihr Ölzeug übergezogen, sind in ein Boot gestiegen und aufs Meer hinausgetuckert, haben ihre Netze ausgeworfen und jede Menge ungewöhnlicher Dinge aus dem Wasser gezogen, einschließlich des Fisches, den Sie sich zum Abendessen einverleiben wollen. Irgend jemand hat ihn gereinigt, ausgenommen und filetiert. Irgend jemandes Kleider haben scheußlich gestunken. Irgend jemand hat ihn auf Eis gepackt und mit dem Laster zum Markt gekarrt. Irgend jemand hat ihn mit Petersilie garniert. Sie bekommen nichts von alledem zu sehen, nur das glatte Endprodukt. Der eine oder andere von uns vergißt sogar, daß Fische aus dem Wasser kommen. Sie sehen so malerisch vollkommen aus auf ihren kleinen Tabletts im Supermarkt, daß wir uns direkt vorstellen können, wie sie ohne Köpfe, Schwänze oder Gräten zur Welt kommen. Wir können uns vorstellen, daß Äpfel fertig gewachst und ohne blaue Stellen, Hagelschlagabdrücke oder Wurmlöcher daherkommen. Und führen Sie sich einmal vor Augen, was wir uns alles zum Thema Milch und Steaks vorstellen können.

Die ordentliche, sterile, fertig abgepackte Welt tritt uns im Fernsehen und in den Supermärkten so fehlerlos entgegen, daß wir die einzigen auf der Welt zu sein scheinen, die immer noch Mängel aufweisen. Unsere Angst, etwas falsch zu machen, läßt uns unsere Unvollkommenheiten verfluchen, verbergen und leugnen. Wir vergessen, daß es so etwas wie eine fehlerfreie Welt oder einen fehlerlosen Menschen nicht gibt. Man hätte uns bei der Geburt ein Etikett aufkleben sollen, auf dem folgendes zur Erinnerung geschrieben stehen müßte: »Etwaige Mängel, die Sie im Gewebe dieses Menschen entdecken, sind ein integraler Bestandteil des Materials. Abweichungen in der Farbe sind beabsichtigt und ein Zeichen für die herausragende Qualität des Modells.«

Es war einmal ...

Der Film *Die Frauen von Stepford* aus dem Jahr 1974 spielte in dem adretten und sauberen Vorort Stepford in Connecticut, USA. In Stepford wurden alle Männer von ihren perfekten Ehefrauen perfekt versorgt. Die Häuser waren perfekt. Die Mahlzeiten waren perfekt. Der Sex war perfekt. Die glücklichen Ehemänner schwelgten in all dieser Perfektion – nachdem sie nämlich ihre menschlichen, unvollkommenen Ehefrauen eine nach der anderen getötet und durch Roboter ersetzt hatten. Die Roboter sahen genauso aus wie die Ehefrauen, aber sie waren elektronisch, fehlerlos und wartungsfrei – die idealen Phantasieehefrauen, perfekt programmiert und allen Anforderungen gewachsen. Es waren eben keine Menschen. Genaugenommen waren sie zu gut, um echt zu sein.

Zu großes Trachten nach Perfektion kann jeden von uns in eine Stepforder Ehefrau (oder einen Stepforder Ehemann) verwandeln. Wir rackern uns ab, die unordentliche Lebendigkeit durch High-Tech-Präzision und Elektronik zu zerstören und zu ersetzen. Wir können sogar unsere grundlegendste menschliche Verdrahtung umprogrammieren. Wir können uns endlos nachrüsten und die makellosen Stahlmodelle beneiden, die niemals Fehler machen und niemals über ihre eigenen Verlängerungskabel stolpern. Wir können danach streben, absolut perfekt und sehr tot zu sein.

Der Anfang

Neugeborene Babys haben keine Vorstellung von Fehlern und keine Probleme mit der Selbstachtung. Sie sind ganz mit sich zufrieden. Sie kommen auf die Welt, ohne zu wissen, was gut und richtig ist und was nicht. Kinder sind ihrer Natur nach unbespielte Tonbänder ohne jede innere kritische oder richterliche Stimme. Sie stürzen sich ins Leben und kennen keine Regeln, keine Manieren, keine Ordnung. Sie wissen nicht, wie man auszusehen hat, wie zu empfinden, wie zu handeln oder zu sein. Sie haben eine Menge zu entdecken. Am Anfang lernen sie viele Dinge in ganz einfachen Begriffen: ja oder nein, gut oder böse, heiß oder kalt, okay oder nicht okay. Es braucht Jahre und einiges an Reife, um zu erkennen, wieviel zwischen den beiden Extremen liegt. Die volle Palette möglicher Reaktionen zu erlernen, kostet Zeit, Übung und jede Menge Beulen, blauer Flecken und harter Schläge. Wir begreifen etwas, und wir vergessen es wieder, und wir müssen es wieder und wieder neu begreifen.

Für manche von uns sind Kinder mangelhafte Erwachsene, die viele Fehler machen und endloser Korrekturen bedürfen. Aber wenn Kinder ständig beurteilt und korrigiert werden, beginnen sie, an sich selbst zu zweifeln und sich selbst als fehlerhaft zu begreifen. Sie lernen, ihre eigenen Unvollkommenheiten und Fehler zu hassen und zu verurteilen, ihre Irrwege und Irrtümer zu verachten, sich selbst zu verachten. Sie versuchen, es besser zu machen und besser zu sein. Mit der Zeit haben sie dann Angst, etwas nicht gleich beim ersten Mal richtig zu machen, und sie fürchten sich vor dem Versagen.

Dabei haben wir doch alle durch Fehler gelernt. Wir sind Risiken eingegangen und gescheitert, sind Risiken eingegangen und gescheitert, sind Risiken eingegangen und hatten Erfolg. Wir sind oft hingefallen, bevor wir laufen lernten. Wir brauchten Ermutigung – und brauchen sie noch –, zu experimentieren, aus Scheitern und Erfolg zu lernen. Es ist nicht einfach, sich als Kind vorzustellen, wie es ist, ein Erwachsener zu sein. (Es ist nicht einmal einfach, sich als Erwachsener vorzustellen, wie es ist, ein Erwachsener zu sein.)

Selbst die besten Eltern sind unvollkommen. Auch sie machen Fehler. Häufig unterscheiden sie das Verhalten eines Kindes nicht von dem Kind selbst. Was sie vermitteln, ist eher Verurteilung als Information, was das Verhalten des Kindes betrifft. Statt zu sagen: »Diese Blume darf man nicht essen«, sagen sie: »Böser Junge!« Statt »Brav, daß du geteilt hast«, sagen sie, »Braves Mädchen!« Statt »So wischt man vergossene Milch auf«, sagen sie, »Ungeschickt! Warum hast du das gemacht? Was ist denn bloß los mit dir?«

Eltern sehen vielleicht keinen Unterschied zwischen diesen Aussprüchen. Aber Kinder können sie vielleicht so verstehen, daß sie und nicht ihre Taten gut oder böse, richtig oder falsch sind. Kinder verurteilen sich selbst, wenn sie das Gefühl haben, verurteilt zu werden. Allzu leicht verwandeln sie das »Du hast einen Fehler gemacht«

in »Ich *bin* ein Fehler« und tragen dieses Mißverständnis für den Rest ihres Lebens mit sich herum.

Manchmal haben Mütter einfache, vernünftige Bitten wie »Heb deine Kleider auf« oder »Schlepp den Dreck nicht auf den Teppich.« Und manchmal fühlen Kinder sich dadurch (nach wahrer Kindermanier) in ihrem ureigensten Selbstwertgefühl angegriffen. Sie übersetzen sich diese Bitten in: »Ich bin eine schreckliche Schlampe« und »Ich kann nichts richtig machen.« Zwanzig Jahre später sagt eine Mitbewohnerin: »Wir kriegen Besuch. Könntest du deine Sachen auflesen und aus dem Wohnzimmer schaffen?« Der junge Mann hört: »Du bist ein fauler, rücksichtsloser Schlot«, und übersetzt das in: »Ich mache niemals etwas richtig.« Er antwortet: »Sag mir nicht, was ich zu tun habe! Du bist nicht meine Mutter!«

Diese Art kindlicher Übersetzung kann sich unerwartet in unser erwachsenes Gehirn einschleichen. Wenn wir eine simple Bitte um irgend etwas als negatives Urteil über uns selbst auffassen, kommt es vielleicht zu einer Überreaktion, und wir führen uns auf wie ein wütendes Kind. Kein Wunder, daß verwirrende Wutanfälle so mancher Mitbewohnerin die Sprache verschlagen haben.

Einige wohlmeinende Familien denken, daß sie das Richtige tun, wenn sie Rivalität fördern und ihre Kinder mit Geschwistern und anderen Kindern vergleichen. »Was ist los mit dir? Warum bist du nicht genauso ordentlich, klug und umsichtig wie Clara?« Kinder hören das und sehen sich bereits am unteren Ende der Wippe. »Wenn Joey das brave Kind ist, muß ich das böse Kind sein.« »Wenn Mary die Kluge ist, muß ich der Dumme sein.« »Wenn Patti die Hübsche ist, muß ich die Unansehnliche sein.« »Wenn George Papas Liebling ist, was bin dann ich?« Vergleiche ermutigen Kinder, das Leben als Wippe zu betrachten – entweder man ist oben, oder man ist unten. Wenn ein anderer hinaufgehoben wird, können Kinder das Gefühl entwickeln, am Boden festzusitzen.

Fast alle Eltern bemühen sich, perfekte Eltern zu sein. Einige kommen sich selbst dann gut genug vor, wenn ihre Kinder perfekt scheinen (eben genauso, wie ihre Eltern sie haben wollen). Sie können ihren kleinen (oder großen) Kindern nicht erlauben, Fehler zu machen. Das sind die Eltern, die ihren Kindern das Leben schwer machen, wenn sie nur eine Eins und keine Eins plus in der Mathearbeit nach Hause bringen, wenn sie beim Tennis nicht jeden Satz gewinnen, oder wenn sie den Studienplatz für Medizin nicht bekommen. Diese Eltern denken, daß sie ihren Kindern helfen, indem sie sie ermutigen, immer die Besten zu sein, aber in Wirklichkeit flößen sie ihnen häufig nur Selbstzweifel ein, Schamgefühle und die Überzeugung, daß jede Unvollkommenheit ein Versagen bedeutet. Man kann Perfektionismus zusammen mit dem Familiensilber, den erstklassigen Wertpapieren und den schwachen Gelenken erben.

Selbst wenn unsere Eltern keine tausend Meßlatten besaßen, um uns zu bewerten: Alle anderen hatten sie. Unsere Kinderärzte: Hatten wir das perfekte Gewicht für unser Alter und unsere Größe oder waren wir zu mickrig? Unsere Lehrer: Lasen wir flüssig genug oder mußten wir die dritte Klasse wiederholen? War unser IQ hoch genug, oder lagen wir unter dem Durchschnitt? Unsere Priester oder Pfarrer: Würden wir in den Himmel kommen oder waren wir auf dem Weg in die Hölle? Häufig sagte uns niemand, daß es noch etwas gab zwischen absolut richtig und furchtbar falsch, daher erschien es unmöglich, den Ansprüchen zu genügen. Kein Wunder, daß viele Kinder sich unzulänglich fühlen, daß sie voller Selbstzweifel stecken und glauben, nicht gut genug zu sein. Es ist erstaunlich, daß aus so vielen von uns trotzdem etwas geworden ist.

Die Gegenwart

Als Erwachsene sehen wir oft in drei Meter hohen, rotglühenden Neonlettern, was falsch ist. Was richtig ist, erscheint uns wie das Kleingedruckte ganz unten auf der Seite. Eine Ablehnung, und wir haben das Gefühl, an uns wäre aber auch gar nichts liebenswert. Ein Streit, und wir denken, unsere Ehe wäre am Ende. Fünf Pfund mehr auf der Waage, und wir fühlen uns fett und häßlich. Unser Kind ist nicht Ärztin geworden, also haben wir als Eltern versagt. Wenn wir siebenundachtzig Komplimente und eine Klage zu hören bekommen, erinnern wir uns häufig nur an die Klage, die uns geradezu verfolgt. Wir können einem einzigen negativen Ion erlauben, unsere ganze Atomstruktur zu verändern.

Es war einmal ...

Eine kultivierte, achtundzwanzigjährige Frau namens Karen war groß, anmutig und attraktiv, sie hatte viele Freunde und Vorzüge. Das Leben schien ihr leicht zu fallen. Sie brauchte niemals lange auf den nächsten Job oder den nächsten Freund zu warten. Gewöhnliche Schwierigkeiten schienen von ihrem eleganten Teflonäußeren abzulaufen. Sie wirkte zufrieden.

Eines Nachts saß sie bei Vollmond auf ein Glas Weißwein mit Patricia zusammen, ihrer besten Freundin, die fünfzehn Zentimeter kleiner und zehn Pfund schwerer war als Karen. Wir werden nie erfahren, ob es am Wein lag, am Mond oder an einem seltenen Gefühl der Sicherheit, aber Karen begann zu weinen. Dann schüttete sie Patricias mitleidigem Herzen einige ihrer inneren Qualen aus. Unter ihrer eleganten Fassade war Karen sich immer häßlich und unattraktiv vorgekommen. Sie schämte sich, weil ihre Brüste so klein waren. Sie hatte das Gefühl, wenn ihre Brüste nicht genügten, dann konnte auch sie gewiß nicht genügen. Karen gab zu, daß sie sich stets so anzog, daß sie ihre Unsicherheit verbergen konnte. Sie haßte den Swimmingpool. Sie fühlte sich unwohl, was Sex betraf. Sie verdeckte, vertuschte und polsterte aus. Sie stemmte Gewichte. Aber sie fühlte sich immer noch unterlegen, beinahe entstellt.

Als Jugendliche hatte ihr eigener Vater sie damit aufgezogen, daß sie so flach wie ein Brett sei, wie ein Junge. Ihre ältere Schwester hatte sie verspottet, als sie einen BH haben wollte. Ein Exfreund hatte anzügliche Witze über Brüste gemacht. Sie lebte in dem Gefühl, daß jede Anspielung auf Brustumfang in Wirklichkeit auf sie gemünzt war. Sie versuchte, sich darüber klar zu werden, ob bei ihr vielleicht Brustimplantate angebracht waren, obwohl die als nicht ungefährlich galten. Karen wollte wissen, ob Patricia der Meinung sei, daß Implantate ihre Selbstachtung so weit steigern würden, daß das Risiko sich lohnte.

Patricia verschlug es die Sprache. Sie war immer der Meinung gewesen, daß Karen fabelhaft aussah. Nie hätte sie gedacht, daß ihre elegante Freundin irgendwelche Sorgen wegen ihres Körpers hatte. »Ich finde, du siehst gut aus, so wie du bist«, sagte sie schließlich.

»Das will ich nicht hören«, erwiderte Karen. »Du verstehst einfach nicht.«

»Da hast du wahrscheinlich recht. Ich verstehe nicht. Ich würde meine Figur jederzeit gegen deine eintauschen!«

Es kehrte Stille ein. Patricia verfolgte die falsche Fährte. Karen putzte sich die Nase.

»Gibt es irgendeinen Teil deines Körpers, den du magst?« fragte Patricia in einem Anfall echter Scharfsicht.

Karen dachte einen Augenblick lang nach. Sie gab zu, daß sie ihr Haar und ihre Augen wirklich mochte. Auch ihre Zähne waren in Ordnung. Ihre Beine waren ganz anständig und ihre Fingernägel stark. Die Liste wurde länger.

»Das ist ja eine ganze Menge, was dir da gefällt«, sagte Patricia.

Karen blickte auf. »Ich denke schon. Ich hatte ganz vergessen, wie vieles an mir ich gar nicht würde ändern wollen. Tatsächlich ist das meiste ganz in Ordnung. Ich war mein Leben lang absolut gesund. Vielleicht wäre Silicon doch ein zu hoher Preis.«

»Du hast also deinen ganzen Körper gehaßt, nur wegen dieser blöden Geschichte mit deinen Brüsten? Würdest du deine Figur gegen meine tauschen?« fragte Patricia.

Karen lächelte. »Ich glaube nicht, aber danke, daß du mich nicht ausgelacht hast. Und jetzt spendiere ich dir noch ein Glas Wein.«

Es lagen Lichtjahre zwischen dem, was andere in Karen sahen und wie sie sie beurteilten, und dem, wie sie selbst sich sah und sich beurteilte. Sie konzentrierte sich derart auf das, was fehlte, daß sie ganz aus den Augen verlor, was da war. Ihr Glas war wirklich mehr als halbvoll.

Wenn wir glauben, daß wir mit Mängeln behaftet sind, wollen wir weder Komplimente noch Lob oder Anerkennung vernehmen. Wir können Positives einfach nicht hören, während das dumme »Ich-bin-nicht-gut-genug«-Band in unserem Kopf abgespielt wird. Freunde scheinen irregeleitet und uninformiert zu sein, wenn sie uns anders sehen, als wir selbst es tun. Wir behandeln Komplimente wie Fusseln und wischen sie weg. Wie in Karens Fall wirkt unsere gefällige Fassade nach außen hin vielleicht so, als gebe es keinerlei Probleme, und doch fühlt sich das Kind in uns verunstaltet und keiner Liebe wert, weil es kein Vertrauen hat.

Das Ziel

Akzeptieren Sie, daß Sie fehlerhaft sind und daß Sie eine gewaltige Anzahl von Fehlschlägen erlebt haben. Freunden Sie sich mit Ihren Fehlern an. Ihre Mängel sind vielleicht das Interessanteste an Ihnen.

Revidieren Sie Ihre Maßstäbe. Sie können nicht alles haben. Die Models in der Zeitschrift *Vogue* sind berühmt für ihre flachen Brüste. Wenn man aussieht wie ein Kleiderbügel, bringt man die Designermoden am besten zur Geltung.

Seien Sie dankbar für Ihr unvollkommenes Ich. Akzeptieren Sie die Freundlichkeit anderer. Nach all diesen Jahren haben Sie wirklich eine Atempause verdient.

Beurteilen Sie sich im Ganzen und großzügig, wenn Sie in Teilbereichen hinter den Erwartungen zurückfallen. Man kann durch ein Statistikexamen, eine Führerscheinprüfung oder eine Begutachtung fallen, ohne dumm zu sein. Man kann Schönheitswettbewerbe, Liebhaber und Jobs verlieren, ohne häßlich zu sein.

Akzeptieren Sie das Unausweichliche. Es geht immer etwas schief. Mit Ihrem Auto. Mit Ihrer Katze. Mit Ihrem Haar. Mit Ihrem Körper. Mit Ihnen.

Übungen

Wann immer sie sich wie eine totale Versagerin, wie ein völliger Versager vorkommen, machen Sie sich eine Liste von vierzehn Dingen, die Sie an diesem Tag zuwege gebracht haben. Halten Sie die Sache einfach. Sie haben sich wahrscheinlich die Zähne geputzt, sind gelaufen, ohne hinzufallen, haben ein Ei gekocht, einen vollständigen Satz geschrieben, einen vollständigen Gedanken gedacht, die Mikrowelle bedient, eine Telefonnummer gewählt, eine Tasse Kaffee eingeschenkt, ohne etwas zu verschütten, die Katze gefüttert und zahllose andere Dinge getan. Auch Grundlegendes zählt. Diese Dinge rufen Ihnen ins Gedächtnis, wieviel Sie können und tatsächlich leisten. Erinnern Sie sich häufig daran. Lassen Sie sich auch von anderen daran erinnern.

Hüten Sie sich vor destruktivem Entweder-Oder-Denken. Sie sind keine totale Versagerin, und Sie sind nicht absolut perfekt. Setzen sie die rosarote Brille auf. Konzentrieren Sie sich auf das Positive. Retuschieren Sie das Negative.

Lassen Sie sich von anderen gratulieren. Gratulieren Sie sich selbst. Klopfen Sie sich auf die Schulter. Schneiden Sie ein wenig auf. Quieken Sie vor Freude. Nehmen Sie Komplimente viel ernster als Kritik.

Verwenden Sie das Ende eines jeden Tages – vorzugsweise,

während Sie in einem warmen Schaumbad sitzen – darauf, sich jede schöne, angenehme, gute Sache vor Augen zu führen, die Ihnen während der letzten vierundzwanzig Stunden widerfahren ist. Seien Sie konkret. Durchleben Sie es noch einmal. Das mag zu Anfang ein wenig schmerzlich sein, so als käme man aus einem dunklen Zimmer in die Sonne hinaus. Geben Sie Ihren Augen Zeit, sich anzupassen. Genießen Sie.

Amüsieren Sie sich über Ihre Fehler. Lachen Sie über Ihre Fehlschläge. Machen Sie ein paar nette Geschichten daraus. Erzählen Sie sie weiter. Übertreiben Sie sie. Die Leute hören es schrecklich gern, daß auch andere mal Mist bauen.

Gestatten Sie sich Augenblicke, ja sogar Tage vorsätzlicher und bewußter Unvollkommenheit. Sie könnten Ihr Repertoire beispielsweise erweitern, indem Sie mit diesen wundervoll unvollkommenen Dingen experimentieren:

Tragen Sie zwei verschiedenfarbige Socken.

Ziehen sie an, was nicht zusammenpaßt

(Karomuster und Blumen sind gut.)

Antworten Sie auf eine Frage mit: »Ich weiß nicht.«

Biegen Sie mal falsch ab.

Verirren Sie sich.

Bitten Sie wenigstens einmal am Tag um Hilfe.

Gründen Sie eine lokale Gruppe Anonymer Unvollkommener.

Seien Sie dumm.

Seien Sie frivol.

Erzählen Sie einen schlechten Witz schlecht.

Lachen Sie über sich selbst.

Lachen Sie mit sich selbst.

Lassen Sie auch andere mitlachen.

Fügen Sie Ihrer eigenen Liste noch viele weitere törichte Dinge hinzu. Besprechen Sie sie mit einem unvollkommenen Freund, einer unvollkommenen Freundin. Gehen Sie aus dem Haus, um in der unvollkommenen Welt zu spielen. Das ist ein Stoff, in dem Sie niemand prüfen wird.

Bestärkungen

Ich akzeptiere wohlwollend meine Unvollkommenheiten.
Ich habe fabelhafte Fehler.
Meine Fehler machen mich einzigartig und daher kostbar.
Liebe mich; liebe meine Fehler.
Ich bin größer als irgendein einzelner Teil von mir.
Ich bin immer ein Teilerfolg.
Ich bin durch und durch liebenswert,
auch wenn er oder sie oder mehrere Leute mich nicht lieben.
Ich habe Fehler, also bin ich.

4

Stimmt etwas nicht mit mir?

Der Mythos

Ich sollte mich immerzu stark fühlen und zuversichtlich sein.
Wenn ich das nicht tue, stimmt etwas nicht mit mir.

Die Wahrheit

Niemand fühlt sich ständig zuversichtlich und stark. Es sei
denn, mit ihr oder ihm stimmt etwas nicht.

Gefühle kommen und gehen. Wie wir zu diesen Gefühlen stehen, das ist es, was sie akzeptabel oder nicht akzeptabel macht, was
uns mit uns selbst im Reinen oder nicht im Reinen sein läßt. Einige
von uns haben gelernt, ihren Zorn, ihren Kummer oder ihre Angst
zu verurteilen und diese Gefühle, von denen irgend jemand uns
erzählt hat, sie seien schlecht, einfach nicht mehr zuzulassen. Einige von uns mußten sich in ein Korsett aus Ruhe, Gelassenheit und
Sammlung pressen und alle Gefühle unter Kontrolle halten. Einige
von uns haben gelernt, Schwachheit, Schmerz oder Aufregung zu
fürchten. Sie haben gelernt, daß wir niemals töricht, närrisch, hilflos
oder verletzlich wirken dürfen, daß wir niemals zugeben dürfen, am
prämenstruellen Syndrom zu leiden.

Der junge John Wayne war unser Vorbild. Er war der Cowboy,
der niemals wütend auf sein Pferd war oder Angst zeigte, wenn die
Bösewichte seine Hütte umstellten. Er weinte niemals, wenn er seine Frau verließ. Kaum je einmal blickte er zurück. Er war ein zäher,

sachlicher Mann, der nicht viele Worte machte. Er ließ sich nichts vormachen. Und ließ nicht mit sich spaßen. »Ich liebe dich, Kleines, aber ich muß mein Vieh nach Wyoming treiben. Wir sehen uns vielleicht nächsten Herbst, wenn sie mich in Dodge nicht schnappen.«

Der einsame Macho-Cowboy bleibt mannhaft innerhalb eines schmalen, risikolosen Spektrums der Gefühle. Er wirkt nie unbeherrscht. Im Gegensatz zu uns anderen bringt er niemals jemanden auf die Palme, gibt niemandem Grund zu Streit, regt auch den Hund nicht auf und weint nicht im Eßzimmer. Aber er ist keine reale Person. Reale Menschen haben Gefühle, die uns verraten, was uns wirklich wichtig ist und was uns grenzenlos unwichtig ist. Gefühle sind ein unabdingbarer und nützlicher Teil des Menschseins, ganz gleich, was wir aus den Filmen gelernt haben.

Einige Gefühle sind angenehmer als andere, aber sie alle übermitteln uns Botschaften, ohne die wir nicht leben könnten – Botschaften, bei denen es um Gefahr, Freude, Trauer, Behaglichkeit, Unmäßigkeit geht. Sie erinnern uns daran, die Hand von der heißen Herdplatte wegzuziehen, uns auf Freude zu und von Schmerz weg zu bewegen, zu essen, wenn wir hungrig sind, damit aufzuhören, wenn wir satt sind. Zorn kann uns sagen, daß eine Grenze überschritten wurde, Traurigkeit, daß wir etwas Kostbares verloren haben, Schwäche, daß wir Ruhe brauchen. Alle Gefühle sind Lehrer.

Jede Kultur hat Regeln dazu, welche Gefühle und Verhaltensweisen für jedes Geschlecht, Alter und Ereignis passend und akzeptabel sind. In einigen Ländern ermutigt man die Trauernden dazu zu heulen, sich auf die Brust zu schlagen, sich auf den Sarg zu werfen. In anderen Ländern versteckt man seine Trauer hinter einem Schleier, und nur verhaltenes Schniefen wird geduldet. Einige Kulturen ermutigen zu wildem Tanz, zu Trommelmusik die ganze Nacht hindurch, zu lautem Gesang und Geschrei. In anderen Kulturen gestikuliert man wild beim Sprechen, erhebt die Stimme in Schmerz und in Freude, lacht brüllend und gibt sich ganz und gar freimütig.

Den meisten von uns wurde jedoch beigebracht, sich nicht gar so lebhaft auszudrücken. Die in Amerika bevorzugte Etikette, Diplomatie und Diskretion zeigen, daß die Briten die kulturellen Vorbilder waren, nicht die Italiener. Gutes Benehmen bedeutete, daß man schniefte (nicht schluchzte), klagte (nicht tobte) und kicherte (nicht gröhlte). Das Spitzentaschentuch war nicht für gefühlsgeladene Zurschaustellungen von Trauer geschaffen. Wir lernten, die »stiff upper lip«, die unerschütterliche Selbstbeherrschung zu schätzen, stoische Haltung und Besonnenheit.

Wir scheuen starke Gefühle, soweit sie uns Angst machen; aber so erfahren wir auch niemals, was unsere Gefühle uns lehren oder wie wir mit ihnen leben können. Wir versuchen, sie wegzuschieben, aber sie kommen immer wieder, wie unerwünschte Reklamezettel, die uns jemand in den Briefkasten schiebt. Einige Gefühle lagern schließlich in großen Haufen vor unserer Tür, bis wir befürchten, daß sie uns begraben werden, wenn wir die Tür öffnen. Andere schleichen sich durch den Postschlitz unserer Träume ein. Sie lassen sich erst wieder fortschicken, wenn wir uns anhören, was sie uns über uns selbst zu sagen haben, über unsere Geschichte und unsere gegenwärtigen Lebensumstände. Uneingestandene Gefühle können ebenso hartnäckig wie notwendig sein.

Sehen wir den Dingen ins Gesicht. Unglück, Kummer, Verwirrung und Angst sind regelmäßige Gäste im Leben eines jeden von uns. Rechnen Sie mit ihnen. Ihre Visiten sind normal, natürlich und unvermeidlich. Sie machen sich auch aus eigenem Antrieb wieder davon – manchmal ziemlich rasch, manchmal nicht so schnell. Und wir können nicht immer bestimmen, wie lange sie bleiben. Für gewöhnlich fällt der Besuch umso kürzer aus, je weniger wir uns gegen ihre Gesellschaft sträuben. Manchmal, wenn wir Gefühle zulassen, bleiben sie länger als geplant. Wir können niemals im voraus sagen, wie lange es dauern wird, bis der Schmerz nachläßt.

Nach sechs Monaten, vielleicht auch einmal einem guten Jahr, haben wir uns von den meisten körperlichen Verletzungen erholt.

Bis eine verwundete Seele oder ein verwundetes Herz heilen, kann noch mehr Zeit ins Land gehen. Das Zwei-Aspirin-Schnellverfahren funktioniert bei den meisten Kopfschmerzattacken, aber Herzschmerzen nach dem Tod eines geliebten Menschen oder nach Scheidung bedürfen stärkerer Medizin und Unmengen Zeit. Daß Zeit alle Wunden heilt, ist größtenteils zutreffend, aber manchmal brauchen wir mehr Zeit als wir es uns hätten vorstellen können. Auf lange Sicht ist es einfacher, Gefühle einzulassen als sie auszusperren. Übrigens auch auf kurze Sicht.

Es gibt Zeiten, da ist es klug, sich zu beherrschen und die Gefühle beiseite zu schieben. Dieses Verfahren ist besonders hilfreich, wenn es darauf ankommt, einen Sieg zu erringen. Im Krieg, beim Pokerspiel, beim Kampfsport oder im Geschäftsleben bleiben wir besser gelassen, kühl, gefaßt, berechnend und selbstbeherrscht. In diesen Situationen sind Intelligenz, Überlebensfähigkeiten und Überlegenheit alles, was zählt. Eine ausgebuffte Pokerspielerin versucht, die Mitspieler derart einzuschüchtern, daß niemand mehr wagt, sie zum Aufdecken ihres Blattes zu zwingen, vor allem, wenn sie nur zwei Vieren auf der Hand hat.

Traditionelle Regeln der Macht raten zu folgendem: Lassen Sie die anderen nicht wissen, was Sie denken, fühlen oder planen. Lassen Sie sie im Unklaren. Geben Sie sich den Anschein von Unabhängigkeit, Selbstständigkeit, Unbesiegbarkeit. Geben Sie nichts preis. Bleiben Sie schweigsam und rätselhaft, oder plustern Sie Ihr Gefieder auf, um mit Ihrer Größe und Kraft anzugeben. Und halten Sie das Ruder fest in der Hand.

Aber Strategien, die in Konkurrenzsituationen wunderbar funktionieren und uns zu geschäftlichen Erfolgen verhelfen, können zu Hause für große Probleme sorgen. John Waynes Taktik der Stärke und des Schweigens ist im Bett oder an anderen sicheren und vertrauten Orten nur von begrenztem Reiz. Man spart sie sich am besten für den Pokertisch, das Fußballfeld, den Konferenzsaal oder das Schlachtfeld auf.

Wie die Dinge im einzelnen auch liegen mögen, das Leben – das immer wieder wie zum Spaß unsere Flexibilität auf die Probe stellt – wird uns machtvolle Ereignisse und Gefühle bescheren, die wirklich erlebt und gefühlt werden wollen. Wenn das geschieht, müssen wir erst einmal herausfinden, wie man noch aufrecht im Sattel über das Ödland reiten soll, obwohl einem unter dem breiten Cowboyhut die Angst im Nacken sitzt.

Wir können Mut und Zuversicht heucheln, können unsere Sporen klimpern lassen, aber unser Körper kennt die Wahrheit und verlangt sein Lösegeld. Zu viel angespanntes Vorspiegeln und zuviel Beherrschung können uns einen wunden Hintern und verschiedene dunkelgrüne Krankheiten bescheren. Bluthochdruck, Kreuzschmerzen, Kopfschmerzen, Verdauungsstörungen und Dickdarmentzündung haben allesamt psychische Komponenten. So einfach ist das Leben als rauher Bursche, der keine Furcht kennt, also doch nicht. Unser Körper reagiert auf die Hitze unserer Leidenschaften, auch wenn wir glauben, daß wir absolut cool bleiben.

Der Anfang

Jede Familie hat ihre eigene Regeln, was Gefühle betrifft. Alle Kinder haben unglücklicherweise alle irgendeine Variation dieser Themen gehört:

»Sei kein Säugling.«

»Hör auf zu weinen, oder ich gebe dir einen Grund zum Heulen.«

»Reiß dich zusammen.«

»Reg dich nicht so auf. Beruhige dich.«

»Sei nicht so empfindlich.«

»Wage es nicht, mich anzuschreien!«

»Jammere nicht!«

»Sieh mich nicht so an!«

»Wir reden, wenn du dich wieder beruhigt hast.«

»So sehr hat das doch gar nicht wehgetan.«

»Werde erwachsen.«

»Sei keine Heulsuse!«

Diese Verhaltensregeln bewirken, daß die Kinder sich dafür schämen, starke Gefühle zu haben und ihnen Ausdruck zu verleihen. Wenn eine Familie Gefühle ablehnt, lernen Kinder, sie ebenfalls abzulehnen. Sie tun es ihren Eltern gleich und distanzieren sich von ihren eigenen Gefühlen. Sie können lernen, ihre Gefühle zu hassen, zu ignorieren, zu verbergen und zu leugnen. Sie lernen, sich sorgfältig zu beobachten und im Bereich dessen zu bleiben, was ihre Familie für annehmbar hält.

Kinder lernen früh, Kaltblütigkeit vorzutäuschen. Vor allem Jungen lernen, niemals zu weinen. Mädchen lernen, niemals wütend zu werden. Wenn Gefühle in den Untergrund gehen, können Kinder depressiv werden, sich zurückziehen oder sich zu Hause, in der Schule und in der Nachbarschaft auf höchst einfallsreiche und unerwartete Weise produzieren.

In vielen Familien werden die Gefühle fest zugeteilt, so daß jedes Familienmitglied immer nur eines für sich beanspruchen und offenbaren kann. Eine Person wird ein Monopol auf Depression haben, eine andere das Monopol auf Zorn, wieder eine andere das auf Humor und wieder eine andere Person das Monopol auf Empfindsamkeit. Wir bleiben häufig an Gefühlen hängen, die sonst niemand für sich beansprucht hat. Denken Sie darüber nach, wer in Ihrer Familie welche Gefühle übenommen hat, welche Gefühle Sie nicht empfinden durften, welche allein für Sie reserviert waren.

Es war einmal ...

Matthews Vater war am Arbeitsplatz und auch sonst außer Haus ein Charmeur. Aber wenn er nach Hause kam, verwandelte er sich in einen Mann des einsamen Zorns. Er betrat das Haus als tickende

Zeitbombe, und niemand konnte jemals vorhersagen, was ihn zur Explosion bringen würde. Ohne Vorwarnung drehte er durch, brüllte, schrie, drohte und warf mit irgendwelchen Dingen um sich. Er schüchterte alle ein. Niemand wagte es, sich ihm entgegenzustellen. Niemand wagte es, um etwas zu bitten. Matthews Vater hatte das Monopol auf Wut und Zorn, während seine Mutter sich angstvoll in eine Ecke verkroch und weinte.

Seine Wutanfälle wirkten wie eine Herde wilder Büffel, die durchs Haus jagte. Selbst nach Einbruch der Dunkelheit gingen alle nur auf Zehenspitzen um ihn herum. Für Matthew gab es kein Vorbild in punkto Zorn, das nicht lebensbedrohlich war. Er lernte niemals, daß er starke Gefühle haben konnte, ohne anderen Angst einzujagen, daß er seiner Wut Ausdruck verleihen konnte, ohne gefährlich zu sein. Er hatte keine Stelle, an der er seine Gefühle ausdrücken konnte, keine Hilfestellung bei der Entwicklung innerer Kontrollmechanismen. So blieb Matthew nichts anderes übrig, als zwischen zwei Alternativen zu wählen: Entweder seinen Zorn niemals zu zeigen wie seine Mutter, oder sich zu einem einschüchternden Wüterich zu entwickeln, wie sein Vater einer war.

Die Gegenwart

Die meisten von uns haben gelernt, daß Gefühle nicht akzeptabel sind, daher ist es keine Überraschung, daß starke Zurschaustellungen von Emotionen häufig mit dem Etikett einschüchternd, unbeherrscht, hysterisch oder potentiell gefährlich versehen werden. Manchmal sind sie es tatsächlich, aber meistens nicht. Wenn zwischen vernünftigen Erwachsenen die Funken des Zorns sprühen, dann dauert das für gewöhnlich nicht länger als drei Minuten, obwohl der Rauch sich vielleicht erst nach Tagen verzieht und der Schwelbrand noch bedeutend länger anhält.

Erwachsene, die in ihrer Kindheit von explosiven Wutanfällen eingeschüchtert worden sind, bleiben bisweilen in dem alten Entsetzen des verletzten Kindes gefangen. Sie tun dann alles, um emotionale Explosionen zu vermeiden, sowohl bei sich selbst als auch bei anderen. Verantwortungsbewußte Erwachsene müssen gute innere Kontrollmechanismen entwickeln, um starke Gefühle zuzulassen und zu akzeptieren. Erwachsene, die weder Aggressoren noch Opfer sind, setzen gesunde Grenzen, sind emotional verantwortungsbewußt und wissen, wann der Rauchalarm ausgelöst werden muß.

Wir, die sogenannten zivilisierten Erwachsenen, kennen eine Unzahl phantasievoller Wege, um uns vor Gefühlen zu schützen. Manchmal intellektualisieren wir sie weg, indem wir uns unsere Gefühle ausreden: Wenn wir dies oder das fühlen, erreichen wir damit gar nichts, wozu also die Mühe? Denk nicht drüber nach. Laß es einfach gut sein. Vergiß es. Mit der Zeit wird sich das schon regeln. Reden führt zu nichts. Es hat keinen Sinn, über vergossene Milch zu weinen.

Manchmal benutzen wir Drogen, um Gefühlen aus dem Weg zu gehen. Jerome, ein genesender Alkoholiker, gab zu, daß es zwei Jahre Nüchternheit bedurfte, bis er gelernt hatte, mit all den Gefühlen fertig zu werden, die zuvor Alkohol und andere Drogen überlagert hatten. Es schockierte ihn, wie viele Dinge er während seiner Alkoholikerjahre nicht wahrgenommen hatte. Er sagte: »Ich fühle jetzt die ganze Zeit irgend etwas, und für viele Dinge, die mir zustoßen, kenne ich nicht einmal die Namen.« Zuerst begriff nicht einmal seine eigene Frau seine Reaktionen. Und er auch nicht. Er hatte so lange Zeit keinen Winter mehr gefühlt, daß es ihn überraschte, als er im Februar fror. Er lernte, nüchtern zu leben, lernte, wieder zu fühlen, lernte alles Erlebte als wirklich zu begreifen.

Manchmal versuchen wir auch, uns durch Zwangsverhalten von unseren Gefühlen abzulenken. Wir betäuben Angst, Schmerz oder das Gefühl der Leere mit exessivem Einkaufen, Essen, Trainieren, Spielen oder sonst einer Beschäftigung. Manchmal erfüllen wir unser Leben mit Krisen und Chaos, nur um nichts anderes wahrnehmen zu müssen als unsere Raserei. Wenn wir sehr beschäftigt sind, unser Pensum gerade noch schaffen mit letzter Kraft, dann bleibt keine Zeit, um etwas zu fühlen oder uns mit unseren wirklichen Gefühlen auseinanderzusetzen.

Manchmal benutzen wir auch sozial annehmbare Maskierungen, um unsere nicht annehmbaren Gefühle dahinter zu verbergen. Dann werden wir sarkastisch statt zornig, sind bitter und vorwurfsvoll statt traurig und enttäuscht. Wir zeigen uns gelangweilt oder niedergeschlagen statt wütend und hilflos. Wir verstecken uns hinter Humor und Schlagfertigkeit, um nicht verletzbar zu erscheinen.

Und manchmal, wenn wir versuchen, überhaupt keine Gefühle hochkommen zu lassen, brechen sich die verleugneten und eingemauerten Emotionen dennoch Bahn. Wir sind wütend auf den Chef, also erhält der Hund einen Tritt. Wir haben der verlorenen Liebe nicht nachgeweint, also erhält der Hund seinen Tritt. Unsere Ehe scheitert, wir treten den Hund. Wenn wir unsere Gefühle verdrängen, statt uns mit unserem Elend auseinanderzusetzen, bekommt jedesmal der treue Hund (oder irgendeine andere fromme Kreatur, die gerade in der Nähe ist) einen Tritt ab. Bis die so traktierte Kreatur schließlich beißt oder davonläuft.

Wenn wir fähig sind, uns selbst und anderen das ganze Spektrum von Gefühlen zuzugestehen, dann können wir uns auch Vertraulichkeit gestatten. Bei der Vertraulichkeit geht es darum, daß wir uns sicher genug fühlen, um unsere Tränen, unsere Freude, unseren Zorn, unsere Spontanität, unsere Leidenschaft, unseren Stolz und unsere Zartheit mit anderen zu teilen. Vertraulichkeit bedeutet, für andere besser sichtbar zu sein, verletzlicher zu sein, weniger geschützt zu sein und offener dafür, etwas über unsere wahre Natur zu lernen. Es bedeutet, zu vertrauen und vertrauenswürdig zu sein.

Wir brauchen Mut, um uns selbst zu offenbaren. Alte Menschen, Menschen, die dem Tod bereits nahegekommen sind, oder sehr lebendige und kreative Menschen sind oft unsere besten Vorbilder für ein spontanes und unkonventionelles Leben. Sie sind nicht zu ängstlich, um die Maske des gesellschaftlich Annehmbaren abzulegen und wegzuschließen, um das zu machen, was sie für richtig halten, ganz gleich, was die Leute sagen. Sie gestatten sich, sie selbst zu sein, Gefühle zu haben und Gefühle zu zeigen, weich zu sein, anders zu sein, Grenzen zu überschreiten, zu lachen, unvernünftig zu sein. Sie wissen, daß sie nicht viel Zeit zu verschwenden haben, und deswegen feiern sie ihre eigene Lebendigkeit.

Das Ziel

Überlassen Sie sich ihren Gefühlen, welche es auch sein mögen, und entscheiden Sie dann, was Sie tun wollen. Erhalten Sie sich ihr Gleichgewicht. Ermutigen Sie andere, das ihre beizubehalten. Begehen Sie keinen Verrat an dem Kummer, den Sie als Kind empfanden. Respektieren Sie die Wahl, die Sie als Erwachsener getroffen haben.

Seien Sie unvollkommen, und stehen Sie zu Ihren Gefühlen. Wählen Sie sich Ihr Gesicht, Ihre eigene Maske, Ihren eigenen Rhythmus, Ihre Stimmung, Ihr Temperament selbst aus. Sie stehen Ihnen gut.

Wenn die wilde Jagd der Gefühlswelt – die Wut, der Kummer, der Schrecken – Sie durch Ihr ordentliches und aufgeräumtes Leben jagt, dann lassen Sie sich nicht in Panik bringen, nicht über den Haufen reiten, nicht in den Schlamm ziehen. Heißen Sie die wilden Gesellen willkommen. Geben Sie ihren Pferden Hafer. Lassen Sie sie eine Weile grasen und dabei Ihren Garten düngen, lernen Sie sie kennen. Behandeln Sie sie freundlich und lassen sie ihrer Wege ziehen. Sie werden wiederkommen, aber nie lange bleiben, wenn Sie sie beeindruckt haben. Haben Sie das nicht, dann können sie sich bei Ihnen einnisten und Sie um Haus und Herd bringen.

Übungen

Keine Empfindung muß ewig dauern, und keine wird es. Überlassen wir uns ihr, empfinden wir sie, dann wird sie sich (letzten Endes) ändern. Es reicht schon, darüber zu reden, und die Empfindung ändert sich (letztes Endes). In einer Stunde, einem Tag oder auch einer Woche bewegen wir uns durch das ganze Spektrum der Gefühle, vom Furchtbaren zum Phantastischen. Viel Zeit verbringen wir in der Mitte. Das Glücklichsein ist kein andauernder Zustand. Aber das Unglücklichsein ebensowenig. Und auch die neutrale Mitte nicht.

Suchen Sie sich einen Mitspieler, eine Mitspielerin, und erproben Sie im Spiel diejenigen Gefühle, die Sie in Ihrem Leben bisher nicht haben einüben können. Seien Sie einmal unglücklich, wütend, unvernünftig, schwierig, schwach, erschöpft, ekstatisch, befriedigt. Probieren Sie alle Masken aus.

Wenn Sie aufgebracht sind, rufen Sie einen Freund an und beklagen sich. Lassen Sie sich bemuttern. Bemuttern Sie sich selbst. Schwelgen Sie ein wenig in Ihrem Unglück. Verlangen Sie Zuwendung. Seien Sie zu sich selbst genauso verständnisvoll und freundlich, wie Sie es zu einer Freundin wären, die Kummer hätte.

Legen Sie fest, wieviel Stunden voller Kummer Sie in dieser Woche wirklich brauchen, und dann geben Sie sich dem Kummer hin. Wenn Ihr Hund stirbt, gestatten Sie sich, so lange zu weinen, wie Sie es brauchen. Und wenn Sie dazu bereit sind, lassen Sie es gut sein, machen Sie sich frei davon, und lassen Sie das Leben weitergehen. Wiederholen Sie das so oft wie nötig.

Bestärkungen

Ich bin unvollkommen und ich habe Gefühle.

Ich darf fühlen, was immer ich fühle.

Ich will von meinen Gefühlen lernen.

Ich muß nicht ständig vor Zuversicht und Kraft strotzen.

Mir kann auch einmal elend zumute sein.

Ich entscheide, wann und wo ich meine Gefühle zeigen will.

Ich entscheide, was ich tun werde und wie ich reagiere.

Was soll ein Leben ohne Gefühle?

Ich fühle, also bin ich.

5

Die große Liebe: Und sie leben glücklich und zufrieden bis ans Ende ihrer Tage

Der Mythos

Ich werde mit meiner einzigen großen Liebe Richtung Sonnenuntergang davonreiten, und wir werden von Stund an bis zum Ende unserer Tage im Schloß auf dem Berge ein glückliches und zufriedenes Leben führen.

Die Wahrheit

Vielleicht haben Sie einige Kleinigkeiten übersehen. So ein Schloß auf dem Berge ist meist mit einer großen Hypothek belastet. Das Pferd wird Hafer brauchen. Es wird dunkel werden. Es wird regnen.

Und vor allem werden Sie viele Frösche küssen, bevor Sie Ihren Prinzen oder Ihre Prinzessin finden. Früher, als man noch sein ganzes Leben in der gleichen Stadt verbrachte, hatten wir Umgang mit Fröschen und mit Wesen prinzlichen Geblüts, die alle im gleichen Tümpel schwammen, und jeder wußte, wie der andere schwamm und welche Warzen er hatte. Aber weil wir heutzutage immer unterwegs sind, von einem Teich oder Tümpel oder Pfuhl zum nächsten, verbindet uns keine gemeinsame Vergangenheit mehr mit den Fröschen, die wir treffen. Es sind wahrscheinlich alles Fremde für uns. Daher ist kaum noch zu entscheiden, wer ein Frosch ist, wer ein Prinz oder eine Prinzessin und wer eine Kröte. Es kommt mehr denn je darauf an, die persönliche Geschichte unserer

Mitbewohner im Tümpel einmal genauer unter die Lupe zu nehmen.

Unseren ersten Frosch vergessen wir zwar nie, aber gewöhnlich hüpfen wir auch nicht mit ihm auf und davon. Und bevor wir zu alt dafür werden, können wir feststellen, daß wir eine ganze Anzahl von Amphibien geliebt haben – einige über lange Zeit, andere nur kurz. Normalerweise stellte sich heraus, daß sie mehr waren als Frösche und weniger als Abkömmlinge königlicher Linien.

Für diejenigen von uns, die ein Faible für romantische Liebe haben, geht die Suche nach dem perfekten Frosch für immer weiter. Wir träumen von dem magischen Augenblick, da wir unsere große Liebe zum ersten Mal am anderen Ende eines überfüllten Raumes erblicken. Ein Orchester von Violinen beginnt zu spielen, und alle Bewegungen nehmen die sanfte Grazie der Zeitlupe an. In güldenem Glanze, die Umrisse weich gezeichnet, dreht sich unsere große Liebe im Walzerschritt in unsere offenen Arme und haucht den vollkommenen Kuß auf unsere wartenden Lippen. Das Einschnappen, das Knistern und die Eruption der Endorphine ist rund um die ganze Welt zu hören. Die Erde bebt. Wir können unsere zärtlichen Blicke nicht voneinander lösen und tanzen bis zum Sonnenaufgang. Dann werden wir davongetragen nach Tahiti, um dort am Strand zu leben, von nichts behelligt und glücklich zufrieden und einander zugetan bis an das Ende unserer Tage. Dieser romantische Traum stellt sich so mühelos ein, so sanft, und er ist so berauschend, daß weder Drogen noch Schokolade ihm gleichkommen können. Denn es ist genau das, worauf wir gewartet haben: Ein verzauberter Abend, der uns aus unserem alltäglichen Leben in einen immerwährenden Freudentaumel versetzt.

Wir lieben diese Geschichte und mögen nicht von ihr lassen. Sie lebt fort im Märchen, in Hollywood, in unseren Musicals, unseren Schlagern, im Kitschroman, im Schmachtschinken und in der großen Literatur. Es ist die Geschichte des Werbens, der Verführung, des jungen Glücks. Diese Geschichte feiert die Chemie, die Hormone und Glücksmomente, die für immer andauern. Ihre Botschaft lautet: Die Liebe ist von solcher Magie, daß sie nicht auf Freundschaft aufbauen muß, auf Zeit, die man zusammen zugebracht hat, auf gemeinsamen Interessen, auf guten Gesprächen oder ähnlichem. Sie wird einfach kommen, durchs Schicksal bestimmt, durch die Geschicke vergangener Leben, durch Kismet, Karma, durch Glück.

In der Geschichte sind die beiden Frösche füreinander geschaffen. Vielleicht waren sie es wirklich; vielleicht leben sie wirklich glücklich bis ans Ende ihrer Tage. Vielleicht erfahren sie aber auch einiges von dem, worüber die Geschichte nicht berichtet: Wie das Leben sich mit der Zeit ändert; wie man mit dem Auf und Ab der kleinen Scherze zurechtkommt, die das Leben für uns auf Lager hält; wie man sich Geduld, einen guten Sinn und nützliche Fertigkeiten aneignet; wie man ein klein wenig von der ursprünglichen Magie in seinem Heim bewahrt.

Die alten Geschichten sind da, damit wir die Liebe lieben. Sie ermuntern uns, unseren Frosch als Prinz oder Prinzessin herauszuputzen und unsere Augen vor seinen oder ihren Warzen und Froschaugen zu verschließen. So verlieben wir uns dann in unsere eigenen Geschöpfe und verleugnen die schleimige Wirklichkeit, bis diese uns mit einem Schlag ins Gesicht zur Besinnung bringt. Also Vorsicht: Wenn unsere geliebten Partner prinzlichen Geblüts absolut vollkommen zu sein scheinen, dann haben wir sie höchstwahrscheinlich erfunden, und manchmal haben sie sich auch selbst erfunden.

Es war einmal ...

Janet war fünfundzwanzig, eine ernsthafte und fleißige Studentin, die kurz vor dem Abschluß ihrer Promotion in Physik stand, als sie Sam kennenlernte, einen namhaften, charismatischen Gastprofessor an ihrer Universität. Er war fünfundfünfzig, verheiratet, und hatte zwei Kinder im Teenageralter und einen Säugling. Sam und Janet arbeiteten beide zusammen am gleichen Projekt, und er versäumte es keinen Tag, ihr in freundlicher Anerkennung ihrer Fähigkeiten zu sagen, wie klug und talentiert sie sei. Das spornte Janet zu noch härterer Arbeit an; sie war entschlossen, ihr Bestes zu geben und sich seines Lobes als würdig zu erweisen. Nach und nach ließ er Bemerkungen darüber einfließen, was sie trug, wie glänzend ihr Haar sei und welche Wärme ihre Haut ausstrahle. Janet zog es Tag für Tag früher ins Labor, und mittlerweile schaute sie auch in den Spiegel, bevor Sam kam. Seine Anteilnahme entflammte sie, sein Charme beflügelte sie. Das Projekt wurde zum Mittelpunkt ihres Lebens. Die Arbeit daran wurde zu ihrer Leidenschaft. Binnen kurzem war sie gewissermaßen kurzgeschlossen und völlig aus dem Gleichgewicht gebracht.

SHAZAAM! Die Atmosphäre im Physiklabor war so von Elektrizität geschwängert, daß die Entladung die beiden geradewegs ins Bett beförderte. Er war kultiviert und erfahren. Ebensoviel Zeit, wie sie für die Liebe brauchten, ließ er sich, um ihren Körper zu bewundern. Sie arbeiteten auch abends zusammen. Sie war total hingerissen und glühte vor Leidenschaft. Sie spürte, daß sie ihre große Liebe gefunden hatte. Es dauerte keinen Monat, bis Janet von kirchlicher Heirat und einem eigenen Haus träumte.

Sam ließ durchblicken, daß er möglicherweise seine Frau und seine Kinder verlassen würde, um mit ihr zusammenzuleben. Sie hätte seine Worte nur allzugern ernst genommen, aber die Tatsachen machten ihr doch zu schaffen. Die Anwendung wissenschaftlicher Methoden waren ihr schließlich zur zweiten Natur geworden. Sam war derzeit mit seiner dritten Frau verheiratet. Sie war ebenfalls seine Studentin gewesen. Und sie hatten sich kennengelernt, während er eine Gastprofessur wahrnahm. Wenn er von seinen Frauen erzählte, beklagte er sich darüber, daß sie ihn nie verstanden hätten. Er sprach abfällig und negativ von seinen Ehen.

In ihren wacheren Augenblicken sah Janet voraus, daß die Geschichte sich wiederholte. Eines Tages in nicht allzu ferner Zukunft würde er sich ebenso abfällig und kritisch über sie äußern, wenn er sich mit seiner nächsten Assistentin unterhielt. Sie argwöhnte zum ersten Mal, daß sich unter seinem prinzlichen Äußeren Schleim verbergen könne. Sie war nur die Prinzessin eines Augenblicks. Und würde die nächste enttäuschte Frau in dem bunten Reigen der jungen Frauen mit gebrochenen Herzen sein, die ihn einmal geliebt hatten. Es wurde eine Zerreißprobe für sie. War es Liebe? (Nein.) Würde es diesmal anders werden, so wie er es ihr versicherte? (Nein.) Konnte sie ihn gehen lassen? (Nicht so einfach. O weh.) Konnte sie ihn behalten? (Keineswegs.) War er wirklich ein Mann, dem man nicht vertrauen konnte? (Das war er.)

Janet hatte sich zum ersten Mal tief in die Liebe verstrickt, und Sam hatte sich ein weiteres Mal tief in der Lust verfangen. Glücklicherweise wurde Janet rechtzeitig von ihrem Gehirn wachgerüttelt und schaffte es, die Sehnsucht ihres Herzens zu überstimmen. In einem Augenblick blendender Klarheit und klaren Urteilsvermögens sagte sie ihm Lebewohl. Und weinte viel. Keine Abende mehr zu zweit, nur Sam und Janet.

Sams prinzliches Geschenk an sie bestand darin, daß er ihre Klugheit respektiert und ihre Sinnlichkeit geweckt hatte. Sie wußte jetzt, daß ihre Neuronen auf noch komplexere und interessantere Weise zu funktionieren vermochten, als sie es sich vorgestellt hatte. Ein noch schlafender Teil ihrer selbst war geweckt worden. Sie war jetzt bereit für einen Partner, der ihr die ganze Wahrheit darüber sagte, was an ihm prinzlich und was froschartig war. Sie war bereit für jemanden, für den sie sowohl klug als auch sexy sein konnte, und der ihre ganze Person auf lange Sicht und nicht nur für ein Semester zu schätzen wußte. Die gefährlichen prinzlichen Burschen von Sams Schlag sehen eine schöne Prinzessin, bewundern sie, ergreifen sie, lassen sie schließlich wieder frei und hüpfen unweigerlich zum nächsten Seerosenblatt weiter. Sie werden ihre Zeit nicht darauf verschwenden, die Spur von Tränen, die sie hinter sich zurücklassen, zu verstehen oder zu bereuen.

Sondheims Prinz in dem Musical *Into the Woods* bringt es auf den Punkt: »Aber Schatz, man hat mich gelehrt, charmant zu sein, nicht ehrlich.« Und mit diesen Worten tritt er abrupt ab.

Der Anfang

Unsere erste Erfahrung, unser erstes Verstehen der Liebe ergab sich aus unserer frühesten Verbindung. Wir hatten damals noch keinen Sinn dafür, wer wir waren, unser Ich hatte keine Grenzen, es fehlte jede Wahrnehmung davon, wo wir zu Ende waren und unser geliebter Betreuer anfing. Wir waren zu einem verwoben. Aufwachsen bedeutete Trennung, Individuation, anzuerkennen, daß wir unabhängig und selbstständig sein konnten. Aber auf diesem Weg büßten wir diese vollkommen sichere, ozeanische erste Verbundenheit ein. Ein Teil von uns sehnt sich oft immer noch nach dieser verlorenen elementaren primären Verbindung. In der Euphorie der ersten Liebe kommen wir ihr noch einmal nahe. Wir wissen wieder, welches Gefühl wir damals empfanden. Nichts könnte es übertreffen.

Kinder wissen es, wenn sie geliebt werden. Sie erhalten Botschaften von Händen, Augen, Stimmen und Armen, vom Atmen selbst. Sie wissen, wer sie zart behandelt, wer sanft mit ihnen spricht, wer gern und fröhlich mit ihnen spielt und wer sie beschützt. Die an keine Bedingungen geknüpfte Liebe gestattet es ihnen, genau die zu sein, die sie sind. Diese Liebe schafft Sicherheit. Eine verläßliche, liebevolle Welt ermutigt die Kinder, zu selbstsicheren, gütigen und sich selbst vertrauenden Erwachsenen heranzureifen.

Und Kinder spüren es auch, wenn sie nicht geliebt werden, wenn irgend etwas fehlt. Für die meisten von uns war die erste Lebenszeit nicht vollkommen idyllisch und sicher. Ein paar Löcher in den Liebesdecken, in die wir eingewickelt waren, sind irgendwie nie gestopft worden. Schaudernd und verunsichert suchten wir oft genug Wärme und Sicherheit in uns selbst. Es schlichen sich Zweifel ein, ob sich überhaupt jemand um uns kümmerte, und oft dachten wir, die Zuwendung anderer gar nicht zu verdienen, nicht liebenswert zu sein. Und wenn wir uns jetzt einen Partner suchen, dann soll er für uns wieder gutmachen, was wir als Kinder vermißten. Er soll genau das richtige Garn und die richtigen Nadeln haben, um die Löcher der Decken unserer Kindheit zu stopfen und uns für immer warm zu halten und schützen. Aber ach, die meisten Enttäuschungen der Kindheit könnte kein einziger Mensch, nicht einmal ein ganzes Team, wie sehr es uns auch immer liebte, wieder wett machen. Das ist unsere eigene innere Angelegenheit – mit der Welt, aus der wir kommen, Frieden zu schließen, um in der Welt, in der wir jetzt leben, Erfolg zu haben, zu lieben und die Liebe in uns einzulassen.

Die Gegenwart

Als Erwachsene versuchen wir, uns für die Enttäuschungen der Kindheit zu entschädigen. Wir versuchen, unsere Bedürfnisse zu befriedigen, indem wir Beziehungen eingehen, die große Ähnlichkeit mit denen unserer Kindheit haben. Wir wählen uns oft einen Partner, der dem ähnelt, den wir am besten kannten. Selbst wenn wir uns schwören, daß wir niemals ein Verhältnis zu unserem Partner haben wollen, wie es unsere Eltern hatten, und uns einen ganz andersartigen Partner auswählen, müssen wir feststellen, daß wir selbst die gleichen Familienmuster wiederholen. Ganz gleich, wie unbefriedigend es ist, wir fühlen uns wie zu Hause, wie Mama, wie Papa, wie eine neue Auflage unserer ersten Familie – alles altvertraut. Zu Hause ist es doch am allerschönsten.

Während wir auf den vollkommenen Partner warten, unternehmen wir allerlei Anstrengungen, um jünger zu wirken, mehr Sex-Appeal auszustrahlen, verlockender, verführerischer und attraktiver zu erscheinen. Mit Beschwörungen versuchen wir, unsere große Liebe zu bezaubern. Wir kaufen Zaubertränke und Lotionen, Gewichte und Stärkungsmittel, Mittel, die uns dicker oder dünner machen sollen, aber was wir eigentlich mit alledem kaufen, ist Hoffnung. Wir hoffen, daß das betreffende Produkt, die betreffende Dienstleistung die große Liebe Realität werden lassen. In Anzeigen werden wir ständig daran erinnert, daß wir um einen geringen (oder einen sehr hohen) Preis magische Verführungskraft erwerben können. Wenn wir nur ihre Produkte von unschätzbarem Wert kaufen, so machen uns die Firmen weis, werden wir schlank werden, fit und attraktiv, uns werden weder Schuppen noch Kopfschmerzen fürderhin quälen. Nachdem wir Hoffnung in ihren vielen verschiedenen Formen erworben und konsumiert haben, wird endlich der oder die Richtige erscheinen, feststellen, daß wir der vollkommene Partner für ihn oder sie sind und für alle Zeiten bei uns bleiben. Wir alle sind anfällig für die Elixiere verführerischer Bilder. Die Händler wissen genau, was sich gut verkauft, und Hoffnung ist ein unwiderstehliches Produkt.

Mitunter ist unsere Sehnsucht nach einer Verbindung so stark, daß uns jede Beziehung wie die große Liebe vorkommt. Uns ist das Alleinsein so vergällt, und uns scheint die Welt so voller glücklicher Paare zu sein, daß wir uns fast mit jedem einlassen würden. Wir sehen über alle Mängel hinweg, wollen die Schrift an der Wand nicht lesen, das Aufstöhnen all unserer Freunde nicht hören und nichts von den Befürchtungen unserer Eltern wissen. Wir vergessen, daß selbst die giftigsten und verletzendsten Beziehungen mit Flitterwochen beginnen. Wir sind möglicherweise blind vor Liebe und fallen voll aufs Gesicht, wenn wir feststellen, daß unsere Liebesgeschichte Stephen King zum Verfasser hat.

Das Warten auf ihren Liebsten macht viele Frauen für die Realitäten der Liebe blind. Sie schläft mit geschlossenen Augen wie Dornröschen und wartet, daß jemand kommt, sie findet und aus ihrem langen Schlaf erweckt. Bestimmt wird ein schöner Prinz kommen, in bedingslose Liebe zu ihr verfallen und sie in eine lebendige, selbstsichere, kreative, glückliche und erfüllte Frau verwandeln. Sie hat die Hand schon am Hörer und wartet auf den Anruf. Und sie kann ihre Arbeit oder ihr Studium nicht richtig ernst nehmen, weil sie ständig auf die Hufschläge eines weißen Pferdes lauscht.

Dieses elementare Märchen enthält eins der Urbilder der westlichen Welt. Frauen dämmern ihrer Erweckung entgegen. Es kann sehr schwierig sein, die Herausforderung einer beruflichen Karriere, einer neuen Lebenssituation oder eines selbstständigen Lebens anzunehmen, wenn unsere Kultur uns souffliert: »Warte auf den Richtigen; schlaf, bis er kommt. Mach nicht deinen Doktor, heirate ihn.«

Es war einmal ...

Heutzutage wird das traditionelle Schema von neuen Märchen in Frage gestellt. Robert N. Munsch erzählt in *Die Prinzessin in der Papiertüte* die Geschichte der schönen Prinzessin Elizabeth, die den Prinzen Ronald heiraten sollte. Aber bevor es soweit war, zerschmetterte ein furchtbarer, feuerspeiender Drache ihr Schloß, verbrannte ihre kostbaren Kleider und verschleppte Prinz Ron. In ihrer Not fand Elizabeth nichts anderes, was sie anziehen konnte, als eine Papiertüte. Aber dennoch nahm sie die Verfolgung des gefährlichen Drachens auf. Als sie die Drachenhöhle erreichte, sagte ihr der Drache, sie solle verschwinden. Er war nach einem geschäftigen Tag, den er genutzt hatte, um Schlösser und Wälder zu verbrennen, zu müde und schläfrig, um sie zu verspeisen. Aber Elizabeth ließ nicht locker und brachte den erschöpften Drachen dazu, seine gewaltige Stärke zu zeigen. Sie forderte ihn heraus, einhundert Wälder zu verbrennen. Er tat es. Dann überredete sie ihn, ihr vorzuführen, daß er in zehn Sekunden um die ganze Welt fliegen konnte. Er tat es. Sie überlistete den Drachen, indem sie seine Kräfte erschöpfte. Völlig verausgabt fiel er in einen todesähnlichen Schlaf.

Leise schlich Elizabeth in die Höhle, um Prinz Ronald zu befreien. Aber statt erleichtert und dankbar zu sein, daß er gerettet wurde, beschwerte er sich über ihr unmögliches Aussehen! Sie roch nach verbrannter Erde. Das Haar hing ihr wirr um den Kopf, und sie war bekleidet mit einer schmutzigen, alten Papiertüte. Sie solle doch wiederkommen, wenn sie wie eine richtige Prinzessin gekleidet sei, sagte er ihr. Seine Kleider seien schön, erwiderte Elizabeth, seine Frisur ordentlich, und er sehe aus wie ein richtiger Prinz. Aber in Wirklichkeit sei er ein Penner. Sie habe keinerlei Absicht mehr, ihn zu heiraten. Ende der Geschichte.

Stellen Sie sich vor, wie das Leben wäre, wenn die tapfere, hellwache Elizabeth und nicht Dornröschen als Modell der vollkommenen Frau gedient hätte!

Manche Menschen verbringen einen großen Teil ihres Lebens damit, auf den vollkommenen Prinzen oder die vollkommene Prinzessin zu warten. Mit weniger als dem Vollkommenen finden sie sich nicht ab. Sie weisen jedes froschhafte Wesen zurück, das versucht, die Schwelle ihres Schlosses zu überschreiten. Aber ein schlecht eingestellter Froschdetektor spricht vielleicht auch auf Menschen an, die ein wenig grün sind, und weist sie ab, bevor man ihren goldenen Charakter, ihren hervorragenden Verstand oder ihren königlichen Sinn für Humor erkannt hat. »Mit der würde ich nicht mal einen Kaffee trinken!« – »Für eine Heirat kommt er einfach nicht in Frage.« Aber man kann nie wissen. Ein unbekannter grüner Fremder kann vielleicht, wenn er auch nicht die große Liebe Ihres Lebens ist, ein sehr guter Freund werden, sich als erstklassiger Scrabble-Spieler erweisen oder einfach derjenige sein, mit dem Sie dienstagabends tanzen können. Es kann ganz nützlich sein, dem Besucher mehr als nur eine Chance zu geben. Wenn es dann doch nicht klappt, können Sie ihn immer noch im nächsten Tümpel entsorgen.

Manchmal weisen wir jemanden ab, bevor wir selbst abgewiesen werden. Wir sind so oft verletzt worden, daß unser Ich vor jeder weiteren Zurückweisung zurückschreckt. Es war damals schmerzhaft, und es ist jedesmal schmerzhaft. Es braucht eine tapfere Seele, um sich in unbekannte Gewässer zu wagen. Deshalb brauchen wir alle Lebensretter, verläßliche Freundesarme, die uns über Wasser halten, wenn wir das Gefühl haben zu ertrinken. Es gibt nur eine Möglichkeit, niemals unterzugehen, niemals verletzt zu werden: Erst gar kein Risiko einzugehen, auf vertrautem Grund zu bleiben, nie die Füße vom Wasser benetzen zu lassen und jeden Frosch im Teich streng zu vermeiden – eine sichere, trockene und einsame Wahl.

Das Ziel

Akzeptieren Sie, daß Sie nicht immer von Liebe erfüllt sein werden. Manchmal ist einfach niemand da zum Verlieben. Sie werden allein sein. Es gibt Zeiten, da muß man wach sein, wachsen, die eigene Seele lieben und aufpäppeln, das eigene einzigartige und unverwechselbare Leben, so wie es ist. Das muß nicht bedeuten, daß Sie um die Liebe gebracht werden. Liebe ist keine knappe Ware. Fassen Sie die Definition etwas weiter, so daß sie Freundesliebe, Verwandtenliebe, die Liebe zu Spielkameraden, zu den Göttern, zu Mutter Natur, unseren Schmusetieren, der Kunst, dem Lachen, dem Regenbogen und zu heißer Karamelmasse einschließt. Sie brauchen nie das Gefühl zu haben, daß Ihnen die Liebe abhanden gekommen ist. Sie ist überall. Stellen Sie Ihren Froschdetektor so ein, daß er Sie aufmerksam macht, wenn irgend etwas oder irgend jemand des Weges kommt und sich als echt liebesfähig und liebenswert erweist.

Übungen

Wenn Sie just in diesem Augenblick Ihres Lebens verliebt sind und gerade die Pferde satteln, um dem Sonnenuntergang entgegenzureiten, dann halten Sie kurz inne. Versichern Sie sich, daß Ihr Herz und Ihr Kopf eines Sinnes sind. Schauen Sie einmal das alte Gepäck Ihrer neuen Liebe durch – seine persönliche Geschichte, seine Freundschaften, seine Eltern, seine Kinder, sein Umgang mit Geld, seine Gewohnheiten und Süchte. Seien Sie realistisch. Geschichte neigt dazu, sich zu wiederholen. Sie werden das nächste Kapitel in einer langen Geschichte sein. Vergewissern Sie sich, daß es eine Geschichte ist, in der Sie auch vorkommen wollen.

Wenn Sie befürchten, daß die Liebe Sie blind gemacht hat, sollten Sie unseren kurzen Test machen.

Test auf trügerisches Glück

Kreuzen Sie alle zutreffenden Antworten an:

1. Welche Punkte der folgenden Liste haben Sie aufgegeben:
   Alles andere, was Sie lieben?
   Das Fitneßstudio?
   Das Essen?
   Die Gespräche mit dem Goldfisch?
   Die Zeit, die Sie mit Freunden verbrachten?
   Das Auswechseln des Rauchgasfilters?
2. Haben Sie sich selbst aufgegeben?
3. Verbringen Sie viel Zeit damit, auf den Anruf zu warten, auf die Rosen, die Karte zum Valentinstag, die nächste Verabredung?
   sich zu fragen, was Ihre Liebe wirklich denkt, empfindet und will?
   sich einen Hinweis zu wünschen, daß ihr oder ihm wirklich an Ihnen gelegen ist?

einen Prinzen oder eine Prinzessin zu erträumen, wenn es sich eigentlich mehr um eine schleimige Kröte handelt?

Wenn Sie irgendeine der Antworten angekreuzt haben, befinden Sie sich wahrscheinlich in einem Zustand trügerischen Glücks. Holen Sie tief Luft und bitten Sie Ihren besten Freund oder Ihre beste Freundin, Sie in die Wirklichkeit zurückzuholen. Sie sind vielleicht nur einer Kröte verfallen, weil Sie das Verliebtsein so lieben. Das geht vor allen Dingen unbeherrschten und verrückten Romantikern so.

Wenn Sie sich entschließen, mit Ihrem Froschprinzen oder Ihrer Froschprinzessin dem Sonnenuntergang entgegenzureiten, lassen Sie den Kontakt zu allem anderen, das Sie in Ihrem Leben lieben, nicht abreißen. Selbst wenn Sie mit dem Kopf in den Wolken stecken, achten Sie darauf, daß Sie festen Grund unter den Füßen haben.

Bestärkungen

Ich kann jemanden zutiefst lieben und doch ich selbst bleiben.
Ich kann jemanden lieben und meinen Sinn für Humor behalten.
Frösche kommen, Frösche gehen, aber ich selbst bleibe mir immer.
Ich bin ein Prinz/eine Prinzessin – mit oder ohne Partner/in.
Meine Illusionen sind auch nicht mehr das, was sie einmal waren.
Mein Wunschbild einer Liebesgeschichte ist vielleicht nicht mehr ganz zeitgemäß.
Auch wenn ich allein bin, bin ich reizend, liebenswert, flott, attraktiv – und ich bin frei.
Ich bin ein Frosch und ein Prinz/eine Prinzessin, also bin ich.

6

Vater weiß es besser! – ?

Der Mythos

Vater weiß es doch am besten oder: Mutter weiß es doch am besten.

Die Wahrheit

Diese betagte Fernsehserie (die in Deutschland »Vater ist der Beste« hieß), das Echo einer vergangenen Ära, rankte sich um Robert Young als den stolzen Vater, einen wohlrespektierten Arzt (natürlich). Er schaffte es, jede beliebige Familienkrise in genau dreißig Minuten (mit ein paar Unterbrechungen für Werbung) zu schlichten. Er verfügte über alles, was dazu notwendig war: Klugheit, Macht, Respekt und die Wagenschlüssel. Seine Kinder gehorchten ihm. Die ganze Familie (vor allem Vater) stimmten überein, daß Vater es doch am besten wußte. Mutter war damenhaft und dachte sich ihren Teil. Hinter den Kulissen sorgte sie dafür, daß der fröhliche Hausstand funktionierte. Kommt Ihnen das bekannt vor?

Zu Beginn unseres Lebens, wissen unsere Eltern natürlich mehr als wir. Und oft wußten sie es tatsächlich besser. Auf jeden Fall waren sie es, die die Macht hatten, die das meiste wußten, und so hörten wir meistens auf sie. Aber das war vor langer Zeit, und ihre Rolle ist wie die alte Fernsehserie nicht mehr up to date. Inzwischen wissen wir mehr über uns selbst als unsere Eltern. Möglicherweise sind wir mittlerweile älter, als es unsere Eltern zu Zeiten waren, da sie uns so eifrig alles beizubringen versuchten, was sie wußten.

Es ist ganz nützlich, sich die alten Rollenbücher und unsere von den Eltern übernommenen Verhaltensweisen noch einmal anzuschauen.

Es war einmal ...

Eleanors Großmutter schnitt immer ein Ende des Schinkens ab, bevor sie ihn für ein Festmahl buk. Eleanors Mutter und ihre Tanten machten es genauso. Am Morgen eines Weihnachtstages wollte sich Eleanor gerade daran machen, den Weihnachtsschinken zu guillotinieren, so wie es die Frauen in ihrer Familie immer getan hatten. Während sie das Messer wetzte, kam ihr der Gedanke, daß sie da etwas ganz merkwürdiges tat. Sie verschwendete ein schönes Stück guten Schinkens, nur weil die Frauen in ihrer Familie es immer so gemacht hatten.

Sie fragte ihre Mutter: »Warum schneiden wir in unserer Familie immer ein Ende des Schinkens ab, bevor wir ihn backen?« Ihre Mutter wußte es nicht. Ihre Tanten wußten es auch nicht. Niemand hatte sich je diese Frage gestellt. So hatten sie es halt immer gemacht. Als Großmutter zum Festmahl eintraf, fragten die Frauen sie, woher diese Tradition komme und warum sie immer das Ende des Schinkens abgeschnitten habe. »Weil die Schinken bei uns auf dem Bauernhof immer zu groß für meine Bratreine waren. Deswegen habe ich immer das Ende abgeschnitten«, erklärte sie. Die meisten Familientraditionen hatten gewöhnlich ursprünglich ihren guten Sinn. Generationen später können sie völlig sinnlos geworden sein.

Die Eltern der meisten von uns wünschten sich für uns ein besseres und leichteres Leben, als sie selbst es gehabt hatten, und sie arbeiteten hart für dieses anerkennenswerte Ziel. Sie machten es mit uns größtenteils so, wie es ihre Eltern mit ihnen gemacht hatten. Und in dem Wissen, daß ihre Eltern bei ihrer Erziehung nicht alles perfekt gemacht hatten (wer macht das schon), versuchten sie manchmal, die ererbten Rollenbücher zu redigieren und neu zu schreiben. Und als wir dann frisch und unbeleckt erschienen, erwarteten sie uns mit ihrer nach bestem Wissen aufpolierten Version von Elternschaft.

Wir sind alle Figuren in unserer eigenen langatmigen und generationsübergreifenden Familienserie. Einige von uns haben nie den Schritt zu einem eigenen Drehbuch für ihr Leben getan. Manchmal haben wir das Gefühl, ein Leben zu leben, das wir nicht selbst erschaffen haben, das wir nicht selbst geschrieben oder produziert und in dem wir nicht selbst Regie geführt haben. Wir sind vielleicht an einer Rolle hängengeblieben, aus der wir herausgewachsen sind und die wir gar nicht mehr wollen. Vielleicht sind wir eine Fehlbesetzung. Der Plot und das Drehbuch sind vielleicht völlig phantasielos. Und manchmal geraten wir in eine böse Falle: Wir versuchen, die Ambitionen, Träume und Pläne unserer Eltern zu erfüllen statt unsere eigenen.

Es macht sich gut bezahlt für uns, unserer Familienserie nicht den Rücken zu kehren. Wir brauchen nicht die volle Verantwortung für unsere eigene Produktion zu übernehmen. Wir können anderen die Schuld geben, wenn wir unser Budget überschreiten oder einen Flop produzieren. Wir können unsere Wut auf unsere Eltern pflegen. Wir können uns dafür bemitleiden lassen, daß wir mißbraucht und beschimpft werden. Und wir können in dem Gefühl schwelgen, umhegt zu werden. Wir kommen dahin, daß wir uns sowohl gut als auch schlecht fühlen. Vielleicht fühlen wir uns sogar gerade gut, weil wir uns schlecht fühlen. Das kann so verwirrend werden, daß wir nie erfahren, was wir wirklich wollen, oder herausfinden, was am besten für uns wäre.

Erwachsene, die gar nicht anders als am Zügel laufen wollen, haben oft Eltern, die all ihre Energie in die Zusammenarbeit mit ihren Kindern stecken. Dieses forgesetzte, unausgesprochene Arbeitsarrangement gibt den Eltern das Gefühl, gebraucht zu werden, und den Kindern das Gefühl, etwas wert zu sein und geliebt zu werden. (Sagen wir zum Beispiel, Sie wären vierunddreißig Jahre alt und ihre Mutter riefe Sie an, um Sie daran zu erinnern, vorsichtig zu sein, im Regen Ihre Überschuhe anzuziehen und bei Sonnenschein Ihren Hut nicht zu vergessen. Sie kommt sich nützlich dabei vor. Und Sie haben das Gefühl, daß sich jemand um Sie kümmert.) Wenn die elterlichen Zügel einem als notwendige Lebensrettungssysteme erscheinen, ist es schwierig, sie abzustreifen und daheimzulassen.

Erwachsene Menschen, die sich entschließen, ihr eigenes Leben selbst in die Hand zu nehmen, tragen eine wesentlich größere Verantwortung und haben viel mehr Freude. Sie werden sich ihre eigene Rolle auswählen müssen, ihre eigenen Figuren und Darsteller suchen, ihre eigenen Plots entwerfen, ihre eigenen Szenen schreiben und auch ihre eigenen Fehler machen. Sie müssen selbst entscheiden, welche Kostüme sie behalten, welche geändert werden sollen, welche nicht mehr gebraucht oder einem gemeinnützigen Verein gespendet werden können. Sie haben die Wahl und legen fest, was zu dem paßt, der sie jetzt sind und der sie sein wollen.

Der Anfang

Stellen Sie sich einen Kreis mit einem Baby in der Mitte vor. Wie groß muß der Kreis sein, damit das Baby darin sicher ist? Der erste sichere Lebenskreis eines Kindes hat die Größe des Mutterschoßes. Wenn der Säugling heranwächst, vergrößert sich auch dieser Kreis; er umfaßt die Wiege, das Kinderbettchen, den Laufstall, dann das ganze Haus. Schließlich gehört auch der Garten dazu, die Nachbarschaft, die Schule und am Ende die ganze Welt. Jeder Kreis ist größer als der vorhergehende, gibt dem Menschen in seinem Mittelpunkt größere Freiheit, mehr Entscheidungen, mehr Gelegenheiten zu lernen und mehr Raum, um sich auszudehnen und zu wachsen. Die

Eltern müssen in jedem Stadium neu entscheiden, wieviel Raum sie ihrem Kind geben wollen, ob sie den Kreis etwas größer oder etwas kleiner halten.

Manche Eltern, die es nur gut meinen und ihr Kind beschützen wollen, engen es vielleicht ein, ziehen vielleicht einen unüberschreitbaren Kreis, der es dem Kind unmöglich macht, seine eigenen Fehler zu begehen und aus den natürlichen Konsequenzen daraus zu lernen. Je mehr Mühe sie darauf verwenden, ihr Kind vor den harten Knüffen des Lebens zu bewahren, desto leichter pflanzen sie ihm Furcht und Abhängigkeit ein. Paradoxerweise reagieren die Eltern umso entspannter, je vorsichtiger das Kind wird, und glauben ihre Sache ausgezeichnet gemacht zu haben.

Stellen wir uns einen anderthalbjährigen Jungen vor, der sich mit wackligen Schritten der warmen Ofentür nähert. Vater oder Mutter sagen: »Heiß!« Das Kind kennt dieses Wort nicht und geht weiter, die kleinen Patschpfoten ausgestreckt, auf den Backofen zu. In der Erkenntnis, daß das Kind sich nicht ernsthaft verbrennen wird, beschließen der Vater oder die Mutter, das Kind die Backofentür anfassen zu lassen, und widerstehen dem Drang, dazwischenzugehen und diesen Akt des Lernens zu verhindern. Wenn der Junge die warme Tür anfaßt, erschreckt er sich und zieht mit großen Augen die Hand zurück. Der Vater oder die Mutter sagen noch einmal: »Heiß!« Das Kind wiederholt das Wort, das es nun auf eine völlig neue Weise versteht. Zu einer guten Erziehung gehört es, den Kindern sichere Möglichkeiten zu geben, das komplizierte Gefüge der Welt kennenzulernen.

Während sich die Welt der Kinder immer weiter ausdehnt und vergrößert, gehen sie langsam dazu über, das Drehbuch für ihr eigenes Leben selbst zu entwerfen. Manchmal werden ihre Erkundungen, ihre Wünsche und ihre Zukunftsvisionen bestraft, kritisiert, ignoriert oder abgelehnt. Dadurch wird es dem Kind unmöglich, Selbstvertrauen zu entwickeln. Sie lernen, ihre eigenen Träume und Erfahrungen zu verurteilen und zu verleugnen. Es fällt ihnen vielleicht schwer, darauf zu hoffen, davon zu träumen oder verzaubert daran zu denken, was sie eigentlich wollen. Wenn es nicht dabei unterstützt wird, seine Phantasie einzusetzen und zu lernen, indem es immer wieder etwas probiert, wird das Kind vielleicht eines Tages seine Selbständigkeit der Anpassung zuliebe opfern und sich für Sicherheit statt für Freiheit entscheiden. Übermäßiger Schutz kann zur Falle werden, ganz gleich, wie gut er gemeint war, wie tröstlich er war und wie liebevoll.

Der Ausbruch aus der liebevollen (oder dornigen) Falle der Kindheit findet gewöhnlich während der Pubertät statt. Das ist die Zeit, in der die meisten von uns gelernt haben, nein zu sagen, die Regeln zu brechen, neue Regeln aufzustellen und sich mit den Konsequenzen daraus herumzuschlagen. Manchmal waren die Lektionen wirklich rauh. Barry bekam sein erstes Knöllchen mit dreizehn, als er mit dem Fahrrad ein Stopschild überfuhr. Als sie achtzehn war, hatte Paula alle Erfahrungen mit Alkohol, die man machen kann, bereits hinter sich. Jeremy und seine Freunde von der High School benutzten die gleiche Nadel; jetzt ist er HIV-positiv. Wir sind von unseren eigenen Eltern nicht vollständig beschützt worden. Und auch wir, das ist die schmerzhafte Wahrheit, können unsere Kinder nicht restlos beschützen.

Die Gegenwart

Wenn Sie als Erwachsener immer noch das Gefühl haben, wie ein Teenager in einem von den Eltern gezogenen Kreis zu leben, dann kommt es Ihnen vielleicht so vor, als ob Sie etwas versäumt hätten. Das haben Sie wirklich. Sie haben vielleicht auf Ihrem Lebensweg ein paar Jährchen ausgelassen. Vielleicht ein ein paar Muskeln nie spielen lassen und nie erprobt. Vielleicht hat der status quo Sie nie wütend gemacht, haben Sie nie dagegen rebelliert. Sie haben vielleicht Ihre Vereinzelung, Ihre keimende Unabhängigkeit niemals anerkannt. Vielleicht spielen Sie immer noch nach dem Drehbuch eines anderen.

Es ist nie zu spät, erwachsen zu werden und Ihr eigenes Drehbuch zu schreiben. Sie können es jetzt vielleicht mit mehr Takt und Eleganz, als es sich ein Teenager je erträumt hätte. Sie brauchen ja nicht mehr Ihre Rebellion kundzutun, indem Sie die Welt schocken, anschreien oder erschüttern. Sie können den Dialog aufrechterhalten, während Sie Ihren eigenen Weg suchen. Ihre Eltern mögen ächzen und stöhnen, während Sie sich zu neuen Grenzen aufmachen, aber Sie werden es überleben.

Es war einmal ...

Marie, Ende zwanzig, war eine voll ausgebildete und erfahrene Kindergärtnerin. Ihre Eltern hatten ihr großzügigerweise angeboten, sich am Kauf eines Eigenheimes für sie zu beteiligen, und auch den Kaufvertrag mit unterschrieben. Obwohl sie einige Stunden Autofahrt entfernt wohnten, kamen sie oft und halfen Marie, das Haus einzurichten und wohnlich zu machen. Denn schließlich besaß Marie nur ein paar alte Möbel, die noch aus ihrer Studienzeit stammten, und verfügte über keinerlei Erfahrung als Eigenheimbesitzerin. Jedesmal, wenn die Eltern kamen, brachte ihr Vater seine Werkzeugkiste mit und ihre Mutter einen Stuhl, einen Teppich, ein Bild – irgend etwas, um Maries Haus noch wohnlicher zu machen. Die Eltern lebten bereits im Ruhestand; das Haus ihrer Tochter wurde für sie ein zweiter Beruf, ein neues Hobby, eine neue Leidenschaft. Es war ihr Hauptgesprächsthema, sie tätigten Einkäufe dafür und fällten Entscheidungen und hatten dabei stets das beste Interesse ihrer Tochter im Sinn. Es dauerte nicht lange, und ihre Tage waren ausgefüllt wie lange Zeit nicht mehr.

Marie sah zu, wie ihre geliebte, abgestoßene blaue Couch abgeholt und durch eine beigegeblümte Couch ersetzt wurde, die ihre

Mutter ausgewählt hatte. Der gute Geschmack ihrer Mutter war schon immer sprichwörtlich gewesen.

Jeder Besuch ihrer Eltern brachte neue Geschenke. Eines Tages wachte Marie auf, sah sich um und glaubte sich für einen Augenblick im Haus ihrer Eltern, in dem Jungmädchenzimmer, in dem sie aufgewachsen war. Ihr Haus sah genauso aus wie das Haus ihrer Eltern. Es war in ihrem Stil eingerichtet, in ihren Farben, nach ihrem Geschmack, und trug überall ihre Handschrift. Maries eigener Einfluß war nirgends zu entdecken.

Marie fühlte sich in eine lange abgelegte, nicht mehr aktuelle Tochterrolle zurückversetzt. Sie war für die Hilfe ihrer Eltern dankbar gewesen, begriff aber jetzt, daß sie dafür einen hohen Preis gezahlt hatte. Sie hatte ihr Gefühl für Unabhängigkeit, ihre Individualität, ihren eigenen Stil eingebüßt. Sie kam sich vor wie jemand, der den Fußboden gestrichen hat und nun aus seiner kleinen Ecke nicht mehr herauskommt. Die Farbe hieß Liebe. Obwohl sie einst von zu Hause fortgegangen war, lebte sie immer noch unter dem Dach ihrer Eltern.

Es war ihr niemals zuvor notwendig oder wünschenswert erschienen, ihre eigenen Grenzen zu definieren, ihr Für-sich-sein, den Abstand, den sie brauchte. Sie hatte es nie nötig gehabt, die Großzügigkeit ihrer Eltern abzulehnen. Und jetzt wollte sie die Gefühle ihrer Eltern nicht verletzen und auch nicht undankbar erscheinen. Sie hatte vollkommene Eltern, und es war schwierig, jetzt nicht mehr das vollkommene Kind sein zu wollen.

Marie begriff, daß sie, wenn sie ihr neues Haus zu ihrem eigenen machen wollte, Entscheidungen treffen mußte, wie sie sie nie zuvor getroffen hatte. Es hieß, den vertrauten Bereich ihrer Familie zu verlassen und Verantwortung zu übernehmen. Aber sie war sich ihres eigenen Geschmackes nicht sicher. Ihr Haus würde ihren Eltern vielleicht komisch, befremdlich oder unannehmbar erscheinen. Was war, wenn die Dinge nicht zusammenpaßten, so wie sie es sich vorstellte? Wenn sie Fehler machte? Nun, was sollte schon sein?

Es würden zum ersten Mal *ihre* Fehler sein, und das Haus – ganz gleich, wie gut oder schlecht es wurde – würde *ihr* Haus sein.

Marie beschloß, mit Hilfe ihres neuen Hauses zu ergründen, wer sie war, und zwar als unvollkommene Erwachsene und nicht als das vollkommene Kind. Sie überlegte sich, wie sie ihren Eltern sagen konnte, daß sie dankbar für alles sei, was diese getan hatten, jetzt aber selbst die Sache in die Hand nehmen wolle. Sie wolle das letzte Wort haben in allem, was sie und ihr Haus anging. Ihre Lebensumstände sollten nicht länger das Lieblingsprojekt ihrer Eltern sein. Sie wappnete sich gegen den Schock und die Überraschung, die sie auslösen würde. (Es ist der Schock und die Überraschung, die alle Eltern empfinden, deren Kinder zum ersten Mal nicht zu Weihnachten nach Hause kommen.) Sie würden zuerst bestürzt sein, aber sie hoffte, daß sie es doch über sich bringen würden, die Dinge laufen zu lassen und sich ohne große Probleme anderen Interessen und Leidenschaften zuzuwenden. Und sie selbst würde langsam herausfinden, wie man sich seinen eigenen Raum schafft und in seinem eigenen Haus lebt.

Aus dem Haus unserer Eltern zu gehen, sowohl rein körperlich als auch gefühlsmäßig, heißt mehr, als die Stadt zu verlassen, den Staat oder das Land. Es heißt, sein eigenes Leben zu leben und die Eltern ihr Leben leben zu lassen. Wenn Sie die Hauptrolle im Drehbuch Ihrer Eltern waren, der Puffer, die entmilitarisierte Zone Ihrer Eltern, Ihr Lieblingsspielzeug, dann haben Sie vielleicht dazu beigetragen, den Frieden in Ihrer Familie aufrechtzuhalten. Nach Ihrem Abgang muß Ihre Familie neue Möglichkeiten des Zusammenlebens finden und ein neues Drehbuch schreiben.

Es ist nicht leicht, erwachsen zu werden. Es ist auch nicht leicht, Vater oder Mutter zu sein, zu wissen, wann man geben muß und wann damit aufhören, wieviel genug ist und wann es zuviel wird. Wenn Sie jetzt selbst Kinder haben, dann finden Sie sich vielleicht wundersamerweise selbst auf der Seite der Eltern wieder, die glauben, alles am besten zu wissen.

Die Elternschaft bedarf großer Flexibilität und Erfahrung. Wir werden ständig auf die Probe gestellt. Und unseren eigenen Eltern und deren Eltern davor ist es nicht anders gegangen. Alle Eltern versuchen, ihre Rolle zu finden, wenn es soweit ist, und niemand macht es je vollkommen richtig. Nur die Kinder glauben, daß die Eltern Herr der Situation sind und wohlüberlegt handeln. Die Eltern wissen, daß sie eine restlos improvisierte Vorstellung geben. Wir gewinnen keinen Oscar für unsere Rolle darin, aber wir lernen doch eine Menge, stellen uns vielen Herausforderungen, werden oftmals belohnt dafür und verdienen uns eine Medaille für unser Lebenswerk.

Das Ziel

Bringen Sie Ihr Lebensdrehbuch auf den neuesten Stand, schreiben Sie es neu. Lassen Sie nur diejenigen Episoden und Histörchen stehen, die Ihnen noch zupaß kommen. Denken Sie sich neue aus. Verschwenden Sie Ihre Zeit nicht mit Wiederholungen. Seien Sie auf peinliche Fehler gefaßt. Spielen Sie Ihr eigenes Gelächter mit ein. Im allgemeinen wissen Sie, was für Sie das beste ist. Wenn Sie Zweifel hegen, fragen Sie drei Menschen, die Sie gut kennen. Drei Menschen, denen Sie vertrauen. Ihre Eltern können, müssen aber nicht dazugehören.

Ziehen Sie klare Grenzen den Menschen gegenüber, die Sie am meisten lieben (zum Beispiel gegenüber Ihren Familienangehörigen und besten Freunden). Setzen Sie Grenzen, die sich je nach den Umständen anpassen lassen. Machen Sie es sich in jedem neueren weiteren Lebenskreis bequem. Begreifen Sie den Unterschied zwischen Grenzen und Mauern. Mauern sind fest. Grenzen sind durchlässig, flexibel und verhandelbar.

Übungen

Wenn Ihnen das Neinsagen schwerfällt, erproben Sie es an Ihren Pflanzen und Bildern oder am Kühlschrank. Sagen Sie nein zu Ihrem Hund, bis Sie eine Variante gefunden haben, die für Sie brauchbar ist. Erweitern Sie Ihr Repertoire von »Neins«. Trainieren Sie die ganze Mannigfaltigkeit des Neinsagens:

»Das möchte ich eigentlich nicht.«

»Schön, daß Sie fragen, aber ...«

»Das paßt mir jetzt nicht besonders gut ...«

»Darüber müßte ich nachdenken; ich werde mich wieder melden.«

»Ich habe keine Zeit ...«

»Dazu sage ich ›Nein‹.«

»Nein, nein und tausendmal *nein*. Und ich möchte diese Frage nicht noch einmal hören!«

Überprüfen Sie Ihre Garderobe. Kleiden Sie sich nach eigenen Vorstellungen – oder um dem zu entsprechen, was Ihre Eltern in Ihnen sehen? Sind Sie mit Ihrer Kleidung auf Erfolg aus? Auf wessen Erfolg? Treten Sie einen Schritt zurück. Schauen Sie sich genau an, was in Ihrem Schrank hängt. Nehmen Sie offen und ehrlich zur Kenntnis, was darin hängt. Fort mit den Kleidern, aus denen Sie herausgewachsen sind, die abgetragen sind oder die Sie schon immer gehaßt haben. Geben Sie die Kleider ab, die siebzehn Jahre lang nicht die richtigen waren, die Outfits, die Sie sich nicht selbst ausgesucht haben. Treiben Sie die bösen Geister aus. Auf den Flohmarkt damit. Eliminieren Sie alles Ererbte, das nicht mehr zu Ihnen paßt. Behalten Sie nur das, was Ihnen wirklich steht. Feiern Sie die Person, die Sie sind.

Und wenn Sie selbst Kinder haben: Sind Sie wie Robert Young? Vater (oder Mutter) weiß alles am besten? Überschätzen Sie sich, beschützen Sie zu sehr, klammern Sie zu sehr oder ersticken Sie Ihre

Kinder gar? Wie würde es Ihnen gefallen, sich selbst als Vater/Mutter zu haben? Fragen Sie Ihre Kinder. Die nehmen Sie vielleicht ganz anders wahr, als Sie es sich vorstellen können.

Traditionelle Eltern hätten niemals versucht, ein Feedback von ihren Kindern zu bekommen, oder sich gar danach gerichtet. Fragen Sie doch einmal alle Ihre Kinder, was sie von Ihnen als Vater bzw. Mutter halten. Fragen Sie, ob sie vielleicht möchten, daß Sie irgend etwas anders machen als bisher. Seien Sie mutig und fragen Sie, so lange Ihre Kinder noch kleiner sind als Sie.

Bestärkungen

Ich bin der Produzent und der Regisseur meines eigenen Lebens. Ich weiß wirklich, was für mich das beste ist.

Ich kann anderen (einschließlich meiner Eltern) zuhören und mir meine eigene Meinung bilden.

Ich kann das elterliche Haus verlassen, ohne mich schuldig zu machen.

Ich kann einen Entschluß fassen, daraus lernen, meine Meinung ändern und einen neuen Entschluß fassen.

Ich kann mit unvollkommenen Ergebnissen leben.

Ich bin verantwortlich für meine eigene Show.

Mein Drehbuch heißt nicht *Vater weiß es am besten*, sondern *Das Leben, wie es wirklich ist*.

Ich bin erwachsen, also bin ich.

7

Alle anderen wissen es nicht besser

Der Mythos

Alle anderen wissen, was für mich das Beste ist, vor allem die Experten wie die Lehrer, die Therapeutinnen, die Ärzte, die Rechtsanwältinnen und sogar der Autoverkäufer.

Die Wahrheit

Sie wissen es nicht. Wenn Sie glauben, daß ein Autoverkäufer weiß, was das Beste für Sie ist, und nur das Beste für Sie will, dann stehen Ihnen echte Schwierigkeiten ins Haus. Denn er betreibt sein Geschäft nicht, um etwas zu Ihrem Besten zu tun. Er betreibt sein Geschäft zu seinem Besten, um Autos zu verkaufen und Geld zu verdienen. Sein Ziel ist nicht Ihr Ziel.

Die meisten Experten betreiben Ihr Geschäft, um Ihnen zu helfen und gleichzeitig Ihren eigenen Lebensunterhalt zu verdienen. Die Ärztinnen sind die Heiler ihrer Patienten. Die Rechtsanwältinnen sind die Fürsprecher ihrer Klienten. Die Lehrer helfen den Schülern. Sie alle verfügen über einiges Expertentum, über einige Einsicht, einige Antworten – manchmal. Und manchmal nicht. Meistenteils verfügen sie über einen reichen Schatz an Ausbildung und Erfahrung – und über Vermutungen. Die besten Experten werden Ihnen normalerweise helfen, Ihre eigenen Antworten zu finden. Aber manchmal gibt es einfach keine Antworten. In Wahrheit werden alle großen Entscheidungen, selbst diejenigen, die sich im nachhinein als vollkommen richtig erweisen, auf Grund unvollständiger Informationen getroffen.

Nehmen wir einmal an, Sie wollen einen Gebrauchtwagen kaufen. Sie wälzen Autozeitschriften, fragen Freunde, sprechen mit Händlern und absolvieren Sonntag für Sonntag Testfahrten in irgendwelchen alten Schätzchen. Ihr Kraftfahrzeugmechaniker überprüft die Wagen, die Ihnen passabel erscheinen. Sie vergleichen, martern sich und diskutieren; Sie fragen vier Personen und erhalten vier verschiedene Antworten. Wie können Sie sich jemals völlig sicher sein, daß Ihre Entscheidung die beste war? Gibt es nicht vielleicht doch noch einen besseren Wagen, einen preiswerteren, ein echtes Schnäppchen vielleicht, gerade ums Eck? Vielleicht. Das Auto, das Sie schließlich gekauft haben, läuft vielleicht zwei Tage, zwei Monate, zwei Jahre oder zwei Jahrzehnte. Es ist ein Glücksspiel. Sie können es niemals sicher wissen. Sie können sich nur gewiß sein, daß Sie zum gegebenen Zeitpunkt aufgrund der besten für Sie erhältlichen Informationen die wahrscheinlichste Annahme getroffen haben und daß Ihnen eines Tages das gleiche wieder bevorsteht. Es gibt eben keine schriftliche Garantie dafür, daß irgendein Auto oder irgendeine Entscheidung vollkommen richtig ist.

Der Anfang

Als kleine Kinder waren wir darauf angewiesen, daß andere wußten, was für uns das Beste war, und für uns die Entscheidung trafen. Erwachsene haben uns gefüttert, uns trockengelegt und warmgehalten, für uns gesorgt, wenn wir krank waren. Sie wußten, wie man Schnürsenkel zubindet, sich die Hände wäscht, eine Straße überquert und Geteiltaufgaben rechnet. Zu den Großen, die das alles machten, gehörten die Nachbarn, die Lehrer, die Schwestern im Krankenhaus, die Trainer, die Betreuer in der Schule, die Kirchenleute, ältere Geschwister und Verwandte. Zusammen bildeten sie eine Art elterliche Gemeinschaft. Sie brachten uns bei, wie alles geht und wie wir uns in unserer Welt zurechtfinden konnten. Im besten Falle und unter günstigen Voraussetzungen hörten sie uns auch zu. Sie brachten uns bei, daß unsere Träume, Visionen und Fragen wirklich wichtig waren. Sie schätzten unsere Einsichten und Meinungen, als wir etwas älter geworden waren. Sie ermutigten uns, selbständig zu denken und Entscheidungen zu fällen. Wenn sie unsere kindliche Weisheit schätzten, kamen wir uns wirklich klug vor. Wir entwickelten Vertrauen darin, daß wir selbst auch einige Kenntnisse darüber besaßen, was das Beste für uns ist.

Im schlechtesten Fall hörte uns kaum jemand von den Erwachsenen zu. Unsere eigenen Erkenntnisse wurden nicht anerkannt, und wir lernten nicht, Vertrauen in uns selbst zu entwickeln. Wir wurden glauben gemacht, daß wir dumm seien oder unvernünftig oder unzulänglich oder kindisch oder _____ (bitte selbst ergänzen). Wir lernten, unserer eigenen Wahrnehmung, unserem natürlichen Urteil nicht zu vertrauen. Wir lernten, an unserem eigenen Urteil zu zweifeln und Antworten, Anleitungen und Lösungen bei anderen und nicht in uns selbst zu suchen.

Manchmal wurden wir dafür bestraft, daß wir mit den Buntstiften über die vorgegebene Fläche hinaus malten, unsere eigene Rechtschreibung entwickelten, uns unsere eigenen Geschichten ausdachten. Manchmal sagten uns unsere Lehrer, daß wir schlechte Zeichner seien, miserable Schreiber oder unverbesserliche Lügner.

»Das ist die falsche Farbe für den Himmel.«

»Du hast es wieder falsch geschrieben! Schreib es fünfzig Mal richtig.«

»Diese Geschichte ist einfach nicht wahr! Du bleibst jetzt stehen, bis du bereit bist, mir zu erzählen, was wirklich passiert ist.«

»Du mußt es so machen, wie ich es dir sage.«

»Wieso kapierst du das nicht?«

»Du machst es ja schon wieder falsch!«

Kein Wunder, daß einem die anderen vollkommener vorkamen als man sich selbst.

Zermürbt und geknickt überließen wir anderen ohne weiteres das Kommando und lernten, ihnen mehr zu vertrauen, als wir uns selbst vertrauten. Ein Kind merkt es beispielsweise, wenn Papa nicht mehr standfest ist, einen Lampenschirm auf dem Kopf trägt und ziemlich stinkt. Papa benimmt sich merkwürdig. Das Kind weiß, daß irgend etwas befremdlich und unberechenbar ist. Wie kann Mama nur darauf bestehen, daß alles in Ordnung sei? Wenn uns dann wieder und wieder gesagt wird, daß Papa ganz normal sei, lernen wir, uns selbst und unserer Wahrnehmung der Realität zu mißtrauen. Wir kommen zu dem Schluß, daß wir für alle Zeiten dumm sind und dringend einen unfehlbaren Experten (wie Mama) benötigen, der die Wahrheit kennt und uns sagt, was wir glauben sollen.

Die Gegenwart

Wenn wir als Kinder unserem eigenen Wissen zu mißtrauen gelernt haben, dann werden wir vielleicht als Erwachsene jedesmal unglaublich eingeschüchtert reagieren, sobald wir einer Autorität gegenüberstehen oder eine große Entscheidung zu fällen haben. In Gegenwart eines jeden, dessen Namen ein Titel ziert, dessen Schultern mit Sternen geschmückt sind oder der einfach nur über ein sicheres Auftreten verfügt, machen wir uns klein, stellen wir uns dumm. Bevor der andere auch nur ein Wort sagen kann, haben wir schon selbst mitgeteilt, daß wir dumm und ungeschickt, eben ein Trampel sind. Niemand sollte uns irgendeine Entscheidung zutrauen; wir machen ohnehin nichts richtig.

Wenn wir in jeder Autorität die allwissenden und kritischen Eltern sehen, dann machen wir uns selbst zu klein, um große und selbst kleine Entscheidungen zu treffen. Wir glauben, daß andere tatsächlich alles besser können als wir. Schließlich sind sie die

Erwachsenen und nicht wir. Wir überlassen ihnen jede Entscheidung, schrumpfen in ihrem Schatten und verschwinden schließlich im Unterholz. Wir vergessen unser Alter, unsere Größe und unsere Kenntnisse. Wir vergessen, daß wir tatsächlich eine ganze Menge darüber wissen, was wir wollen und was für uns das Beste ist.

Es ist wahr, daß die anerkanntesten Autoritäten auf den Gebieten, für die sie Experten sind, mehr wissen als wir. Und dennoch urteilen auch sie bei all ihren Kenntnissen und bei all ihrer Erfahrung aufgrund unvollständiger Informationen; auch ihre Urteile sind Vermutungen nach bestem Wissen und Gewissen. Und die besten von ihnen werden das auch freimütig zugeben.

Es war einmal ...

Elaine, die Leiterin eines Süßwarengeschäftes, wurde ins Krankenhaus zu ihrer sterbenden Mutter gerufen. Während der folgenden Vormittagsvisite schlugen zwei Ärzte eine komplizierte Untersuchung der Gallenblase von Elaines Mutter vor. Beide stimmten darin überein, daß dies der nächste diagnostische Schritt sein müsse. Die Untersuchung würde ihnen genaueren Aufschluß über den Zustand der Patientin gewähren. Aber einer der Ärzte schien nicht ganz so fest davon überzeugt zu sein wie der andere, daß die Untersuchung wirklich notwendig sei. Er bezweifelte, daß sie ihrer Mutter zu einer Lebensverlängerung oder einer Erleichterung ihres Zustandes verhelfen würde. Und sie würde schmerzhaft sein. Er bat Elaine zu entscheiden, ob die Untersuchung durchgeführt werden solle.

Man sagte ihr, mit welcher Wahrscheinlichkeit welche Ergebnisse zu erwarten waren: »Wenn wir die Untersuchung durchführen, wird es ihr mit sechzigprozentiger Wahrscheinlichkeit schlechter gehen, mit vierzigprozentiger Wahrscheinlichkeit besser. Die Untersuchung wird sicherlich unser Wissen über den Zustand der Gallenblase Ihrer Mutter vergrößern. Es besteht die Möglichkeit, daß schädliche Nebenwirkungen auftreten und gewisse Reaktionen erfolgen. Es ist eine Wette. Wie sollen wir vorgehen? Wie wünschen Sie, daß wir vorgehen? Es liegt bei Ihnen.«

Elaines achtzigjährige Mutter befand sich schon seit vielen Wochen in dem Krankenhaus. Sie konnte nicht mehr sprechen, aber sie konnte noch hören. Während sie das Gespräch der Ärzte verfolgte, schüttelte sie heftig den Kopf. Sie wollte diese Untersuchung nicht. Ganz eindeutig war ihr nicht an weiteren Erkenntnissen gelegen. Sie hatte genug durchgemacht. Sie war erschöpft. Elaine wollte den Wunsch ihrer Mutter respektieren, aber sie war verwirrt und überrascht über die Unsicherheit und Meinungsverschiedenheit auch der Ärzte.

Elaine bat um etwas Bedenkzeit und ging in die Cafeteria, um wieder einen klaren Kopf zu bekommen. Es schien keine perfekte Lösung zu geben. Vielleicht würde die Untersuchung helfen. Vielleicht würde sie den Ärzten etwas Neues und Nützliches offenbaren. Vielleicht würde sie aber auch nur das Leiden ihrer Mutter vergrößern. Die Situation war ernst, und Elaine fühlte sich herausgefordert, eine unangreifbare Wahl zu treffen. Sie trank zwei Tassen Kaffe, aß ein Stück Kuchen und hatte die richtige Antwort immer noch nicht gefunden. Dann ging sie wieder hinauf und machte einen der Ärzte ausfindig. Sie bat ihn, einen Moment in seiner Arbeit innezuhalten und mit ihr zu überlegen.

»Wenn es sich um Ihre Mutter handelte, würden Sie die Untersuchung durchführen?« fragte sie.

Er dachte einen Augenblick nach und schüttelte dann den Kopf. »Das weiß ich nicht«, sagte er.

Das war sein Geschenk an sie. Seine Unsicherheit machte es ihr möglich, ihre eigene Unsicherheit völlig normal zu finden. Sie schöpfte etwas Selbstvertrauen und beschloß, daß »Nein« die beste Antwort sei – keine perfekte Antwort, aber die beste, die sie geben konnte.

»Lassen Sie uns auf die Untersuchung verzichten«, sagte sie.

»Gut«, erwiderte der Arzt. Er nahm ihre Entscheidung an.

Zum ersten Mal an diesem Tage entspannte Elaine sich. Sie hatte ihre Wahl getroffen und wußte, daß sie mit den Konsequenzen zurechtkommen konnte. Sie ging zurück und sagte es ihrer Mutter. Ihre Mutter drückte ihr die Hand, lächelte und nickte. Manchmal gibt es keine Lösung, die für alle Beteiligten perfekt ist.

Jeder kommt sich manchmal verunsichert und wie ein Kind vor, ganz gleich, welche Mischung aus der ABC-Suppe (Dr. med., Dr. jur., Dr. phil.) er vor seinem Namen führt oder über welche Art von Macht und Autorität er gewöhnlich verfügt. Schwere Entscheidungen machen jedem zu schaffen und quälen jeden. Und jeder kommt sich kleiner oder größer vor in Abhängigkeit davon, wer sonst noch anwesend ist und was geschieht. Und jeder macht einmal Fehler, selbst derjenige, der erwachsener, erfahrener und vollkommener wirkt als alle anderen.

Wenn wir unsicher sind, müssen wir genau wie Elaine uns von den Experten informieren lassen, um uns auf den besten erreichbaren Kenntnisstand zu bringen. Es ist immer wichtig zu wissen, welche Fragen zu stellen sind. Und weil wir die einzigen sind, die unsere ganze Geschichte wirklich kennen, kommt es letzten Endes auf unsere Einschätzung an, was uns in einer bestimmten Situation nützen wird und was nicht. Komplexe Entscheidungen sind niemals einfach. Wie es so schön heißt, es gibt keine einfachen Antworten und keine Garantien.

Einmal abgesehen von so komplizierten Dingen wie der Programmierung des Videorekorders und dem Ausfüllen von Versicherungsformularen, der Einkommensteuererklärung oder einem Antrag auf finanzielle Hilfe ist es hilfreich, sich ins Gedächtnis zu rufen, daß wir allerhand gelernt haben. Wir sind wirklich klüger als ein durchschnittliches Gürteltier. Wir können und müssen unsere eigenen Möglichkeiten vernünftig einschätzen, uns in unserem eigenen Interesse zu Wort melden und die Experten zu Rate ziehen, wenn es angemessen erscheint. Tun wir das nicht, dann werden wir uns immer wie Erstklässler benehmen.

Das Ziel

Trauen Sie sich etwas zu. Sie sind weltweit die erste Autorität, was Ihre eigenen Gedanken, Gefühle, Wünsche und Bedürfnisse angeht. Sie leben schon sehr lange mit sich selbst zusammen. Sie kennen Ihre eigene Geschichte besser als jeder andere.

Hören Sie auf sich selbst. Hören Sie auf Ihren Körper. Bekommen Sie jedesmal, wenn Sie Ihren Onkel Fred anrufen sollen, Magenschmerzen? Dann geben Sie acht. Nehmen Sie nicht gleich eine Magenpille. Sondern überlegen Sie, ob es nicht andere Möglichkeiten gibt, mit Onkel Fred in Verbindung zu bleiben als durch Telefonanrufe. Oder lösen Sie die Verbindung. Ihr Magen weiß mehr, als Sie vermuten. Respektieren Sie seine Weisheit.

Trauen Sie Ihren Instinkten. Finden Sie ein Gleichgewicht zwischen dem, was Sie wollen, und dem, was andere wissen.

Stellen Sie Autorität in Frage.

Haben Sie keine Angst vor unvollkommenen Entscheidungen. Alle Entscheidungen sind unvollkommen.

Wahrscheinlich gibt es gar keine Fehlentscheidungen, sondern nur falsche Erwartungen. Denken Sie darüber nach.

Eine alte östliche Weisheit lautet: Über Kleinigkeiten brauchst du dich nicht aufzuregen; und große Affären gibt es nicht.

Übungen

Pssst ... Üben Sie, leise genug zu sein, um Ihre weise innere Stimme zu hören, die Ihnen sagt, wieviel Sie bereits wissen. Es ist Ihr Gewissen, ihr Magen, Ihre Freundin, Ihr Schutzengel, die

Mischung aus allem Klugen, das Sie bisher gehört haben, gedacht oder geträumt haben. Wenn Sie diese innere Stimme hören wollen, müssen Sie den Lärm ausschalten, zur Ruhe kommen und andächtig lauschen.

Führen Sie Tagebuch. Wenn Sie es ausdrücken, verleiht das Ihren Gedanken und Gefühlen eine gewisse Autorität und erinnert Sie daran, wieviel Sie wissen.

Schreiben Sie mit der Hand, mit der Sie normalerweise schreiben, eine Frage auf, und schreiben Sie die Antwort mit der anderen. Führen Sie so einen Dialog, immer im Wechsel zwischen einer Hand und der anderen. Diese Übung hilft wirklich.

Sprechen Sie mit einem Freund oder einer Freundin, die Ihnen zuhören können, ohne gleich einen guten Ratschlag auf Lager zu haben, so daß Sie Ihre eigenen Antworten finden können.

Stellen Sie sich selbst vor dem Einschlafen eine Frage, über der Sie schlafen wollen. Und achten Sie dann einmal auf Ihre Träume. Sie stecken voller nützlicher Informationen aus Ihrer Innenwelt.

Überlegen Sie, wie Sie Ihrem besten Freund helfen würden, wenn er vor dem Problem stände, mit dem Sie gerade ringen.

Und nun sechs hilfreiche Fragen, um Ihnen eine Entscheidungsfindung zu erleichtern.

Was sagt mein Gefühl dazu?

Wie komme ich zu diesem Gefühl?

Was will ich eigentlich?

Welche Möglichkeiten habe ich?

Welches sind die Konsequenzen daraus?

Was werde ich tun?

Bestärkungen

Ich kann auf meine eigene innere Weisheit hören und ihr vertrauen. Ich weiß mehr, als ich zu wissen glaube.

Die Quelle meiner inneren Weisheit ist schlauer, als ich selbst es bin.

Ich entscheide, wessen Rat ich annehme.

Ich brauche nicht auf jeden zu hören.

Wenn drei verschiedene Menschen mir sagen, daß ich betrunken bin, dann werde ich auf sie hören und mich hinlegen.

Ich bin genauso erwachsen wie jeder andere Volljährige.

Ich kann mir Vorschläge und Ratschläge anhören, entscheiden, was davon brauchbar ist, und den Rest verwerfen.

Ich bin jemand, der sich nicht kleiner machen läßt. Ich kann ganz vorne mitmischen.

Ich entscheide, also bin ich.

8

Sind die Eltern an allem schuld?

Der Mythos

Meine Eltern sind voll verantwortlich dafür, daß ich so vermurkst bin, wie ich bin, und für den Schlamassel, in dem ich mich befinde. Mit sechs Jahren war ich fix und fertig, meine Entwicklung abgeschlossen. Nun sitze ich in der Falle, und sie tragen die Schuld.

Die Wahrheit

Sie sitzen nicht in der Falle. Ganz gleich, unter welch widrigen Umständen Sie aufgewachsen sind, und ganz gleich, was Freud sagt, Sie können sich selbst befreien und sich ändern. Sie sind die Gesamtsumme aus allem, was zu Ihrer Entstehung geführt und was Ihnen seither widerfahren ist – aus Ihren Genen, Hormonen, Geschwistern, der Nachbarschaft, den Schulen, die Sie besucht haben, den Sternzeichen und tausend anderen Faktoren. Dieses große Bild schließt auch die Welt jenseits von Eltern und Familie mit ein.

In Deutschland leben die Kinder oder Enkelkinder von Menschen, die die große Wirtschaftskrise der 30er Jahre, die Nazidiktatur, den zweiten Weltkrieg, den Wiederaufbau und den kalten Krieg als Partner Amerikas in einem geographisch und ideologisch geteilten Land erlebt und überlebt haben. Menschen wurden geformt durch die Vorgaben von Geographie, Kultur, Geschichte und Wirtschaft. All das hat sich irgendwie auf unsere Familien ausgewirkt – wie, das wissen wir wahrscheinlich nicht genau. Erziehung, Stellenwechsel,

Geldprobleme, Umzüge, Schwangerschaften, Einberufung, Krankheiten – all das stand in der Welt unserer Eltern auf dem Spielplan, während wir heranwuchsen.

Kinder nehmen die Wirklichkeit oft verzerrt oder verfälscht wahr, und verzerrte Erinnerungen können sich auch in unserem Leben als Erwachsene noch auswirken. Die Angst der kleinen Jeannie vor Gorillas im Zoo hat ihren Ursprung in einer Radionachricht über den Guerillakrieg in Vietnam. Jeannie fühlte sich im Stich gelassen, als ihr Vater während des Krieges für Amerika an die Front geschickt wurde; ihr älterer Bruder Mark dagegen war stolz, daß sein Vater Soldat war. Rogers Vater war Feuerwehrmann, und sein älterer Bruder Bill schlug die gleiche Laufbahn ein; Roger dagegen hatte sein Leben lang Angst, wenn irgendwo eine Alarmsirene losging, und jedes Feuer erfüllte ihn mit Panik. Marsha fand es aufregend, als ihre Mama ins Krankenhaus kam, um ein neues Geschwisterchen zur Welt zu bringen; Jackie hingegen fühlte sich aus ihrer angestammten Rolle verdrängt und war eifersüchtig.

Um welches Ereignis oder welche Entscheidung es sich auch handeln mag, die Kinder interpretieren und verzerren es in Abhängigkeit von ihrem Alter, ihrer Position und Rolle in der Familie, den Geschichten, die man ihnen erzählt, und den Geschichten, die sie selbst erfinden. Das Großwerden ist unberechenbar. Die Kindheit ist etwas sehr Kompliziertes. Kein einzelner Faktor, keine einzelne Person, kein einzelner Umstand hat uns zu dem gemacht, der wir waren, oder zu dem, der wir jetzt sind. Die Kindheit war einmal. Sie ist Vergangenheit.

Vor Ihrer Kindheit, vor Ihrer Zeugung, vor langer, langer Zeit waren auch Ihre Eltern kleine Kinder. Sie waren wahrscheinlich genauso unschuldig und bezaubernd, wie wir es waren, und sie wuchsen unter dem Einfluß ihrer eigenen, ebenfalls nicht perfekten Eltern heran. Es ist schwer vorstellbar, aber es muß Zeiten gegeben haben, da auch unsere Eltern sorglos, voller Liebe, voller Leben und Enthusiasmus waren. Sie erhielten ihre Prägung durch unsere Großeltern, hatten sich mit der von ihnen ererbten DNA herumzuschlagen, übernahmen deren kulturelle und religiöse Perspektiven und erlebten Elternschaft hautnah. Das müssen Sie berücksichtigen. All unsere Vorfahren bis hin zum Anfang der Zeit im Garten Eden haben weitergegeben, was sie vom Leben wußten. Und jetzt sind wir an der Reihe.

Der Anfang

Wir alle treten als unschuldige und liebenswerte Säuglinge ins Leben, und keiner von uns hat es erlebt, daß alle seine Bedürfnisse befriedigt worden wären. Wir alle waren zu Zeiten unzufrieden, enttäuscht, frustriert, wütend, verletzt, traurig oder verwirrt. Wir sind nicht von Wölfen großgezogen worden, sondern von unvollkommenen menschlichen Wesen in einer unvollkommenen Welt.

Es war zwar nicht das Paradies, aber unsere Kindheit war auch nicht vollkommen freudlos, trübselig und sinnlos. Wir bekamen auch unseren Anteil an Vergnügen, Aufregung, Unterstützung, Zärtlichkeit und Mitleid. Wir hätten nicht bis heute überlebt, wenn es anders gewesen wäre.

Aber leider erleben manche Kinder auch sehr schreckliche Dinge. Vielleicht hat man auch Sie als Kind schlecht behandelt, obwohl Ihr einziges Verbrechen darin bestand, entweder als Junge oder als Mädchen auf die Welt gekommen zu sein. Vielleicht war Ihre Familie nicht fähig, mit Ihrer bedürftigen, hungrigen, fordernden, neugierigen, schlauen, sexuellen, ehrlichen, liebenden, menschlichen und unvollkommenen Existenz zurechtzukommen. Falls Sie für irgendeines dieser Attribute jedes normalen Kindseins bestraft wurden, dann handelten Ihre Angehörigen aufgrund eigener Grenzen und Defekte so. Sie waren nicht in der Lage, die Herausforderung, die Sie repräsentierten, anzunehmen.

Es ist wirklich entsetzlich, falls Sie auf diese Weise verletzt, vernachlässigt, schlecht behandelt, beschimpft oder mißhandelt worden sind. Man hätte niemals zulassen dürfen, daß Sie den Schmerz, die Enttäuschung, die Fehlinformation, die Unkenntnis oder die Wut anderer ausbaden müssen. Sie waren ja nur ein Kind und verdienten nichts anderes als bedingungslose Liebe und Ermutigung, damit Sie stark und fröhlich wurden und selbst Liebe geben konnten.

Unglücklicherweise sind nur allzu wenige von uns in einem wirklichen Kinderparadies groß geworden. Und zu wenige Eltern, Großeltern, Pflegeeltern oder Stiefeltern sind selbst in einem Kinderparadies aufgewachsen. Wir alle sind zu früh aus dem Garten Eden vertrieben worden. Es ist verwunderlich, daß sich so viele von uns dennoch so gut gemacht haben, soviel ihr eigen nennen und anderen soviel geben können, wie wir es tun.

In Wirklichkeit haben viele von uns eine Kindheit gehabt, die gut genug war, nicht vollkommen, nicht glänzend, aber eben gut genug. Zu einer ausreichend guten Kindheit gehört es, angemessen mit Essen und Trinken versorgt, gekleidet, geliebt und umsorgt zu werden. Den meisten von uns hat man außerdem beigebracht, wie man ein Fahrrad fährt, einen Ball fängt oder einen Fisch angelt. Und viele von uns sind ständig ermutigt worden, man half ihnen bei ihren Hausarbeiten, lobte sie ab und an, las ihnen abends Gutenachtgeschichten vor oder gewährte ihnen ähnliche Vergünstigungen. Es ist zu einfach, den Blick nur auf die Mängel und Mißstände unserer Kindheit zu richten. Es fällt uns schwerer, daran zu denken, daß wir auch Gutes und wirklich Großartiges erlebt haben, daß wir Erfolge hatten und daß es sehr oft ganz einfach gut genug war. Es ist wie mit dem Glas, das ebensogut halb voll wie halb leer ist.

Es war einmal ...

Sues Vater war während des größten Teils ihrer Kindheit nicht anwesend. Er war bei der amerikanischen Marine und jahrelang in Übersee stationiert. Er kam so selten und unregelmäßig auf Heimaturlaub, daß er für sie immer ein Fremder blieb, den sie nicht kannte und dem sie nicht traute. Die Abwesenheit ihres Vaters machte Sue sehr traurig; sie empfand es fast als Beleidigung. Als er seinen Abschied von der Marine nahm und endlich für immer nach Hause zurückkehrte, war sie achtzehn und bereitete sich gerade darauf vor, auswärts zu studieren.

Bei einem Besuch in einem Kunstmuseum – Sue war inzwischen erwachsen – mußte sie an ein Bild denken, das während ihrer Kindheit im Wohnzimmer ihres Zuhauses gehangen hatte. Ihr Vater, ein Hobbymaler, hatte gemalt. Und Sue fiel wieder ein, daß sie manchmal zu ihm gesagt hatte: »Papa, mal ein Bild von mir«, und er hatte es dann getan. Es war wie Magie, das Bild von sich selbst auf wunderbarer Weise auf einem leeren weißen Blatt entstehen zu sehen. Bei diesen Gelegenheiten hatte Sue das Gefühl, daß er sie wirklich beachtete.

Sue hatte als Kind immer selbst Künstlerin werden wollen. Sie war zu schüchtern, um ihre Bilder irgend jemandem zu zeigen, aber das hielt sie nicht davon ab, ständig heimlich zu zeichnen und zu malen. Eines Nachmittags – sie war ungefähr zehn, und ihr Vater hatte Urlaub – sagte er: »Komm, wir wollen mal zusammen ein Bild malen.« Sie blätterten zusammen ein paar Bücher durch, aus denen sie sich ein Bild aussuchen sollte, das ihr gefiel. Sie entschied sich für ein Porträt von Picasso, und sie machten sich daran, das Bild auf eine große Leinwand zu übertragen, die er ihr mitgebracht hatte. Er ließ sie die Farben auswählen und anfangen. Sie malten das Bild zusammen, besprachen und lösten die Probleme, die dabei auftraten, und hatten viel Spaß. Später hängten sie das Bild stolz im Wohnzimmer auf. Es war ein so seltener gelungener Nachmittag.

Was immer ihr Vater sonst getan oder nicht getan haben mochte, an jenem Nachmittag jedenfalls bestätigte er die Künstlerin in ihr. Sie empfand die Erinnerung daran, die sich nach so langer Zeit wieder einstellte, als heilsam. Die Erinnerung an das gemeinsame Malerlebnis löschte nicht Sues Kindheitsschmerz wegen des abwesenden Vaters aus, stellte aber doch ein gewisses Gleichgewicht her. Weil die Erinnerung auch bedeutete, daß selbst er manchmal als Vater gut genug war.

Die Gegenwart

Es ist sehr bequem, die Schuld für das unvollkommene Leben, das wir führen, bei anderen zu suchen. Eltern sind die naheliegendsten Sündenböcke. Sie waren schließlich die Großen in unserem Leben als Kleine, und sie waren verantwortlich dafür, wie wir großgezogen wurden. Jetzt sind wir selbst die Großen in unserem kleinen Leben, und wir sind selbst dafür verantwortlich, was wir tun.

Anderen die Schuld zuzuschieben, ist eine lohnende Verhaltensweise mit sehr vielen Vorteilen:

Wir brauchen die Verantwortung für unsere eigenen Entscheidungen nicht zu übernehmen. »Wenn meine Eltern nicht gewesen wären, dann hätte ich Primaballerina werden können, Leinwandstar, Autor des großen amerikanischen Romans, Präsident des Landes, Millionärin, glücklich.«

Wir können mehr Zeit darauf verwenden, uns selbst zu bemitleiden, als uns nach einer Arbeit umzusehen. Wir genießen Selbstgerechtigkeit und Macht in unserem Zorn auf unsere Eltern.

Wir können all unsere schöpferische Energie darauf konzentrieren, unsere Eltern zu ändern statt uns selbst.

Wir können unsere Verbindung zu ihnen dazu nutzen, in sicherem Schutz zu bleiben und Beziehungen zu anderen zu vermeiden.

Wir können uns einreden, immer noch die Opfer zu sein, die nie bekommen, was sie wollen oder verdienen.

Wir können eine Lebensaufgabe daraus machen, unsere Eltern zu beschuldigen und dafür zu bestrafen, daß sie uns enttäuscht haben.

Wir können traurige, verbitterte und zornige Kinder bleiben, bis wir eines Tages sterben.

Es ist oft einfacher, mit unseren Eltern auf dem Kriegsschauplatz zu verharren, als einen Waffenstillstand zu schließen, es gut sein zu lassen, eine Weile zu trauern und weiterzuziehen. Ein Waffenstillstand mag wie eine Niederlage empfunden werden, und niemand sieht sich gerne in der Rolle des Verlierers. Aber in Wahrheit verliert niemand sein Gesicht, wenn beide Parteien übereinkommen, ihre Waffen niederzulegen. Dann können wir den Krieg enden lassen und die Wunden verheilen. Wir könnten Frieden schließen.

Als wir noch Kinder waren, wünschten sich unsere Eltern uns anders, als wir waren: Wir sollten alles machen, was man uns sagte, und zwar auf die Art und Weise und zu dem Zeitpunkt, wie und zu dem es von uns verlangt wurde. Jetzt wünschen wir uns unsere Eltern anders, als sie sind: Sie sollen uns lieben, sich entschuldigen, uns akzeptieren, manches soll ihnen leid tun, und vieles sollen sie so machen, wie wir es uns vorstellen. Wenn wir in der besten aller Welten lebten (achten Sie auf die sanften Klänge der Violinen und des himmlischen Chores), würden unsere Eltern in Liebe auf uns zukommen und die Friedensverträge schon in der Hand halten. Sie würden all die Fehler, die sie je begangen haben, zugeben und für alle ihre Missetaten um Verzeihung bitten. Und danach würden wir alle zusammen in vollkommener Harmonie lachen und weinen, verstehen und lieben. Ach, welch himmlische Klänge. Wir würden alle erkennen, daß die Vergangenheit nicht ungeschehen gemacht werden kann, daß wir alle unser Päckchen zu tragen haben und alle eines Tages sterben werden. Es würde nichts schaden, miteinander auszukommen. Dann könnten wir den Friedensvertrag unterzeichnen, Musikanten engagieren, tanzen und feiern bis zum Morgengrauen.

Ob es uns nun gefällt oder nicht, die unvollkommene Welt, die wir bewohnen, bietet dieses himmlische Szenario nur selten. Unsere Kindheit haben unsere Eltern anders erlebt als wir. Unsere Erinnerungen sind kaum ihre Erinnerungen. Unsere Tagesordnung war und ist nicht ihre. Wir stehen vielleicht noch an der Front und kämpfen, während sie möglicherweise glauben, der Krieg habe geendet, als wir aus dem Haus gingen.

Wir können die Vergangenheit nicht ändern. Wir können aber Einfluß darauf nehmen, wie wir die Vergangenheit sehen und empfinden. Es steht nicht in unserer Macht, unsere Eltern zu ändern. Wir können nur unsere Reaktion auf sie ändern. Im besten Falle sind wir vielleicht fähig, uns alle wie Erwachsene zusammenzusetzen, in gegenseitigem Respekt und Wohlwollen. Wir könnten einander zuhören und voneinander lernen, ohne Schuld zuzuweisen oder zu empfinden, ohne zu versuchen, den anderen zu ändern. Und das Ergebnis wird bestimmt weniger als vollkommen sein.

Richard Alpert, genannt Ram Dass, ist ein wohlbekannter Redner, Wissenschaftler und Medidationslehrer. Er erzählte einmal, wie er seinen Vater für eine Woche besuchte, um dem alten Herrn seine tiefe Hingabe an die Praxis fernöstlicher Religion verständlich zu machen. In seine Mönchsrobe gehüllt, belehrte er seinen Vater und hielt ihm Predigten, was diesen zutiefst beleidigte. Eines Tages entschloß er sich dann, damit aufzuhören, einfach die Zeit mit seinem Vater zuzubringen, ohne weiter zu versuchen, ihn zum Konvertieren zu bewegen oder zu verändern. Er wußte noch, daß sein Vater gerne knobelte; also verbrachten sie den Rest der Woche damit, oft mit den Würfeln zu spielen. Es gab viele schöne und unerwartete Berührungspunkte. Schließlich kam es ihm gar nicht mehr darauf an, daß der alte Herr seine religiösen Einstellungen guthieß.

Das Ziel

Identifizieren Sie die Wunden und Niederlagen Ihrer Kindheit. Sehen Sie der Wahrheit ins Gesicht. Werden Sie wütend, trauern Sie, vergeben Sie und akzeptieren Sie schließlich leichthin Ihre nicht makellose Kindheit und Ihr unvollkommenes Dasein als Erwachsener.

Trainieren Sie, ein Erwachsener zu sein. Erwachsene verbringen nicht ein Leben lang (noch nicht einmal zwanzig Minuten) damit, darauf zu warten, daß andere Erwachsene (zum Beispiel Eltern) sich ändern, sich entschuldigen, sie so lieben und sie gutheißen, wie sie sind.

Erwachsene behandeln sich selbst so, wie sie gerne von ihren Eltern behandelt worden wären. Sie könnten auch in Erwägung ziehen, Ihre Eltern so zu behandeln, wie Sie gerne von ihnen behandelt worden wären.

Erwachsene erkennen an, daß ihre Eltern Wertvorstellungen haben, die zu ihren eigenen Wertvorstellungen passen oder ihnen entgegengesetzt sind. Es ist völlig normal, erwachsen zu sein und anders als andere.

Erwachsene sorgen selbst gut für sich, ganz gleich, wie man für sie als Kind gesorgt hat.

Erwachsene vergessen vielleicht nicht, aber sie können vergeben und das Leben weitergehen lassen.

Erwachsene finden heraus, was mit ihren Eltern geht und was nicht. Sie ertragen auch ein verpfuschtes und unvollständiges Finale.

Übungen

Jede Wunde unserer Kindheit kann man sich als einen Steinbrocken vorstellen, den wir in einem Sack auf der Reise durchs Leben mitschleppen. Zu viele Steinbrocken addieren sich zu einer sehr schweren Last, die es uns kaum noch gestattet, zu gehen, geschweige denn zu tanzen. Das Ziel ist, den Sack auf der Reise immer wieder zu leeren, um Platz zu schaffen für die neuen Steinbrocken, die uns unweigerlich beschert werden. Mit folgenden Tricks können wir uns unsere Last erleichtern:

Gehen Sie ein paar Kilometer in den Schuhen Ihrer Eltern. Testen Sie es mit einem Paar davon nach dem anderen. Stellen Sie sich vor, in den Schuhen zu laufen, die Ihre Eltern bei Ihrer Geburt trugen. Fragen Sie sich in der Rolle Ihrer Eltern: Welchen Kampf fechte ich aus? Was sind meine Leidenschaften? Meine Ängste? Meine Prioritäten? Wie komme ich mir in meiner Rolle als frischgebackener, unvollkommener Vater oder als frischgebackene, unvollkommene Mutter vor? Was ist es für ein Gefühl, mich selbst als Kind zu haben? Wiederholen Sie diese Fragen, wenn Sie die Schuhe anprobieren, die Ihre Eltern bei Ihrer Einschulung, während Ihrer Pubertät, als Sie aus dem Haus gingen. Welche Schuhe tragen Ihre Eltern heute?

Schätzen und respektieren Sie sich selbst als jemanden, der seine Kindheit überlebt hat. Halten Sie die Eigenschaften in Ehren, die Ihnen über schlechte Zeiten hinweggeholfen haben – Ihren Humor, Ihre Leidenschaft, Ihren Mut, Ihre Intelligenz, Ihren Glauben, Ihre Geduld, Ihre Gutmütigkeit. Bitten Sie Freunde, Ihnen zu helfen, diese Liste zu verlängern. Halten Sie in Ehren, was immer und wer immer Ihnen über schlechte Zeiten hinweggeholfen hat. Inklusive Schmusetiere, Lieblingsspielzeuge, Bücher, Geschwister, Nachbarn, Lehrer, Freundinnen und Freunde.

Machen Sie eine Liste der positiven Eigenschaften, die Sie Ihrer verletzten Kindheit verdanken – Stärke, Intuition, Schlauheit, Takt, Unabhängigkeit, Mitgefühl für andere.

Setzen Sie sich mit jemandem zusammen, dem Sie vertrauen, und packen Sie aus, was Ihre Kindheit angeht. Erzählen Sie Ihre Fronterlebnisse. Erzählen und Namen nennen bedeutet nicht Schuld zuweisen. Schuldzuweisung bindet Sie an die Menschen, die Ihnen unrecht getan haben. Sie zu nennen, wütend zu werden, darum zu trauern, was Ihnen entgangen ist, und es damit genug sein lassen:

Das hilft Ihnen, die Knoten zu lösen, die Sie an Ihre Kindheit fesseln. Hören Sie, was andere zu erzählen haben. Sie sind nicht der einzige.

Bestimmen Sie die verschiedenen Typen von Wunden, die Ihre Kindheit hinterlassen haben. Waren es körperliche, emotionale, mentale, spirituelle Wunden? Welchen Narben haben Sie in Ihrem Geist, in Ihrem Herzen, auf Ihrem Körper, in Ihrer Seele hinterlassen? Diese alten Kriegsverletzungen schmerzen vielleicht, wenn es regnet, an bestimmten Gedenktagen oder wenn jemand – vielleicht Sie selbst – den Finger darauf legt. Wenn Sie festgestellt haben, welcher Art diese Wunden bei Ihnen sind, dann steht auch fest, welche Art von Heilung Sie benötigen. Eine emotionale Wunde muß emotional geheilt werden. Spirituelle Wunden müssen spirituell geheilt werden. Pflaster und Verband sind unnütz, wenn Sie eigentlich einen Beichtstuhl brauchen. Heilen Sie Ihre Wunden auf die Art und Weise, die bei Ihnen funktioniert.

Schreiben Sie einen Brief an jeden Ihrer beiden Elternteile. Lassen Sie sie wissen, wie gern Sie sie haben und auf welche Weise Sie sich von ihnen unterscheiden. Schreiben Sie ihnen, was Sie gemacht haben, als Sie noch ein Kind waren, wie Sie sich dabei gefühlt haben, wie es sich auf Ihr Leben ausgewirkt hat und was Sie sich jetzt von Ihnen wünschen. Aber schicken Sie den Brief nicht ab! Bewahren Sie ihn auf. Ergänzen Sie ihn. Überarbeiten Sie ihn, falls das notwendig ist. Und wenn Sie fertig sind, verbrennen Sie ihn.

Wenn es dann immer noch Ihr sehnlichster Wunsch ist, daß Ihre Kindheit anders verlaufen wäre, dann schaffen Sie sich eine neue. Erfinden Sie sich eine. Stellen Sie sie sich vor. Übertreiben Sie dabei. Machen Sie einen Roman daraus, eine Farce, eine Satire, eine Komödie. Genießen Sie es.

Adoptieren Sie Ersatzeltern. Lassen Sie sich von ihnen lieben.

Seien Sie dem Kind in sich ein phantastischer Vater oder eine phantastische Mutter, und seien Sie das allen Kindern. Wir lösen unsere eigene Kindheit aus, indem wir es besser machen, als es unsere Eltern je konnten.

Seien Sie vorsichtig mit Ihrem Urteil über Ihre Eltern. Mit den Jahren gleichen wir uns ihnen im Aussehen, in dem, was wir sagen und tun, mehr und mehr an, obwohl wir wahrscheinlich geschworen haben, daß das nie geschehen würde. Ob es Ihnen gefällt oder nicht, wir sind wie sie. Wir sind aber gleichzeitig nicht wie sie. Als Erwachsene können wir uns aussuchen, welche Eigenschaft wir erhalten, auf welche wir verzichten und welche wir an unsere Kinder weitergeben möchten.

Bestärkungen

Ich kann mein starres Festhalten an der Vergangenheit beenden.
Ich selbst bin jetzt verantwortlich für den Mist, den ich mache, und für das Leben, das ich lebe.
Meine Eltern sind verantwortlich für den Mist, den sie gemacht haben, und für das Leben, das sie leben.
Ich bin ganz in Ordnung, selbst wenn es meine Kindheit nicht war.
Meine Selbstwert hängt nicht von der Zustimmung oder Ablehnung meiner Eltern ab.
Ich mache ein Fest daraus, erwachsen zu sein.
Ehe ich meinen Eltern irgendwelche Schuld zuschiebe, gehe ich lieber Skilaufen, Segelfliegen, fahre nach Italien, gehe mit ... ins Bett, erzähle Witze oder _____ (bitte selbst ergänzen).
Ich habe meine Kindheit überlebt, also bin ich.

9
Ist das Leben fair?

Der Mythos

Wenn ich gut bin und anderen Menschen gebe, werden sie genauso freundlich sein und mir geben.

Die Wahrheit

Das ist nicht ganz zutreffend. Manchmal stecken wir guten Glaubens unsere Groschen in ein Telefon, aber es passiert nichts – außer, daß wir unser Geld verlieren. Und genauso wie ein Telefon nicht immer fair ist, werden es auch andere Menschen nicht sein (ganz gleich, wie gut wir selbst sind).

Wir alle sind für Gerechtigkeit, Gegenseitigkeit und für Happy Ends. Wir haben es nicht gerne, daß guten Menschen böse Dinge geschehen und böse Menschen triumphieren. Wir alle möchten, daß der Jüngling mit dem weißen Hut Sieger bleibt und der böse Bertel aus der Stadt gejagt wird. Aber ach, der böse Bertel bringt es öfter einmal bis zum Ministerpräsidenten und der Gute wird vielleicht vom Blitz getroffen und stirbt. Das Gutsein schützt niemanden vor K.-o.-Schlägen.

Der Anfang

Einige von uns hatten es gut. Der Storch ließ sie über Häuser fallen, deren Bewohner das Gefühl hatten, daß es ihnen gut ging, ganz gleich, wie groß ihr Besitz war. Andere ließ der Storch auf Dächern zurück, unter denen sich die Menschen arm vorkamen, selbst wenn das Dach aus Gold war. In beiden Familien lernten wir, wie es mit dem Geben und Nehmen stand, sobald wir durch den Kamin gesaust kamen. Die reichen Familien glaubten, daß für alle reichlich da sei. Es wurde viel abgegeben und geteilt. Es herrschte der Geist der Großzügigkeit und die Vorstellung, daß es immer ausreichen würde. Familien, in denen die Knappheit regierte, glaubten, daß nie genug da sein würde. Sie befürchteten, daß sie das, was sie besaßen, leicht verlieren könnten, daß es ihnen vielleicht weggenommen würde. Sie hatten Angst und lehrten uns, wachsam zu sein und immer genau Buch zu führen. Manchmal reichte es eben nicht für alle. Manche Familien vermitteln auch die Einstellung, daß die Welt reich und arm zugleich ist. Kein Wunder, daß wir da durcheinander geraten und nicht mehr wissen, wann es an der Zeit ist zu geben und wann zu nehmen.

Wenn wir geben, ohne eine Gegenleistung zu erwarten, so geschieht das meistens aus dem Gefühl des Reichtums heraus. Wenn wir glauben, in Liebe, in Zeit, in Geld, in Weisheit, in Hühnersuppe zu schwimmen, fällt das Geben leicht. Wenn wir glauben, daß unsere Vorräte knapp sind, haben wir vielleicht Angst zu geben, vielleicht, weil wir uns nicht vorstellen können, daß es jemals genug geben wird. Wir entwickeln das Gefühl, daß unser Überleben vom Festhalten abhängt oder davon, eine Gegenleistung zu erhalten. Wenn wir unter solchen Befürchtungen leiden, dann wird unsere Gabe, ganz gleich wie großzügig sie ausfällt, immer mit einem Haken versehen sein. Wir werden immer nach einer Rückzahlung, nach Dividende, nach Anerkennung fischen und bitter enttäuscht sein, wenn wir schließlich mit leeren Händen dastehen. (»Nach allem, was ich für dich getan habe ...«)

In Familien, in denen die Regel galt: »Gib ab, sonst wirst du bestraft«, lernen die Kinder, daß sie geben müssen, ganz gleich, ob sie wollen oder nicht. Sie wachsen auf in Angst vor dem Wort Egoismus und Selbstsucht. Ein selbstsüchtiges Kind (und wir sind alle selbstsüchtig) gilt als nicht liebesfähig, unkooperativ, böse, ja sogar kriminell. Familien, die nicht zwischen Selbstsüchtigkeit und Selbstberücksichtigung unterschieden, machten es ihren Kindern schon zum Vorwurf, wenn sie nur in ihrem eigenen Interesse handelten. Selbstberücksichtigung bedeutet, daß wir an uns selbst denken, so wie wir auch an alle anderen denken, daß wir selbst einer der Menschen sind, die wir berücksichtigen. Für die meisten von uns ist es eine Lebensaufgabe, die Gaben an uns selbst und an andere abzuwägen. Wir haben immer Mühe, zwischen Selbstsucht und Selbstberücksichtigung zu unterscheiden.

Als Kinder hingen wir alle dem Gedanken der Gerechtigkeit nach und wollten, daß Geben und Nehmen gleichgewichtig und gerecht erfolgten. In manchen Familien wurde diese Einstellung gepflegt. Wenn dort zum Beispiel ein Kind für sich und einen Freund einen Kuchen teilte, dann durfte der Freund sein Stück zuerst aussuchen und das Kind selbst nahm das andere Stück. Oder ein Kind durfte eine halbe Stunde lang sein Lieblingsprogramm im Fernsehen anschauen und dann waren seine Brüder oder Schwestern mit ihren Lieblingssendungen an der Reihe. In diesen Familien wurde Wettkampf oder Konkurrenz klein geschrieben und Zusammenarbeit, Teilen und Gleichheit in den Vordergrund gestellt. Manche Kinder aus solchen Familien freilich sind später böse und bitter enttäuscht, daß die Welt nicht genauso funktioniert wie ihre Familie.

In manchen Familien ging es nicht fair zu. Dort gab es Lieblinge, Sündenböcke, gute und böse Kinder. Die Regeln waren ungerecht oder nicht für alle die gleichen. Aber ganz gleich, ob es in einer Familie fair oder unfair zuging, es gab immer Kinder, die mit einer gewissen Bitterkeit aufwuchsen und immer das Schlimmste befürchteten. Und aus anderen werden unerschrockene Streiter für soziale Gerechtigkeit und Fairneß.

Die Gegenwart

In jeder Beziehung, in der Geben und Nehmen sehr einseitig
verteilt sind, drohen unvermeidlich Wirbelstürme und Tornados.
Sturmsichere Keller und Blitzableiter sind sehr empfehlenswert. Wir
alle benötigen eine gewisse Wechselseitigkeit in unseren engsten
Beziehungen, und auf lange Sicht erhalten wir diese normalerweise
auch. Die Forderung nach vollkommener Ausgewogenheit kann sich
hingegen zu einer Naturkatastrophe auswachsen.

Manche Menschen führen genau Buch und halten fest, wer
wann was getan hat, wer wann was bekommen hat, wer mehr getan
hat und wer mehr verdient hätte. Der Ausgleich von Soll und Haben
bis auf den letzten Pfennig beschäftigt sie so sehr, daß sie den wahren
Wert einer Beziehung aus den Augen verlieren. Menschliche Beziehungen sind mehr als Konten, die man ausgleichen muß. Außerdem
werden Soll und Haben von Monat zu Monat schwanken. Es ist wichtig, das Auf und Ab der Salden mit Gelassenheit zu betrachten.
Manchmal geben wir etwas mehr, als wir erhalten, und manchmal
erhalten wir etwas mehr, als wir geben. Menschen in langfristig gut
funktionierenden Beziehungen sagen, daß sie stets mehr zu geben
versuchen, als sie erhalten, und daß sie daran ihre Freude haben.

Die goldene Regel »Tue an anderen, was du gerne hättest, daß
andere an dir tun sollen«, ist keine Aussage über Rückzahlungen,
Dividenden oder Kapitalgewinne. Sie ruft uns nur ins Gedächtnis, für
andere zu tun, was wir auch gern für uns getan haben möchten, und
uns selbst einmal in die Lage derer zu versetzen, die empfangen werden, was wir zu geben haben.

Es war einmal ...

Tante Lucy mit den zusammengekniffenen Lippen, die Märtyre-
rin der Familie, lächelte, als sie den von ihr verachteten Nachbarn

Suppe brachte. Danach beschwerte sie sich bitterlich, daß diese Nachbarn all ihre Bemühungen und auch ihre Kochkunst nicht ausreichend würdigten. Märtyrer geben und geben und bekommen niemals genug zurück. Der Märtyrer sagt: »Ich Ärmster ... Nach allem, was ich für dich getan habe ...« Tante Lucy tut so, als hätte sie keine Wahl. Sie sagt: »Wieder und wieder versuche ich, es richtig zu machen, und was kommt dabei heraus? Niemand versteht es, niemand erkennt es an ...« Sie will nichts mehr, als sich als Opfer fühlen, sich im Mitleid anderer suhlen, rechtschaffend empört sein und bloß keine Freude haben. Und um sie herum wird auch niemand Freude haben. Wir können unser Leben in Bitterkeit und Enttäuschung zubringen, als Spielverderber, so wie Tante Lucy. Aber es gibt wahrlich unterhaltsamere Möglichkeiten.

Oft überschütten wir andere mit Liebe und Aufmerksamkeit, mit Karten, Schachteln voller Pralinen, und es sind genau diese Dinge, nach denen es uns selbst heimlich gelüstet. Wenn wir weggeben, was wir eigentlich für uns selbst haben möchten, dann können wir uns so richtig unternährt und grantig vorkommen, und werden dann Tante Lucy ziemlich ähnlich.

Aber wir können auch etwas tun, was Tante Lucy nie getan hat. Wir können uns selbst etwas mehr von den guten Dingen gönnen und den anderen ins Gedächtnis rufen, daß selbst wir, die großzügigsten und wohlhabendsten Menschen, Bedürfnisse haben. Und die neue goldene Regel lautet dann: »Sei zu dir selbst so großzügig wie zu anderen.«

Diese Selbstberücksichtigung wird die Zahl von Märtyrern signifikant verringern.

Wenn Sie sich nicht mehr wohl dabei fühlen zu geben, bis es wehtut, dann hören Sie damit auf. Es ist nicht leicht, ein Verhaltensmuster zu ändern, aber eine neue Wahl ist fällig, wenn die alte nicht mehr funktioniert. Das Geben sollte ein Vergnügen sein. Es sollte Ihnen Freude machen. Und wenn Sie nichts als Gegenleistung erwarten, dann werden Sie auch nie enttäuscht sein.

Sehen Sie das Geben und Nehmen als eine Spirale und nicht als einen geschlossenen Kreis an. Irgend jemand gibt Ihnen, und Sie geben irgend jemandem, aber nicht notwendigerweise der gleichen Person. Verteilen Sie Ihren Reichtum irgendwo. Vertrauen Sie darauf, daß der Empfänger Ihrer Gabe es irgendwann irgend jemandem wieder gutmachen wird.

Es war einmal ...

Pauline brach sich den Arm, als sie im Fitneßstudio von einem Gerät fiel und den Sturz mit der Hand abzufangen versuchte. Sie hatte starke Schmerzen. Jack brachte sie in die Ambulanz und wartete dort, während sie geröntgt wurde, verbunden, und ein Schmerzmittel erhielt. Pauline sagte: »Du brauchst nicht warten. Ich kann mit einer Taxe nach Hause fahren. Du hast schon genug für mich getan.«

Jack lächelte. »Ich fahr dich gerne nach Hause. Ich habe schon in meiner Firma angerufen. Dort weiß man, daß ich später kommen werde. Ich hole jetzt den Wagen.«

»Aber wie soll ich dir das jemals wieder gutmachen?«

»Das weiß ich nicht«, sagte Jack, »aber eines Tages wird bestimmt einmal irgend jemand anders aus dem Fitneßstudio zur Ambulanz gebracht werden müssen. Dann kannst du es ja machen.«

Nimm, was dir gegeben wird. Bedanke dich. Und gib es weiter.

Unglücklicherweise kommt es auch vor, daß man gibt und gibt und gibt und nichts zurückerhält. Vielleicht ermöglichen Sie Ihrer Frau ein Medizinstudium, und am Ende geht sie mit dem Radiologen auf und davon. Sie arbeiten vielleicht dreiundzwanzig Jahre lang für die gleiche Firma und man entläßt sie dort eine Woche, bevor sie vom Pensionsfonds begünstigt werden. Auch guten Menschen wird böse mitgespielt, ganz gleich, wieviel sie selbst gegeben haben. Das ist eine alltägliche Erfahrung.

Das Ziel

Seien sie gut, fair und großzügig, einfach weil Sie es eben sind. Erwarten Sie von anderen Menschen keine Belohnung, auch nicht von der Welt als ganzer. Ihre Großzügigkeit anderen gegenüber wird vielleicht belohnt, vielleicht auch nicht. Ihre Großzügigkeit gegen sich selbst und Ihre eigene Freude am Geben sind die einzigen Gaben, mit denen Sie sicher rechnen können.

Lassen Sie sich auf Ihrem Weg durch die Welt lieber von Vertrauen als von Mißtrauen begleiten. Aber seien Sie vernünftig. Eine orientalische Weisheit besagt: Vertraue auf Allah und binde dein Kamel gut fest. Eine alte westliche Weisheit besagt: Erwarte das Beste, sei auf das Schlimmste vorbereitet. Es ist sicherlich klug, auf Überraschungen vorbereitet zu sein. Wenn Sie zu den Guten gehören, dann tragen Sie einen weißen Hut, aber vergessen Sie den Blitzableiter nicht.

Übungen

Sie können die Welt einfach dadurch verbessern, daß Sie dazugehören, ganz gleich, was Ihre Eltern Ihnen vielleicht gesagt haben. Üben Sie sich in zufälliger Freundlichkeit. Bezahlen Sie den Brückenzoll für den Wagen hinter Ihnen. Lassen Sie in der Schlange an der Kasse jemandem den Platz vor Ihnen einnehmen. Kaufen Sie für jemanden, der es nötig hat, eine Tüte mit Lebensmitteln. Bieten Sie Ihre Dienste an. Lesen Sie einem Kind ein Buch vor. Sagen Sie Ihrem Postboten, dem Busfahrer, dem Kraftfahrzeugmechaniker, dem Pfadfindermädchen, daß sie ihre Sache gut gemacht hätten. Lächeln Sie, verteilen Sie Komplimente, sparen Sie nicht mit Anerkennung, ermutigen Sie Ihre Mitmenschen. Es schadet niemandem.

Schließen Sie sich nicht aus, wenn Sie regelmäßig Ihre Geschenke verteilen. Bedenken Sie sich jedesmal selbst, wenn Sie einem anderen etwas geben – ein Kompliment, ein Schaumbad, ein Kichern, ein bißchen Futter für das Sparschwein, ein Nickerchen, etwas Zeit zum Lesen, ein Spaziergang.

Wenn Sie etwas geben, verlangt Ihr Gerechtigkeitssinn vielleicht, daß Sie als Gegenleistung auch etwas empfangen. Seien Sie sich klar darüber, was Sie wollen, und bitten Sie darum. Vermeiden Sie das Unausgesprochene, das nur Angedeutete, die Widerhaken. Verhandeln Sie eine Vereinbarung. Sind Sie anderen gegenüber ebenso direkt, wie Sie sich die anderen sich selbst gegenüber wünschen.

Seien Sie großzügig. Geben Sie der Erde: Indem Sie Recycling betreiben, Fahrgemeinschaften bilden, einen Kompost anlegen, Müll vermeiden. Flohmärkte und Garagenverkäufe sind Gelegenheiten, Geld zu sparen und Dinge wiederzuverwerten. Gandhi hat gesagt: »Lebe einfach, damit andere einfach leben können.« Wenn Sie dieses Buch ausgelesen haben, geben Sie es weiter.

Bestärkungen

Ich kann entscheiden, wann ich gebe und wann ich nicht gebe.

Ich kann entscheiden, wann ich etwas annehme und wann ich nichts annehme.

Ich bin als Mensch in Ordnung, selbst wenn mir Schlimmes widerfährt.

Ich fühle mich wohl, ganz gleich, ob du mir etwas gibst oder nicht.

Ich kann es mir leisten, mehr zu geben, als ich bekomme.

Das Leben ist nicht fair, ob mir das nun gefällt oder nicht.

Ich gebe und ich empfange, also bin ich.

10

Erbschuld?

Der Mythos

Wenn ich doch nur ein vollkommenes Kind gewesen wäre, dann wären meine Eltern glücklicher, öfter nüchtern, nicht so ausfallend, freundlicher, gesünder gewesen. Wenn ich besser gewesen wäre, hätte ich ihnen Halt gegeben und wir wären eine vollkommene Familie geworden.

Die Wahrheit

Batman, Superman und Wonder Woman zusammen haben diese leichte Aufgabe nicht bewältigen können, und Sie konnten es auch nicht.

Unsere Eltern waren bereits erwachsen, als wir auf die Welt kamen. Wir waren klein, sie waren groß. Wir haben ihre Probleme, ihre Geschichte, ihre Persönlichkeiten nicht gemacht. Wir waren nicht verantwortlich für ihr Leben oder ihre Entscheidungen. Wir haben sie nicht zu traurigen, angeheiterten, bösen, unfreundlichen oder kränklichen Menschen gemacht.

Niemand, auch der größte Held nicht, ist je mit der Macht auf die Welt gekommen, sich furchtbare Eltern oder ideale Eltern zu schaffen. Die Eltern waren schon fertig ausgebildet, erfahren, erzogen, als wir erschienen. Wer und wie sie waren, damit hatten wir nichts zu tun. Wir wählen uns unsere Eltern nicht aus. Wir ziehen sie, und sie ziehen uns in der großen DNA-Lotterie im Himmel.

Als Sie noch klein waren, hat man vielleicht von Ihnen erwartet, daß Sie die Katze füttern, Laub harken oder Ihr Spielzeug zusammenräumen. Wir hoffen doch sehr, daß man nicht von Ihnen erwartete, das Auto zu reparieren, Steuern zu bezahlen, Tante Maes Erkältung zu kurieren oder den Großvater am Leben zu halten. Diese Aufgaben waren zu schwierig für ein Kind. Und eine ideale Familie zu schaffen, ist für ein kleines Kind auch eine zu schwierige Aufgabe.

Der Anfang

Es ist noch nicht lange her, da wurden Kinder als kleine Erwachsene betrachtet, zwergenhafte Arbeitskräfte, die einen notwendigen Beitrag zum Einkommen der Familie leisten mußten. Aber Kinder sind keine Erwachsene. Sie sind nicht nur kleiner, sie haben ganz andere Bedürfnisse und Gefühle, sie denken anders. Das ist allgemein erst in jüngerer Zeit begriffen worden, und seither gibt es Gesetze, um Kinder davor zu schützen, Ganztagsarbeit in Bergwerken, Mühlen, auf dem Feld und in Hinterhofwerkstätten zu leisten.

Aber man erwartet von den Kindern immer noch, daß sie schnell groß werden, und von vielen verlangt man, daß sie Pflichten und Verantwortungen übernehmen, die größer sind als sie selbst. Manchmal erwartet man von ihnen, daß sie mehr übernehmen, als man einem Kind zumuten sollte. Einige unglückliche Kinder sollen die Eltern ersetzen und sich um die Familie kümmern. Die Psychologen nennen diese extreme Situation »Parentification«.

Es war einmal ...

Ida war das erste Kind in einer großen Familie. Beide Eltern waren berufstätig. Schon während sie noch zur Grundschule ging, kümmerte sich sich um ihre vier jüngeren Geschwister. Mit jedem neuen Baby blieb ihr weniger Zeit für sich selbst. Sie ging unmittelbar nach der Schule nach Hause, spielte nicht mehr mit ihren Freundinnen, machte nicht mehr in der Schulband mit. Es wurde ihre Pflicht, das Haus und die kleineren Geschwister in Schuß zu halten. Sie war eine kleine Mutter, noch bevor sie erwachsen war.

Zuerst erfüllte es Ida mit Stolz, eine Elternrolle zu übernehmen. Aber der Job als Mamas kleine Helferin war in Wirklichkeit nicht besonders lustig. Die jüngeren Geschwister nahmen es Ida übel, daß sie sich wie eine Mutter aufführte. »Du hast mir nichts zu sagen. Du bist nicht meine Mutter!« Sie steckte in einer Situation, in der es für sie nichts zu gewinnen gab, denn es war immer einfacher, Ida die Schuld an allem anzuhängen als den abwesenden, hart arbeitenden Eltern.

Ihre Aufgaben wurden zahlreicher und größer, je älter und tüchtiger Ida wurde. Sie kochte und half den Geschwistern bei den Schularbeiten. Ihre Eltern lobten sie für ihre Hilfe und für ihr hausfrauliches Geschick, während ihre Geschwister für gute Leistungen in der Schule, für ihren Humor oder ihre sportlichen Erfolge gelobt wurden. Ida wuchs in dem Glauben auf, daß ihr einziger Wert in ihrer Fähigkeit liege, für andere zu sorgen.

Idas Eltern kamen oft erschöpft und reizbar von der Arbeit heim. Und oft stauchten sie Ida zusammen wegen des unvermeidlichen Chaos, das mit fünf Kindern in einem Haushalt einhergeht. Ida sagte sich: »Wenn ich nur noch mehr tun könnte, dann wären Mama und Papa nicht so unleidlich, wären glücklicher und zugänglicher.« Ida konnte aushelfen, aber sie konnte den Haushalt und die Familie nicht alleine bewältigen. Die Berufstätigkeit beider Eltern riß eine Lücke, die Ida nicht ausfüllen konnte. Ganz gleich, wie sehr sie es versuchte, die Lücke blieb größer, als sie selbst es war.

Ida heiratete jung, froh, ihre Pflichten endlich hinter sich lassen zu können. Sie nahm sich vor, niemals selbst Kinder zu haben. Sie hatte bis an ihr Lebensende vom Elternsein genug. Und als

Erwachsene versucht sie jetzt, die Zeit zu finden, selbst einmal Kind zu sein.

Wenn Sie wie Ida zu einem Kind mit Ersatzelternfunktion gemacht worden sind, wenn man Ihnen die Rolle des Hauptverantwortlichen zugewiesen hat, der für alles zuständig ist, dann haben Sie schnell und früh in Ihrem Leben sehr viel über den Mißerfolg gelernt. Niemand von uns hat mit acht Jahren die Fähigkeiten und die Kenntnisse, um einen Haushalt zu führen und für eine Familie zu sorgen. Wenn man acht ist, ist man eben acht. Die Schultern kleiner Kinder sind noch nicht breit genug, um solch schwere Lasten zu tragen.

Allzuoft dienen Kinder auch als Sündenbock und müssen den Preis für die unglücklichen Entscheidungen ihrer Eltern zahlen. Eltern dürfen Ihre Kinder nicht für entgangene Gelegenheiten, Mißerfolge, Dinge, die sie bereuen, und geplatzte Träume verantwortlich machen. »Wenn ihr Kinder nicht gewesen wäret, dann hätte ich studieren können, hätte ich mein Glück gemacht, hätte ich mitgemischt, hätte ich keine Alkoholprobleme gehabt, wäre von eurem Vater losgekommen, von eurer Mutter losgekommen, glücklich gewesen, _____ (bitte selbst ausfüllen).« Wenn Eltern die Verantwortung für ihre eigenen Entscheidungen nicht übernehmen wollen, für ihr eigenes Wohlergehen, für die Erfüllung, die sie finden oder nicht finden, dann entsteht ein Vakuum. Kinder verabscheuen (wie die Natur) jedes Vakuum und füllen selbst die Leere aus. Kinder denken: »Sie haben recht. Ich sollte besser sein, klüger, stärker, lustiger, hübscher, ordentlicher, schneller, _____ (bitte selber ergänzen). Ich bin nicht gut genug. Wenn ich etwas perfekter wäre, hätten meine Eltern keine Probleme.« Kinder wollen, daß ihre Eltern glücklich sind. Denn dann können auch die Kinder glücklich sein, und allen geht es gut.

Viele von uns haben gedacht, sie seien adoptiert worden oder irgendwie sonst in die falsche Familie geraten, weil, so glaubten sie, ihre echten Eltern niemals von ihnen erwartet haben würden, vor ihrer Zeit erwachsen zu werden. Wenn sie nur in der richtigen Familie gelandet wären, glauben sie, hätte man sie auch Kind sein lassen.

Ob Sie es glauben oder nicht, wir waren weder die Ursache noch die Abhilfe für die Probleme und Enttäuschungen in unseren Familien, selbst wenn man es uns anders glauben machen wollte. Unser Verhalten als Kinder konnte damals unsere Familie nicht ändern, und heute können wir mit unserem Verhalten die Welt nicht vollkommen machen. Aber wir könnten endlich merken, wie dieser alte Glaube uns darauf festlegt, eine Verantwortung für das Ausbessern der Fehler und Unvollkommenheiten der Welt zu empfinden.

Die Gegenwart

Wir kommen nicht davon los, die Mängel der Welt zu personalisieren. Wir nehmen stets an, daß wir allein etwas falsch gemacht haben, wenn unsere Welt nicht vollkommen ist. Wenn wir alle Schuld auf uns nehmen und allen Schmerz auf uns laden, dann leiden wir unter Erbschuld. Es gab sie schon so früh in unserem Leben, daß wir das Gefühl haben, mit ihr geboren worden zu sein.

Die Erbschuld sagt uns, daß wir von Anfang an verkehrt waren, daß uns nichts zustand, daß wir unentschuldbar waren. So lernten wir es als Kinder, und tief im Inneren glauben wir es immer noch. Deshalb versuchen wir immer noch, unseren Wert unter Beweis zu stellen, indem wir jeden und alles reparieren. Wir werden die Mechaniker dieser Welt. Obwohl uns die Reparatur unserer ursprünglichen Familie nicht gelang, machen wir uns mit unserem Werkzeugkasten über jeden her, der anders ist als wir selbst. Eigentlich müßten wir doch bei all unserem Wissen darüber, wie die Dinge laufen sollten, in der Lage sein, unseren Lebensgefährten zu halten, den Freund wieder gesund zu machen, unsere Eltern zu motivieren, den Teenager zu trainieren, die Katze zu erziehen. Wir sagen uns: »Wenn sie es bloß einmal nach unserer Fasson probieren würden ...« Aber sie tun es nicht.

Manche Menschen, zum Beispiel die Eltern, wollen sich vielleicht nicht ändern, obwohl sie nicht so leben, wie es unserer Meinung nach das beste für sie oder für uns wäre. Ihr Leben entspricht vielleicht unseren Maßstäben nicht. Es erscheint uns vielleicht traurig, elend und einsam. Aber vielleicht sind sie ihrer eigenen Art, die Dinge zu regeln, verhaftet. Vielleicht gefällt ihnen ihr Leben so, wie es ist. Vielleicht funktioniert ihre Art zu leben bei ihnen. Vielleicht sind sie, wer sie sein wollen und wie sie sein wollen. Vielleicht stehen sie in einer Familientradition. Vielleicht stehen sie unter einem Familienfluch. Vielleicht ist es ihr Recht, sich nicht zu ändern und uns keine Einmischung in ihr Leben zu gestatten.

Die Erbschuld endet nicht, wenn wir aus dem Haus gehen. Sie kann uns durch ein unsichtbares Band über tausend und mehr Meilen an unsere Eltern fesseln. Dieses Band kann uns so einschnüren, daß wir unerträgliche Angst und ein Gefühl der Untreue empfinden, wann immer wir glücklicher, gesünder oder erfolgreicher sind als einer unserer Angehörigen. Wir verspüren vielleicht einen Ruck unserer Fesseln, wenn wir lauter lachen, mehr Freunde haben, mehr Geld verdienen, unsere Sache besser machen als unsere Eltern. Es ist vielleicht einfach auszuziehen, aber es ist nicht so einfach, aus dem Haus zu gehen.

Als Kinder konnten wir weder unsere Eltern noch unsere Geschwister ändern. Und als Erwachsene können wir auch niemanden ändern. Aber wir können in unserer Welt Einfluß ausüben und kleine Dinge bewirken. Wir müssen lernen, wo wir uns einmischen sollen, wo heraushalten und wo uns ganz zurückziehen. Manchmal kommen Veränderungen von alleine. Manchmal können wir zu einer Veränderung ermutigen. Und manchmal nicht. Manchmal können wir hilfreich sein. Manchmal sind wir hilflos. Und manchmal ist es überhaupt keine Hilfe, hilfreich zu sein.

Das Ziel

Vergeben Sie sich selbst Ihre Unfähigkeit, Ihre Familie vollkommen zu machen. Sie sind nicht als Superheldin mit magischen
Kräften zur Welt gekommen, und Sie werden wahrscheinlich auch
nie eine werden. Hören Sie auf, mehr für Ihre Eltern (oder jemand
anderen) zu wollen, als diese für sich selbst erwarten.

Versuchen Sie nicht länger, andere Menschen zu ändern, so wie
Sie versucht haben, Ihre Eltern zu ändern. Ihre Anstrengungen
haben damals nichts gefruchtet, und jetzt werden sie ebenfalls zu
nichts führen – weder bei Freundinnen noch bei Mitarbeitern, Lieb-
habern oder Kameraden. Statt andere Menschen zu ändern, könnten
Sie ebensogut versuchen, einer Kuh das Singen beizubringen. Kühe
wollen einfach nicht singen. Sie möchten auf einer Weide stehen,
kauen, ruhig sein und vielleicht gelegentlich einmal »muh« sagen.
Sie widersetzen sich jedem, der sie zu etwas anderem drängt.

Beurteilen Sie sich selbst nicht danach, wie gut die Erwachsenen
oder die Kühe in Ihrer Umgebung ihre Sache machen. Sie alle sind
selbst für ihr Leben verantwortlich. Lassen Sie sie in Frieden. Sie sind
für Ihr Leben verantwortlich. Kümmern Sie sich darum. Lassen Sie
sich von niemandem von so viel Glück abhalten, wie Sie aushalten
können.

Übungen

Schreiben Sie einen Brief an den Sechsjährigen oder die Sechs-
jährige, den/die es tief in Ihrem Inneren immer noch gibt. (Wie
wurden Sie damals genannt?) Beschreiben Sie wahrheitsgetreu und
sehr detailliert, wie es war. Erklären Sie sich selbst, was in Ihrer
Familie irreparabel war und über welche Möglichkeiten Sie als Kind
tatsächlich verfügten. Weisen Sie die Verantwortung denen zu,
denen sie oblag. Sehen Sie sich selbst nach, daß Sie die Erwachsenen

in Ihrem Leben nicht umgeformt haben. Sie konnten sie nicht daran hindern, das zu sein, was sie waren. Sie wären annähernd die gleichen gewesen, ob sie nun zur Welt kamen oder nicht.

Erstellen Sie eine sehr lange Liste aller Menschen in Ihrem Leben, die eine kleine Überarbeitung nötig haben oder nötig hatten. Dann holen Sie tief Luft. Andere Leute zu überarbeiten, ganz gleich, wie reparaturbedürftig sie erscheinen, ist bestenfalls eine undankbare Aufgabe. Und es ist nicht Ihre Aufgabe. Es war nie Ihre Aufgabe. Vielleicht können Sie von Ihrer Anteilnahme und Ihrer Sorge besseren Gebrauch machen, wenn Sie sie einfach so lieben und akzeptieren, wie sie sind. Das Leben der Betroffenen jedenfalls wird dadurch einfacher. Und Ihres auch. Lassen Sie sie, wie sie sind. Zerreißen Sie die Liste.

Achten Sie einmal auf die Schulterbreite des freundlichen Achtjährigen in Ihrer Nachbarschaft. Wie viele Erwachsenenprobleme würden Sie ihm aufladen wollen? Und wie viele können Sie selbst tragen, auch wenn Ihre Schultern ein wenig breiter sind?

Bestärkungen

Ich war ein unvollkommenes Kind in einer unvollkommenen Familie. Jetzt bin ich ein/e unvollkommene/r Erwachsene/r.
Meine Eltern haben sich ihr eigenes Leben erwählt, und ich muß mir meins erwählen.
Ich kann glücklich sein, erfolgreich, alkoholabstinent, freundlich, gesund, selbst wenn meine Eltern all das nicht waren.
Ich kann großzügig sein und meine Eltern in Frieden lassen.
Ich bin kein Superheld und keine Superheldin.
Ich kann anderen Menschen helfen, ohne zu versuchen, sie zu ändern.
Ich kann mich einmischen, und ich kann mich heraushalten.
Ich kann versuchen, aus der unvollkommenen Welt etwas Besseres, aber nichts Vollkommenes zu machen.

Ich kann mir selbst ein ausgezeichneter Vater oder eine ausgezeichnete Mutter sein und meinen Kindern ebenfalls.

Ich kann für mich selbst sorgen, ohne mich schuldig oder selbstsüchtig zu fühlen.

Meine Möglichkeiten sind begrenzt, also bin ich.

II

Co-Abhängigkeit?

Der Mythos

Wenn ich anderen helfe, bin ich hoffnungslos der Co-Abhängigkeit verfallen.

Die Wahrheit

Dem ist nicht so. *Co-Abhängigkeit* ist zu einem negativen Schlagwort geworden, mit dem auch echte Hilfsbereitschaft, Großzügigkeit und Selbstlosigkeit belegt werden. Diese Eigenschaften werden aber dringend gebraucht, wenn es wirklich irgendwo Schwierigkeiten gibt. Dann stellen wir unsere eigenen Bedürfnisse zeitweilig zurück, schränken uns ein und opfern uns für andere auf, so wie Eltern es oft für ihre kleinen Kinder tun, wie es oft die ganze Familie tut, wenn einer der ihren krank ist. Es entspricht unserer natürlichen Neigung, hilfsbereit, großzügig und fürsorglich zu sein, und Gott allein weiß, daß die Welt alle Hilfe, Großzügigkeit und Fürsorglichkeit benötigt, die sie bekommen kann. Niemand unterstellt Mutter Teresa, sie sei hilflos der Co-Abhängigkeit verfallen.

Co-Abhängigkeit als unnötiger Zwang zu helfen bedeutet, sich einzuschränken und aufzuopfern, obwohl unsere Dienste schon lange nicht mehr benötigt oder erwünscht sind. Diese Art von Hilfsbereitschaft hat eine gewisse Ähnlichkeit mit vitaminarmer Hühnersuppe. Sie ist kurzfristig wohl ein wenig nahrhaft, aber die hungrige Person wird immer mehr davon benötigen, und der Koch wird in der Küche vom Herd nicht mehr loskommen. Hühnersuppe kann ein Gift sein, wenn sie den Wunsch nach echter Wiedergenesung erstickt, wenn der Koch zur einzigen Rettung wird, zum einzigen, von dem wirklich Verständnis und Hilfe zu erwarten sind.

Zwanghafte, unnötige Hilfsbereitschaft ist das genaue Gegenteil von Liebe. Sie schließt ein:

– mehr für andere zu wollen, als diese für sich selbst wollen;
– andere fürsorglicher zu behandeln, als wir uns selbst behandeln;
– mehr Verantwortung für andere zu übernehmen, als sie selbst für sich zu übernehmen bereit sind;
– anderen zu geben, was wir eigentlich für uns selbst wollen;
– andere bedürftig zu erhalten, indem wir etwas für sie tun, statt sie zu ermutigen, etwas für sich selbst zu tun.

Gesunde Hilfsbereitschaft bedeutet, auch an sich selbst zu denken, während man sich um andere kümmert, und dabei klare und definitive Grenzen zu ziehen. Es heißt, die richtige Balance zu finden, sich nicht total für andere zu verausgaben und einen bedürftigen Menschen nicht in totale Abhängigkeit von sich allein zu bringen.

Der Anfang

Das Wort »Co-Abhängigkeit« gibt es noch nicht allzu lange. Es handelt sich um ein Konzept in der Behandlung von Alkoholsüchtigen und beschreibt einen Komplex spezieller Verhaltensweisen. Die Anonymen Alkoholiker waren wahrscheinlich die ersten, die dieses Erscheinungsbild erkannten und auf seinen Einfluß auf Familien und Kinder hinwiesen. Alkoholiker oder andere Suchtabhängige bauen sich oft eine ungesunde Beziehung zu ihren Eltern oder zu ihrem Partner/ihrer Partnerin auf. Diese Angehörigen machen den

Abhängigen ihr Suchtverhalten möglich; es sind Co-Abhängige, die, ohne es zu wollen, das Suchtverhalten des Abhängigen fördern. Der Süchtige ist vielleicht abhängig von einem stimmungsaufhellenden Medikament. Sein Komplize kümmert sich um ihn, entschuldigt und unterstützt ihn in seinem Verhalten. Diese Beziehung wird Co-Abhängigkeit genannt. Selbst wenn der Komplize glaubt, nur dafür zu sorgen, daß der Süchtige wieder nüchtern wird oder gerade gehen kann, trägt er mit seinem Verhalten zu einem Gleichgewicht bei, das es dem Süchtigen erlaubt, seinen Mißbrauch fortzusetzen.

Manchmal ist coabhängiges Verhalten sehr auffällig, manchmal zeigt es sich nur an Kleinigkeiten. Zu den offensichtlichen Verhaltensweisen gehört es, in der Firma anzurufen und den verkaterten Trinker bei seinem Chef zu entschuldigen, selbst einen Cocktail oder zwei zu trinken, um dem Alkoholiker Gesellschaft zu leisten, das Vorhandensein jeglichen Problems abstreiten, wenn die Kinder sich über das merkwürdige Verhalten des Süchtigen beschweren. Zu den subtilen Formen von Co-Abhängigkeit gehört vor allen Dingen, das Familienleben in Gang zu halten und das Fehlverhalten des Süchtigen so lange wie möglich zu verbergen, komme, was da wolle. So wird dem Süchtigen die Erkenntnis erspart, daß sein Mißbrauch ein Problem mit ernsthaften Folgen ist, daß er damit diejenigen Menschen verletzt, mit denen er zusammenlebt und die er am meisten liebt.

Der Begriff der Co-Abhängigkeit ist dann auch auf andere Formen exzessiver Fürsorge für andere und extremer emotionaler Abhängigkeit von anderen übertragen worden. In einer komplexen Beziehung ist es oft schwierig zu entscheiden, wer im echten Sinne großzügig und wer in irgendeiner Form coabhängig ist.

Es war einmal ...

An einem kalten, eisigen Abend fand eine freundliche und sanftmütige Frau auf der Straße vor ihrem Haus eine giftige Schlange. Die Schlange war von einem Auto überfahren worden, war schwer verletzt und halb erfroren. Vorsichtig hob die Frau die Schlange auf, trug sie ins Haus, wärmte sie am Kamin und pflegte sie wieder gesund. Eines Tages, als sie sie gerade mit einer frisch getoasteten und gebutterten Maus fütterte, ließ die Schlange plötzlich ihren Kopf vorschnellen und biß der Frau in die Hand.

»Warum hast du mich nach all der Freundlichkeit, die ich dir erwiesen habe, und nach allem, was ich für dich getan habe, gebissen?« fragte sie, während sie spürte, wie sich das Gift in ihrem Körper ausbreitete.

»Wies-s-s-so überras-s-s-scht dich das-s-s-s s-s-s-so?« fragte die Schlange. »Du wus-s-s-stes-s-s-st doch die ganze Zeit, daß ich eine giftige S-s-s-schlange bin. Du wus-s-s-stes-s-s-st, daß ich gefährlich bin. Es-s-s-s is-s-s-st meine Bes-s-s-stimmung zu beis-s-s-sen.«

Die Frau lag auf dem Boden und zitterte. »Aber ich war so gut zu dir. Ich habe geglaubt, daß du mir nichts tun würdest, daß unsere Beziehung etwas Besonderes sei, daß du mich anders behandeln würdest.«

Die Schlange antwortete nicht. Sie glitt davon, dem Sonnenuntergang entgegen, und ließ die sterbende Frau zurück.

Co-Abhängige vergessen, daß die anderen ihrer Bestimmung, ihrer Natur gehorchen. Einige von ihnen beißen die Hand, die sie füttert. Co-Abhängige wiegen sich in einem falschen Gefühl der Sicherheit. Sie wollen sich durch die rauhe Wirklichkeit nicht aus ihrem Konzept bringen lassen. Sie wollen die Reißzähne derjenigen, für die sie sorgen, nicht wahrnehmen.

Co-Abhängige sind so nett. Sie tun alles für andere, ohne selbst offen etwas zu verlangen. Im Geheimen dürsten sie schon nach einer anständigen Belohnung – Diplome der Firma Coabhängig &

Co. KG, die sie sich einrahmen und aufhängen können –, aber im übrigen reicht ihnen die ewige Hoffnung, daß ihr Partner sich eines Tages ändern und ihre Bemühungen schließlich anerkennen wird.

Co-Abhängige haben Angst, andere vor den Kopf zu stoßen; deshalb setzen sie nie klare Grenzen. Sie sagen niemals nein, hauen niemals auf die Pauke, beklagen sich niemals. Sie hassen jeden Streit. Sie sind immer hilfsbereit und willens, mehr zu tun, als sie eigentlich müssen. Sie nehmen fröhlich für alles die Schuld auf sich und sind so verantwortungsbewußt, daß sie nachts über den Problemen anderer nicht schlafen können. Sie merken nur selten, daß sie mit ihren Machenschaften in Wirklichkeit die anderen beherrschen wollen, dafür sorgen wollen, daß die Dinge nach ihren Vorstellungen laufen. Es heißt, daß Co-Abhängige so im Leben ihrer Partner aufgehen, daß sie in dem Augenblick vor ihrem Tod nicht ihr eigenes, sondern das Leben ihres Partners noch einmal vor sich ablaufen sehen.

Manche Co-Abhängige sind auch weniger freundlich. Sie leiden, sie nörgeln und jammern, daß sie kein eigenes Leben haben. Niemand dankt ihnen genug für ihren Schmerz und ihr Märtyrertum. Sie kommen sich vor wie vergessene Opfer, die andere retten, aber selbst nicht gerettet werden. Sie nehmen es persönlich übel, daß nichts und niemand in ihrer Umgebung sich ändert und daß alle fröhlicher sind als sie selbst.

Jede Co-Abhängigkeit fängt damit an, daß man hilft, um irgendeine Situation zu retten. Dann erfolgt der Übergang von dem, was wirklich hilfreich ist, zum Zuviel und Zulang. Schließlich reicht das Spektrum kontinuierlich von ausgeprägtem Mitleid und Großzügigkeit bis hin zu Herrschsucht und Narzißmus.

Co-Abhängigkeit entfaltet sich oft in Familien, in denen man die Kinder nicht erwachsen werden läßt. Übereifrige Eltern scheuen sich oft, die Nabelschnur durchzuschneiden, die Zügel locker zu lassen. Sie überhäufen das Kind mit viel mehr Hilfe, als es benötigt. Zwangsernähren es mit Rat, Hilfe und Aufmerksamkeit. Sie schleppen auch ihre größeren Kinder noch umher, als wenn es Säuglinge wären, selbst wenn diese Kinder inzwischen schwerer sind als sie selbst. Sie bringen es nicht einmal fertig, ihre Kinder eigene Entscheidungen treffen zu lassen, wenn diese selbst schon alt, grau und erfahren sind. Damit sie auf ewig Eltern bleiben können, versuchen sie, ihre Kinder abhängig zu halten und an ihr Zuhause zu fesseln.

Co-Abhängigkeit gedeiht, wo Kinder dazu angehalten und dafür belohnt werden, sich um die Bedürfnisse aller anderen, nur nicht um ihre eigenen zu kümmern. Vor allem den Mädchen war es früher bestimmt, kleine Superhelferinnen zu werden und sich eines Intensivtrainings für Co-Abhängigkeit zu unterziehen. Das hielt man für notwendig, wenn ein Mädchen eine gute Ehefrau und Mutter werden sollte.

Heute kann sich jeder an der Hochschule für Co-Abhängigkeit einschreiben. Es gibt Kurse für Selbstverleugnung (101), eine Einführung in Hartnäckigkeit (102), Leben mit Schmerz (301), totale Verfügbarkeit (302), Rettungskunde (402), Märtyrertum für Fortgeschrittene (403). Die Absolventen und Absolventinnen sind weithin bekannt als Helden der guten Tat. Sie tragen auf ihren zarten, aber bereitwilligen Schultern die Probleme aller anderen, ob sie nun größer oder kleiner sind als sie selbst.

Die Gegenwart

Die Absolventen der Hochschule für Co-Abhängigkeit lachen nicht. Sie nehmen sich selbst außerordentlich ernst. Wir haben einige der Thesen zusammengestellt, die sie sich selbst im Dunkel der Nacht und anderen in der Hitze des Tages vorbeten. Die Co-Abhängigen glauben an diese Thesen; ihr Leben besteht darin, sie wahr werden zu lassen.

1. Wenn ich gut genug zu dir bin, wirst du aufhören zu trinken, Hasch zu rauchen, zu toben, untreu zu sein. Bis es soweit ist, ist deine Angewohnheit mein Problem und meine fixe Idee.

2. Du bist das Problem; ich bin die einzige Lösung. Du kannst es ohne mich unmöglich schaffen.

3. Ich bin der gute Mensch – edel, großzügig und ehrenwert. Ich bin für dich da, ganz gleich, ob du es willst oder nicht. Du bist der schlechte Mensch.

4. Was als eine kleine Hilfestellung begann, ist zu meiner Lebensaufgabe geworden. Jetzt fühle ich mich nur noch richtig wohl, wenn deine Bedürfnisse mich völlig auslaugen.

5. Ich bin für alle Zeiten dein Vater/deine Mutter. Du bleibst auf ewig mein Kind. Ich weiß immer, was das Beste für dich ist. Auch nach meinem Tode werde ich dich noch als dein bester und kritischer Vater/als deine beste und kritische Mutter verfolgen.

6. Dein Wohlbefinden ist mein Beruf. Wenn du wieder ganz hergestellt bist, bin ich arbeitslos. Dann muß ich jemand anderen finden, um dessen Leben ich mich kümmern kann.

7. Ich bin unersetzlich. Nach allem, was ich für dich getan habe, mußt du für immer bei mir bleiben.

8. Du kannst nie wieder gutmachen, was du mir schuldest. Ich werde dich an jedem Tag deines Lebens an deine Schulden erinnern.

9. Ich werde dich nie zurückweisen, damit du mich auch nie zurückweisen wirst.

10. Du solltest für mich das tun, was ich für dich tue.

11. Wenn irgend etwas nicht getan wird, was getan werden muß, springe ich sofort ein und kümmere mich darum. Ich kann nicht ertragen, wenn irgend etwas außer Kontrolle gerät oder wenn sich andere darum kümmern.

Es war einmal ...

Georges alter Großvater zog sich eine Lungenentzündung zu und mußte für zwei Wochen ins Krankenhaus. George verfiel auf die Idee, sich während dieser Zeit um seine alte Großmutter zu kümmern. Sie war nach einem ausgeglichenen, von Liebe erfülltem Leben, das sie siebenundvierzig Jahre lang an der Seite ihres Mannes gelebt hatte, immer noch geistig rege und körperlich leistungsfähig. George, insgeheim ein Mitabhängiger, stürzte sich mit Verve und Elan auf seine neue Verantwortung, ohne indes ein einziges Mal zu fragen, auf welche Weise er am meisten helfen könne. Jeden Morgen auf dem Weg zur Arbeit schaute er einmal kurz bei seiner Großmutter herein. Im Laufe des Tages rief er drei- oder viermal an. Von der Arbeit eilte er heim, um sie ins Krankenhaus zu bringen, obwohl sie genauso gerne selbst gefahren wäre. Er kochte ihr die Abendmahlzeit, obwohl sie es zufrieden war, selbst zu kochen. Er fühlte sich hervorragend. Sie kam sich vor wie erstickt.

Nachdem sie sich eine Woche lang hatte bemuttern und wie eine bedürftige, dumme Dreijährige behandeln lassen, teilte Georges Großmutter ihm mit, daß sie seine Anteilnahme zu schätzen wisse, daß er aber dabei sei, sie zu einer abhängigen alten Frau zu machen. Sie bat ihn, sie einfach in Ruhe zu lassen, es sei denn, sie würde ausdrücklich um etwas bitten. George war am Boden zerstört. Er hatte sich eine Woche lang benötigt, nützlich, großzügig und großherzig vorkommen können. Er versuchte, sie davon zu überzeugen, daß sie ohne ihn nicht zurechtkäme, aber das gelang ihm nicht. Glücklicherweise verfügte seine Großmutter noch über einen klaren Verstand und begriff, was vor sich ging. George hatte Glück. Andere hätten alles genommen, was George zu bieten hatte, und darüber hinaus noch mehr.

George benötigte mehr als einen Tag, um zu begreifen, daß seine Großmutter durchaus nicht von ihm abhängig zu sein brauchte. Er war es, der das Gefühl brauchte, gebraucht zu werden;

deshalb hatte es ihn geschockt, als sie ihn fortschickte. Er war auf dem Wege, von ihr abhängig zu werden, und blind für ihre Kraft. Er begriff, daß er eigentlich einsam war und nach einer Beziehung suchte, daß er sich andere Ventile für seine Großzügigkeit und sein Verlangen, andere zu bemuttern, suchen mußte. Er würde es sich zu einfach machen, wenn er sich jetzt endgültig auf den Pfad der Mitabhängigkeit begab und nach anderen willigen Opfern Ausschau hielt.

So wie bei George und seiner Großmutter kann die Co-Abhängigkeit von einem einfachen Akt der Großzügigkeit ihren Anfang nehmen und sich zu einem Komplex von Beherrschung und selbstzerstörerischer Bemutterung ausweiten. Es ist oft schwer festzustellen, wo wir die Grenze zwischen schlichtem Geben und dem komplizierten Geflecht der Co-Abhängigkeit überschreiten. Glücklicherweise kam George noch einmal davon, anders als so viele andere Co-Abhängige, die an einer starren Vision davon festhalten, wie ihre Beziehungen zu anderen beschaffen sein sollten. Wie Kinder sind sie oft besitzergreifend, eifersüchtig und können nicht loslassen. Wie übereifrige Eltern haben sie Angst, daß sich ihre Beziehungen zu anderen ändern, sobald sie in ihren Anstrengungen auch nur ein wenig nachlassen. Und damit haben sie zweifellos recht.

Die in den helfenden und pflegenden Berufen tätigen Menschen bedürfen einer besonderen Sensibilität für die ersten Anzeichen schleichender Co-Abhängigkeit. Sozialarbeiter/innen, Lehrer/innen, Berater/innen, Krankenschwestern und -pfleger, Erzieherinnen, Kranken- und Altenpfleger/innen und Hausfrauen sind normalerweise unterbezahlt und überarbeitet. Sie sind für Erschöpfungssyndrome besonders anfällig. Alle, die für andere sorgen, müssen sich vor Ärger und Zorn, vor Erschöpfung und Depression in acht nehmen. Gerade Menschen, die sich um andere kümmern, benötigen jemanden, der sich um sie kümmert.

Einige Absolventen und Absolventinnen der Hochschule für

Co-Abhängigkeit haben ihr Studium an anderen Institutionen weitergeführt, haben gelernt, ihr früheres Co-Abhängigkeitstraining in Frage zu stellen, und die angelernten Verhaltensweisen wieder abgelegt. Sie tun, was getan werden muß, und geben gleichzeitig auf sich selbst acht. Sie verlassen ihr Reservat, in dem sie es sich so gemütlich gemacht hatten, und stellen sich (manchmal auf heldenhafte Weise) unerwarteten Situationen. Sie sind in der Lage, sich wie Erwachsene zu benehmen, und erwarten das gleiche Benehmen auch von anderen. Sie wissen, wie man liebt und gleichzeitig Grenzen berücksichtigt. Sie stellen sich den Herausforderungen des Lebens und machen ihre Sache so gut, wie es ihnen die Umstände gestatten. Sie wissen, daß wir alle voneinander abhängig sind. Wir alle sind darauf angewiesen, auf unserem Weg viel Hilfe zu geben und viel Hilfe zu nehmen.

Wir alle sind zeitweilig Co-Abhängige; wir alle sehnen uns nach gesunden Beziehungen. Eine gesunde Beziehung ist eine schöne Sache. Von seltenen Gelegenheiten abgesehen verletzt sie uns nicht. Sie befindet sich nicht immer in einem Krisenzustand und verursacht keinen übermäßigen Streß und auch keine Magengeschwüre. Die Partner einer solchen Beziehung akzeptieren, daß jeder manchmal das Bedürfnis hat, den anderen besonders zu umsorgen oder selbst besonders umsorgt zu werden. Sie wollen beide nicht aus dem anderen etwas ganz anderes machen. Sie sind rücksichtsvoll, respektieren einander und lieben sich. Sie erwarten nicht, daß das Leben oder der andere Partner vollkommen sind. Sie sind nicht auf der Suche nach Schuldigen. Wie es ein Erwachsener sein sollte, übernehmen sie die Verantwortung für das, was sie tun, und sind für neue Erfahrungen offen, für neue Freunde und neue Möglichkeiten, ihre Aufgaben zu erfüllen. Sie fördern die Einzigartigkeit, die Kreativität und das Wachstum anderer. Sie ändern sich und passen sich neuen Situationen an. Sie versuchen, zusammen zurechtzukommen. Sie haben Vertrauen. Das Sichzurückziehen, das Alleinsein wird von ihnen erlaubt und respektiert. Sie sind voneinander abhängig. Sie sprechen miteinander. Sie hören zu. Sie lachen.

Das Ziel

Stellen Sie den Begriff der Co-Abhängigkeit in Frage. Unterscheiden Sie notwendige von nicht notwendiger Co-Abhängigkeit. Lassen Sie sich von diesem Schlagwort nicht davon abhalten, freundlich und großzügig zu sein.

Beobachten Sie einmal, auf welche Art und Weise Sie geben. Experimentieren Sie mit neuen, phantasievollen Möglichkeiten, zu geben oder nicht zu geben.

Helfen Sie weiterhin anderen Menschen. Behalten Sie Ihr Mitgefühl bei, vertiefen Sie es noch. Seien Sie anderen nützlich. Respektieren Sie liebevolle Freundlichkeit bei sich selbst und bei anderen. Verlieren Sie Ihre eigenen Bedürfnisse nicht aus den Augen.

Um gefährliche Co-Abhängigkeit zu vermeiden, halten Sie sich an die folgenden Regeln:

Geben Sie nicht, bis es weh tut, es sei denn, es wäre absolut notwendig.

Ziehen Sie klare Grenzen und Schlußstriche.

Nehmen Sie keine giftigen S-s-s-schlangen auf.

Arbeiten Sie nicht härter als alle anderen.

Versuchen Sie nicht, einen anderen Menschen zu ändern.

Knüpfen Sie Beziehungen zu Menschen an, die Ihre Unterstützung und Hilfe nicht bedürfen.

Leiden Sie nie mehr, als Sie müssen.

Suchen Sie gesunde Beziehungen und gegenseitige Abhängigkeit.

Übungen

Wenn es sich bei Ihnen um den perfekten Co-Abhängigen handelt, halten Sie inne. »Sag einfach nein.« Das wird Ihre Kinder, Ihre Partner, Ihre Freundinnen und Freunde überraschen und frustrieren. Aber freundliche Absagen können Ihren Klienten durchaus nützlich sein, deren Unabhängigkeit stärken, deren Selbstzufriedenheit und Kreativität.

Prüfen Sie, ob Sie ein Kind geblieben sind, um Ihren Eltern oder Ihrem Partner weiterhin die Möglichkeit zu geben, ihre Erfüllung darin zu finden, Sie, das Kind, großzuziehen. Nehmen Sie diesen Punkt vor allem ernst, falls Sie über dreißig sind. Überraschen und enttäuschen Sie alle. Werden Sie erwachsen.

Hilfreiche Hinweise:

1. Treten Sie ein Stück zurück. Stehen Sie nicht immer im Zentrum und arrangieren alles. Lassen Sie auch andere in die Mitte.

2. Tun Sie jedesmal, wenn Sie etwas für einen anderen tun, auch etwas für sich selbst.

3. Lassen Sie sich von niemandem körperlich oder mit Worten beleidigen.

4. Versuchen Sie, nicht alles alleine zu entscheiden. Ziehen Sie auch andere zu Rate.

5. Lassen Sie sich von jemandem die Schulter massieren. Entwickeln Sie ein Gefühl dafür, wie breit Ihre Schultern tatsächlich sind. Wieviel können Sie sich realistischerweise derzeit aufbürden?

6. Stellen Sie sich selbst die Frage: »Wessen Problem ist das eigentlich? Wer ist es eigentlich, der hier etwas anders machen muß?«

7. Sehen Sie sich einmal Ihre Stellenbeschreibung an. Es gehört nicht zu Ihren Aufgaben, alle und jeden von unverantwortlichem Benehmen zu befreien.

8. Ziehen Sie klare Grenzen. Seien Sie besonnen. Sagen Sie, was Sie meinen, und meinen Sie, was Sie sagen.

9. Belügen Sie weder sich selbst noch andere. Lassen Sie sich von niemandem belügen.

10. Finanzieren oder unterstützen Sie niemandes Abhängigkeit.

11. Lassen Sie sich von niemandem den Tag verderben. Dazu ist das Leben zu kurz.

12. Suchen Sie ständig nach neuen Wegen, um sich gebraucht, wichtig, unersetzlich und lebendig zu fühlen.

Bestärkungen

Ich kann viel geben, ohne dabei coabhängig zu sein.

Für mich ist eine S-s-s-schlange eine S-s-s-schlange. Ich erwarte keine Wunder.

Ich sorge ebensogut für mich, wie ich für dich sorge.

Ich kann mir auch selbst gönnen, was ich anderen gebe.

Ich kann unabhängig sein und dir gestatten, unabhängig von mir zu sein.

Ich kann mich für gegenseitige Abhängigkeit entscheiden.

Ich entscheide, ob ich coabhängig bin oder nicht.

Ich gebe und nehme, also bin ich.

12

Alles unter Kontrolle?

Der Mythos

Ich muß in meiner Welt immer alles unter Kontrolle haben, sonst werden schreckliche Dinge geschehen.

Die Wahrheit

Sie haben in Ihrer Welt nicht alles unter Kontrolle, und Sie hatten es nie. Sie werden es auch nie haben. Niemand hat das, und niemand wird es je haben. Vergessen Sie es. Sie haben ja kaum Ihren eigenen Wecker unter Kontrolle. Das Leben und die ganze Welt sind unberechenbar und ein einziges Durcheinander. Kometen kollidieren, Früchte verfaulen, Gewölbe stürzen ein. Sie haben gar nichts unter Kontrolle, und Sie brauchen auch nicht nach irgend jemandem suchen, bei dem es sich anders verhält.

Das Leben ist kein wohlgeordneter Supermarkt, sondern eher wie ein Flohmarkt – wunderbar unordentlich, unfertig, unübersichtlich und unvollkommen. Es ist voller unordentlicher, ausgefranster Enden. Es entzieht sich völlig jeder Kontrolle.

Der Anfang

Wenn Sie ein perfektes Kind waren und die perfekte Kindheit hatten, dann müssen Sie auch perfekte Eltern gehabt haben. Wenn

Sie ein PEKPE sind, ein *p*erfektes *e*rwachsenes *K*ind *p*erfekter *E*ltern, dann hegen Sie zweifellos einige Illusionen, was Kontrolle anbelangt. Es sind Überbleibsel einer lang, lang vergangenen und weit, weit entfernten Welt – der Welt, in der Sie Ihre Kindheit verbrachten.

Wie alle kleinen Kinder machten Sie sich wahrscheinlich Ihre Regeln über die Kontrolle und das Bestimmen selbst. Die kleinkindlichen Eigentumsgesetze sind annähernd universal.

1. Was mir gefällt, gehört mir.
2. Was ich in der Hand habe, gehört mir.
3. Was ich dir wegnehmen kann, gehört mir.
4. Was ich bis vorhin hatte, gehört mir.
5. Was mir gehört, darf nie den Anschein erhalten, dir zu gehören, in welcher Weise auch immer.
6. Wenn ich mit etwas spiele oder etwas baue, dann gehören alle Einzelteile, die dazugehören, mir.
7. Was so aussieht wie etwas von mir, gehört mir.
8. Was ich zuerst sehe, gehört mir.
9. Wenn du mit etwas spielst und es aus der Hand legst, gehört es automatisch mir.
10. Was kaputt ist, gehört dir.

Zu den gewaltigen Enttäuschungen des Großwerdens gehört die Entdeckung, daß nicht alles uns gehört, daß es keinen Nikolaus gibt und daß wir nicht der Befehlshaber des Kosmos sind. Diese letzte Enttäuschung kann aber gleichzeitig eine große Erleichterung sein. Sie bedeutet nämlich auch, daß wir nicht für all die großartigen und all die furchtbaren Dinge verantwortlich sind, die geschehen sind, gerade geschehen und noch geschehen werden. Große und furchtbare Dinge ereigneten sich, und Sie waren noch ein Kind – ein unschuldiger Zeuge oder eine unerfahrene, naive Beteiligte von noch nicht ausgebildeter Urteilskraft. Aber Sie waren nicht die Regisseurin, der Produzent oder die Herrin des Universums.

Die Illusion, daß Sie unsere Welt beherrschen können, hat ihren Ursprung oft in der Kindheit, in einer klar strukturierten, wohlkontrollierten Umgebung, einer makellosen Welt, die von Herrn und Frau Makellos kontrolliert wurde. Wir alle kennen einen Herrn und eine Frau Makellos. Ihr Haus ist keimfrei und steril, genauso ihr Stolz und ihre Freude. Herr und Frau M. sind außerordentlich stolz auf ihre makellosen Bäder und Kinder. Bei ihnen gibt es keine Fußabdrücke auf dem Teppich. Sie lassen keine Unregelmäßigkeit zu, nichts Unerwartetes, nichts, das aus der Reihe tanzt oder nicht an seinem Platze liegt. Alles und jeder um sie herum sind steril, geordnet und mit Deodorant behandelt. Das Sofa bedeckt ein Plastikbezug, und alles ist unter Kontrolle, einschließlich der Kinder.

Herr und Frau Makellos kommen sich sehr rechtschaffen vor. Es ist ihr ganzer Stolz, dem Rest der Welt vollkommen zu erscheinen. Kein Käfer wagt sich je über ihre Schwelle. Keine Staubmilben vermehren sind je unter ihrem Bett. Die Natur ist nicht zugelassen. Die Desinfektionsspritze unterm Arm ruhen sie nie, und niemand kommt in ihrer Umgebung zur Ruhe. Die Stickerei, die an der Wand hängt, verkündet: »Sauberkeit kommt gleich nach Gottgefälligkeit.« Ach ja, und man könnte natürlich vom Fußboden essen, wenn einem der Sinn danach stände.

Herr und Frau M. haben tausend Wege ersonnen, um ihr Leben im Kleinen zu beherrschen. Dadurch, daß sie in der körperlichen Welt alles ausrotten, was da kreucht und fleucht, können sie verhindern, daß die kleinen Krabbeltiere in ihrer Beziehung oder in ihrer Psyche sie stechen und beißen. Ihr fanatischer Kampf gegen Schmutz und Unordnung bewahrt sie davor, wahrnehmen zu müssen, daß ihre Ehe bestenfalls fleckig ist, vielleicht aber auch unordentlich wie ein ungemachtes Bett oder schal wie Kaffee vom Vortag. Sie sind stets höchst wachsam, immer auf der Suche nach häßlichen Unvollkommenheiten bei anderen, und niemand ist ihnen je vollkommen genug, auch nicht ihre Kinder. Sie bringen es nicht fertig, die Welt hinzunehmen, so wie sie ist – schmutzig, unordentlich, ungebärdig, lebendig. Also arbeiten sie unermüdlich an einer schönen neuen Welt, die himmlisch ist, makellos, durchorganisiert und tot.

Leider ist dies keine schöne neue Welt für die Kinder der Familie Makellos, die einen hohen Preis für die Ängste und fixen Ideen ihrer Eltern zu zahlen haben. Sie werden einem übergenauen Toilettentraining unterzogen. Ihre Fingernägel und Ohren werden täglich überprüft, ihre Haut wird geschrubbt, bis sie glänzt.

In der Welt der Familie Makellos, in der das Lernen nach eigener Erfahrung, in der Mißgeschicke nicht zugelassen sind, dürfen die Kinder keine Kinder sein. Sie müssen sehr schnell erwachsen werden und lernen, wo ihr Platz in der Ordnung der Dinge ist. Man nimmt ihnen um akkurat gemachter Betten willen ihre unordentliche Individualität. »Ein Speiserest auf den Tellern, und du spülst sie alle noch einmal.« »Ein schmutziges Wort, und ich wasche dir den Mund mit Seife aus.« »Wenn ihr hier Unordnung stiftet, wird es euch noch leid tun.« Die Kinder der Familie Makellos wissen, daß sie für Unordnung und Ungehorsam bestraft werden, und deshalb werden schließlich auch sie nervös, höchst wachsam, unnatürlich sauber und kritisch. Sie wissen, daß das Unbändige, Menschliche, das Unvollkommene an und in ihnen und allen anderen im Hause Makellos nicht geduldet wird.

Der einzige Trost: Es ist gar nicht so einfach, die Vitalität und den Geist eines Kindes zu zerstören. Es wird Nischen finden, in denen es seine jugendliche Energie ausleben kann, und kreative Möglichkeiten, alle Kontrollen zu unterlaufen. Wenn es außer Haus ist, tobt es sich aus, ist tranig, empfindungslos oder dreht komplett durch. Oft will es über kleinere Geschwister oder Haustiere bestimmen oder diese sogar terrorisieren, um einmal selbst das Gefühl zu haben, über Macht zu verfügen, über irgend jemanden die Kontrolle zu haben. Sie wissen, wie das geht; wir haben es alle selbst getan.

Der Gegensatz von Herrn und Frau Makellos am anderen Ende der Straße gegenüber ist die Familie Chaos, die dort in wilder Unordnung haust. Manchmal ergießt sich ihre Unordnung aus dem Haus heraus bis in den Vorgarten, manchmal bleibt sie hinter verschlossenen Türen den Blicken der Nachbarn verborgen. Bei Familie Chaos sind alle zu Hause, aber niemand ist wirklich da. Niemand bestimmt. Niemand bestimmt den Kurs, niemand schmeißt den Laden.

Die Kinder der Familie Chaos, die das Gefühl haben, hilflos auf hoher See zu treiben, ersehnen nichts so sehr wie jemanden, der das Ruder in die Hand nimmt, der jedem einen sicheren Platz zuweist, der organisiert und bestimmt. Aber aus welchem Grund auch immer scheinen Herr und Frau C. nicht einmal ihre eigene Unordnung beseitigen zu können, sondern schaffen immer nur neue. Sie sind vielleicht tief innerlich mit anderen Dingen beschäftigt, sind irgendwo auf der Strecke geblieben, krank, unreif, dem Alkohol oder anderen Drogen verfallen. Diese Erwachsenen kommen nicht mit ihrem eigenen Leben zurecht, mit ihren eigenen Schmerzen, ihrer eigenen Schieflage. Sie sind nicht in der Lage, ein Familienleben zu führen. Sie ändern dauern die Regeln, brechen ihre Versprechungen, rufen Krisen hervor. Familie Chaos ist außer Kontrolle geraten.

Weil irgend jemand in der Familie das Ruder in die Hand nehmen muß, damit das Schiff nicht sinkt, werden die Kinder es versuchen. Sie werden einen Steuermann bestellen, die Segel anschlagen, die Decks schrubben und den Ausguck besetzen, damit sie rechtzeitig vor Eisbergen, Wirbelstürmen und Springfluten gewarnt werden. Aber eine Familie ist genau wie ein Schiff zu groß und zu komplex, als daß ein Kind damit fertig werden könnte. Und die Weltmeere sind angsteinflößend und haben ständig neue Überraschungen auf Lager. Während er treu an Deck steht und Ausschau hält, überwältigen den kleinen Matrosen vielleicht Angst und Sorge. Dennoch tut er sein Bestes. Manche kämpfen sich wacker durch, schaffen es, daß die Kleineren zur Schule gehen und ihre Hausarbeiten machen, bringen ein Essen auf den Tisch und selbst dazu noch gute Noten nach Hause. Manche kehren dem Schiff den

Rücken, um Baseball zu spielen oder auf dem Parkplatz nebenan mit dem Wind um die Wette zu rennen.

Es war einmal ...

Patti wuchs in einer chaotischen Familie auf. Ihre Mutter, Frau C., war als Erwachsene nie anders als krank, reizbar, extrem übergewichtig und depressiv gewesen. Keines ihrer vier Kinder, drei Jungen und ein Mädchen, hatte sie wirklich gewollt. Wenn Patti aus der Schule nach Hause kam, lag ihre Mutter im Bett, litt unter ihren Depressionen, und der Frühstückstisch in der Küche war noch nicht abgeräumt. Tag für Tag. Ihre Mutter pflegte dann mißgelaunt aus dem abgedunkelten Schlafzimmer zu kommen und Patti anzuweisen, das Frühstück abzuräumen und das Abendessen zuzubereiten.

Patti war ein gehorsames Kind und durchaus willig zu helfen, aber sie wurde ständig durch die stürmischen Launen ihrer Mutter hin und her gerissen, von Böen des Zorns gebeutelt. Immer wieder versuchte Patti, es ihrer Mutter recht zu machen, aber ständig änderten sich die Regeln. Frau Chaos wollte die Dinge einmal so, das andere Mal so getan haben. Der ständige Zorn ihrer Mutter ließ Patti vermuten, daß sie alles völlig falsch machte. Da sie sich dafür verantwortlich fühlte, versuchte sie nach Kräften, die unberechenbaren Zornausbrüche ihrer Mutter zu verhindern, indem sie sich selbst beherrschte, mucksmäuschenstill war, sich klein machte. Aber nichts half. Sie konnte nicht verstehen, was vor ging. Niemand erklärte ihr je, daß ihre Mutter schon lange vor Pattis Geburt die Kontrolle über sich selbst verloren hatte.

Völlig orientierungslos wünschte Patti sich nichts sehnlicher als irgendeinen festen Anhaltspunkt, irgendeine bescheidene Möglichkeit, auf Kurs zu bleiben. Sie sehnte sich nach Frieden und Freiheit und beneidete ihre Brüder, die draußen im Garten spielten, während sie Möhren schrubbte und versuchte, sich nicht von der rauhen See verschlingen zu lassen. Patti schaffte es nicht, die unkontrollierbaren Mächte ihrer Kindheit unter Kontrolle zu bringen. Sie wuchs auf in Furcht vor ihrer eigenen Unzulänglichkeit und vor jedem Anzeichen von Chaos. Sie richtete sich selbst ihr eigenes Leben so fest, so ordentlich, so sicher und so kontrolliert ein, wie sie es eben konnte. Sie verliebte sich in zornige, unzufriedene Männer und gab diese verkorksten Beziehungen schnell wieder auf. Sie waren zu chaotisch für die makellose Welt, die sich brauchte.

Wenn Sie aus einer Familie Makellos oder Familie Chaos stammen und dafür bestraft worden sind, daß Sie Fehler machten, daß es Ihnen nicht gelang, die leicht erzürnbaren Erwachsenen Ihrer Familie zu leiten, dann haben Sie dies wahrscheinlich sehr persönlich genommen. Und jetzt als Erwachsener sind Sie vielleicht wie Patti, lassen sich von Unordnung in Furcht versetzen oder überwältigen und müssen immer noch darum kämpfen, die Kontrolle über sich selbst, Ihre Welt und die Welt aller anderen zu gewinnen und zu behalten.

Die Gegenwart

Als Erwachsene haben wir viel mehr Gewalt über unser Leben, als wir es als Kinder hatten. Wir haben inzwischen die Autoschlüssel oder Geld für ein Busticket und können das Bad der Familie Makellos oder die Küche der Familie Chaos einfach hinter uns lassen, wie es uns beliebt. Erwachsen zu sein heißt, seine eigenen Regeln und seine eigene Unordnung selbst machen zu können. Wir können selbst entscheiden, ob wir im Regen draußen spielen wollen, erst nach neun Uhr zu Bett gehen, unser Dessert zuerst essen oder die Nacht mit Leuten verbringen, die unsere Eltern verabscheut hätten. Wir können auch für etwas Ordnung sorgen, Grenzen setzen, irgendein System errichten, das uns selbst vor totalem Chaos und einer kompletten Katastrophe bewahrt.

Das Kommando zu übernehmen ist eine glanzvolle Sache. Es ist hilfreich und völlig normal, eine gewisse Kontrolle über unsere Därme, unsere Launen, unsere Scheckkarten, unser Unkraut, unsere Zeit zu haben. Es ist auch nützlich, ein wenig Ordnung in unserem Scheckbuch, unseren Kleiderschränken, unseren Regalen und unseren Tagen zu halten. Aber das Kontrollieren gerät uns außer Kontrolle, wenn wir versuchen, aus einem halbwegs wohlregulierten Leben ein komplett durchstrukturiertes Leben zu machen. Jenseits von Ordentlichkeit und Vernünftigkeit kann das Kontrollieren selbst zu einem Ziel werden. Wir können es auf die Spitze treiben und leiden dann vielleicht unter den sechs extremsten Trugschlüssen.

Extremer Trugschluß Nr. 1: Wir können jede Unordnung in unserem Leben ausmerzen. Wenn wir über das Durcheinander in unserer Küche Herr werden, dann sollten wir auch in der Lage sein, jedes andere Durcheinander in unserer Welt zu beseitigen. Aber ach, unsere Kraft ist immer begrenzt. Unerwartete Überraschungen, Menschen, Ereignisse können jeden Augenblick alles ändern. Wir können uns damit abfinden oder unser Leben darauf verwenden, uns dagegen zu wehren. Wir können flexibel reagieren oder ständig kampfbereit sein, die Überraschung als unsere Gegnerin ansehen, entschlossen, über die volle Distanz zu gehen. Wofür wir uns auch entscheiden – wirklich erwachsen zu sein bedeutet, zu erkennen, daß wir nicht alles regeln können.

Wenn wir vor dem Chaos in unserem Leben Angst haben, vor den großen Dingen, dann versuchen wir uns naturgemäß zu beschwichtigen und möchten wenigstens das regeln, was wir regeln können. Es erleichtert uns, wenn wir wenigstens die kleinen Dinge unter Kontrolle haben – unsere Frisur, die Schublade mit unseren Socken, unseren Schreibtisch, unsere Steuererklärung. Das ist aber auch schon alles, was wir erreichen können. Und manchmal sind sogar die kleinen Dinge unberechenbar.

Extremer Trugschluß Nr. 2: Wir können all unsere engen menschlichen Beziehungen vollkommen kontrollieren. Wir können jemanden dazu bringen, daß er uns liebt, bei uns bleibt, sich um uns kümmert, nach unserer Pfeife tanzt. Wir können ihn führen, trainieren, managen, als Geisel nehmen. Wir können aus dem uns nahestehendsten und liebsten Menschen eine Art menschlichen Bonsai in so einem winzigen glasierten Topf machen.

Manche Menschen können eine Beziehung sich spontan ereignen und mit all ihren Reizen entwickeln lassen; andere haben sehr eng gefaßte Erwartungen und fürchten alles, was sich von allein vollzieht und entwickelt. Wenn sich andere nicht beherrschen lassen, ängstigt uns das. Und allzuoft werden wir immer tyrannischer, je ängstlicher wir werden, und unsere Herrschaftsmechanismen werden immer ausgefeilter, bis sie schließlich Gehirnwäsche, Terror, Ergebenheit und Geheimniskrämerei umfassen.

Die Gehirnwäsche funktioniert. Mißbilligung, Schuldzuweisung, Verurteilung, Entmutigung und noch mehr Schuldzuweisung werden in unserem Partner sicherlich Schuld, Scham und eine schlechte Meinung von sich selbst erzeugen. Das ist die Tyrannei der Negativität.

Der Terrorismus funktioniert. Verbale oder körperliche Übergriffe werden den anderen einschüchtern und klarstellen, wer der Boß ist. Drohungen, Isolation und Bestrafung führen zu Furcht, Selbstzweifeln, zu einer Opferhaltung. Das ist die Tyrannei der rohen Gewalt.

Ergebenheit funktioniert. Anderen alles zu geben, was sie wollen, sich unentbehrlich zu machen, jeden Konflikt und jede Mißbilligung zu vermeiden, führt dazu, daß unser Partner glücklich ist, mit Schuldgefühlen behaftet und uns verpflichtet. Das ist die Tyrannei des Gutseins.

Geheimnistuerei funktioniert. Sich zurückzuziehen, schweigsam zu werden oder ganz zu verschwinden, bringt die anderen zum Schwitzen, weil sie sich fragen, was wir wirklich wollen und was sie falsch gemacht haben. Sich anderen sexuell, emotional oder körperlich zu widersetzen, kann schließlich jeden dazu bringen, nach ein paar Krumen von Anerkennung oder Wertschätzung zu betteln. Das ist die Tyrannei des Schweigens.

Tyrannei ist sehr effektiv und funktioniert kurz-, manchmal auch langfristig. Sie hinterläßt überall Wracks und Ruinen. Sie kann denjenigen zerstören, der nicht der Tyrantosaurus ist. Tyrannei ist die Maske der Furcht, das Gegenteil der Liebe. Sie beherrscht diejenigen, die wir am meisten lieben, und macht sie zu Feinden.

Extremer Trugschluß Nr. 3: Wir wissen, was für alle um uns herum das Beste ist, und müssen sie zu ihrem Besten beherrschen. Andere wissen kaum zu schätzen, wie sehr wir uns um sie sorgen und welche Anstrengung wir darauf verwenden, ihr Leben zu managen. Sie betrachten uns vielleicht als herrschsüchtig, als Nervensägen, Nörglerinnen oder Diktatoren. Es mißfällt ihnen wahrscheinlich, daß wir sie behandeln wie Kinder, daß sie ihre Dinge in Ordnung bringen müssen, daß sie ihr Leben so leben sollen, wie wir es für gut erachten.

Wir werden uns in schwere Machtkämpfe verstricken, wenn wir andere Erwachsene davon zu überzeugen versuchen, unsere Werte und Regeln genauso zu ehren, ihnen zu gehorchen und sie zu lieben, wie wir es selbst tun. Wie wenig feinfühlig von ihnen, nicht zu begreifen, daß wir nur wollen, was für sie richtig und das Beste ist. Dies ist die einsame und undankbare Situation derer, die sich verpflichtet fühlen, für alle anderen das Kommando zu übernehmen.

Extremer Trugschluß Nr. 4: Wir sollten unseren Körper völlig in der Gewalt haben. Wir sollten niemals schlapp sein, krank werden oder zunehmen. Keine Keime oder Viren, keine Säcke oder Falten, keine Wölbungen an falscher Stelle oder Extrapfunde erlaubt. Unser Körper sollte unserem Geist gehorchen.

Wir haben tatsächlich eine gewisse Kontrolle über unser äußeres Erscheinungsbild und können wie Hollywood die Illusion von

Jugend, Gesundheit und Unsterblichkeit schaffen. Wir können unser Haar färben, unser Gesicht liften lassen, den Bauch einziehen, uns Haar transplantieren lassen, Fett absaugen. Aber damit ändern wir nur äußerliche Kleinigkeiten. An den wichtigen Dingen, die sich im Körper abspielen, ändern wir nichts. Wir werden weiterhin krank. Unsere Körper ändern sich. Die Chemie ändert sich. Uns stoßen Unfälle zu. All das entzieht sich unserer Kontrolle. Wir sind nur Mitarbeiter, was unser körperliches Wohlbefinden anbelangt. Wir teilen die Verantwortung dafür mit unseren Genen, unserer persönlichen Geschichte, unserer Empfindlichkeit, unserem Immunsystem und mit Frau Fortuna.

Die meisten von uns sind dankbar, daß sie nicht das Kommando über Milz und Hypophyse haben. Wie schön, daß wir darauf vertrauen können, daß unsere Lungen und Nieren ihre Arbeit verrichten. Unser Körper besitzt seinen eigenen Geist und weiß viel mehr über seine Funktionen als wir.

Extremer Trugschluß Nr. 5: Wenn wir wirklich alles vollkommen unter Kontrolle hätten, würden wir nicht mehr alt werden oder sterben. Wir würden für immer jung, kräftig, fruchtbar und stark bleiben. Wir wären unsterblich.

Als junge Hüpfer können wir uns nicht vorstellen, daß wir einmal über dreißig sein werden. Und dann wachen wir eines Morgens auf und stellen erschrocken fest, daß wir mehr und mehr unseren Eltern und Großeltern ähnlich sehen. Unsere Ärztinnen, Polizisten, Politikerinnen und unsere Chefs sind plötzlich jünger als wir. Wir sind gealtert. All unsere Kontrolle hat es nicht verhindert!

Wenn wir nicht vorher sterben, werden wir alt werden. Wir werden dreißig sein, vierzig, fünfzig, mehr als sechzig und entdecken, daß das Altern auch seine Vorteile und Überraschungen bereithält. Es ist auf jeden Fall besser als die andere Alternative. Unsere letzten Jahre können der kostbarste Abschnitt unseres Lebens sein. Wir können es uns erlauben, frei und schwierig zu sein. Unsere Falten zeigen an, daß wir mancherorts gewesen sind, daß wir allerhand wissen. Unser Rhythmus erlaubt uns, das Tempo zu drosseln und alle Jahreszeiten zu genießen. Der Frühling unseres Lebens wird nicht ewig anhalten. Der Herbst wird kommen. Und auch der Winter. Wir werden sterben. Das ist vollkommen in Ordnung.

Sterben ist keine Frage der Kontrolle, sondern der Sterblichkeit. Wir können lediglich die Qualität unseres Lebens von jetzt an bis zu dessen Ende beeinflussen. Satchel Paige sagte: »Wenn ich gewußt hätte, daß ich so lange lebe, dann hätte ich besser auf mich acht gegeben.« Der Tod ruft uns wie nichts anderes in Erinnerung, daß nichts ewig dauert und daß wir nicht das Kommando haben.

Extremer Trugschluß Nr. 6: Ich müßte gottähnliche Macht haben. Ich müßte eigentlich in der Lage sein, alles zu richten, das nicht funktioniert – persönlich, sozial, politisch, universal. Ich sollte eigentlich in der Lage sein, die Zukunft vorherzusagen, das Auf und Ab der Aktienmärkte genau vorauszusagen und jeglichen Mißerfolg zu vermeiden. Dieser Trugschluß führt zu endloser Enttäuschung, Bitterkeit und tiefem Schamgefühl.

Die Kontrolle über das Universum würde wahrscheinlich funktionieren, wenn Sie Gott wären. Aber Gottähnlichkeit heißt nicht, Gott zu sein. Noch nicht einmal annähernd. Finden wir uns damit ab: Der jedem von uns gegebene Funken göttlicher Macht hat enge Grenzen. Wenn es uns um Ordnung zu tun ist und wir das Gefühl haben, etwas tun zu müssen, dann können wir letzten Endes nur unsere eigene winzige Ecke des Planeten abstauben. Wir sind keine Übermenschen. Wir können nur hilflos dastehen und zuschauen, wie das Universum außer Kontrolle gerät, wie unsichtbare schwarze Löcher entstehen, Meteore einschlagen, Ozonschichten zusammenschrumpfen. Mit der Zeit gewöhnen wir uns an die Einschätzung, daß wir nur ein unbedeutendes Fitzelchen kosmischen Staubes im unendlichen Chaos sind.

Die extreme Wahrheit: Früher war die Kontrolle des Kosmos aufgeteilt. Gott hatte das Kommando über das Universum. Die Männer herrschten über das Geschäft, das Geld und alles andere in der unfreundlichen Welt, in der man ums Überleben zu kämpfen hatte. Die Frauen herrschten über Haus, Nahrung und Kinder in der hektischen Welt, die den Nachschub produzierte. Heutzutage ist die Gewaltenteilung nicht mehr so klar, und niemand scheint mehr irgend etwas völlig zu beherrschen.

Das Ziel

Lockern Sie Ihren Griff um die Hebel der Macht. Wenn das Kontrollieren die Kontrolle über Sie gewinnt, geben Sie es zu, und sei es nur sich selbst in aller Stille und am frühen Morgen. Und dann tun Sie etwas dagegen.

Finden Sie heraus, was Sie wirklich kontrollieren können, was Sie beeinflussen können, worauf Sie nicht einwirken können und was Sie überhaupt nichts angeht.

Überdenken Sie Ihre unrealistischen Erwartungen. Sie sind die Wegweiser zu Enttäuschung, Frustration und Zorn.

Wenn Ihnen die Frage zu schaffen macht, wer das Sagen hat, dann lassen Sie sich durch den Kopf gehen, was Ihnen Ihre Grundschullehrerin beigebracht hat. Lernen Sie, auch andere zum Zuge kommen zu lassen. Überlassen Sie anderen auch etwas. Es wird den anderen gefallen.

Beachten Sie, daß das Universum schon recht ordentlich funktionierte, bevor Sie auf die Welt kamen, und daß es wahrscheinlich auch ordentlich funktionieren wird, nachdem Sie abgetreten sind – nicht perfekt zwar, aber recht ordentlich. Sie brauchen in Wahrheit gar nicht Gott zu sein. Der Job ist schon vergeben.

Übungen

Freunden Sie sich mit dem Gedanken an, daß die Dinge manchmal außer Kontrolle geraten. Schwimmen Sie einfach mit den anderen. Fahren Sie mit der Achterbahn. Lassen Sie mal andere fahren. Genießen Sie Ihren Orgasmus. Schaffen Sie sich eine Katze an. Machen Sie ein Kind. All das wird Sie zu der Einsicht bringen, wie wenig Kontrolle Sie in Wahrheit ausüben. Nehmen Sie die Dinge leichter. Spielen Sie mal wieder, entdecken Sie ihren Humor, seien Sie ein Clown. Freuen Sie sich über Babys und Seifenblasen. Lachen Sie über sich selbst. Es gibt genügend außerordentlich ernsthafte Menschen, die versuchen, die Welt zu kontrollieren.

Seien Sie mal schmutzig. Verbannen Sie nicht alles Schmuddelige aus Ihrem Leben. Ertragen Sie, was natürlich ist. Freunden Sie sich mit Ihren Macken, Ihrer Verlegenheit, Ihrer Unordnung an. Bewundern Sie einen Augenblick lang das spontane wissenschaftliche Experiment in den Plastikschüsseln in Ihrem Kühlschrank. Keine Panik. Es lebt und wächst. Es ist ein Wunder.

Die Natur zeigt uns, wie es geht. Die Blätter wissen, wann und wie sie abfallen, den Boden bedecken, sich in Kompost verwandeln müssen. Die Natur erzeugt ein einziges Durcheinander. Gehen Sie in die Wälder – die ungestriegelten, zerzausten, ungekämmten, nicht domestizierten, wilden, schockierenden Wälder.

Nehmen Sie Ihre gottgegebenen Grenzen an. Davon gibt es Millionen. Hüten Sie Ihre enorme Fähigkeit, Fehler zu machen, große und kleine.

Suchen oder machen Sie sich Ihre eigenen Schutzheiligen der Unvollkommenheit: Sankt-Ei-Im-Gesicht, der Heilige der verlorenen Autoschlüssel, die Heilige der kurzfristigen Gedächtnislücken, die Heilige der verpaßten Autobahnabfahrten. Weisen Sie ihnen ihren Platz zu, so daß Sie sie jeden Tag sehen können. Sie werden Sie daran erinnern, daß es ganz in Ordnung ist, wie Sie durch Ihr leicht außer Kontrolle geratenes Leben brummen.

Machen Sie Ihre Selbstachtung nicht davon abhängig, wie gut es die anderen machen. Es gibt kein Kind, keinen Partner, kein Elternteil, keinen Mitarbeiter, keine Freundin, keinen Landsmann, den Sie kontrollieren und lenken können. Daher brauchen Sie sich auch nicht zu schämen und unzulänglich zu fühlen wegen der Millionen Entscheidungen oder Fehlentscheidungen, die all diese Menschen in ihrem Leben treffen. Sie sind nicht verantwortlich dafür, Sie haben keine Gewalt darüber, und Sie brauchen sich auch nicht darüber aufzuregen oder daran herumzunörgeln. Die anderen sind selbst verantwortlich für ihr Leben; Sie sind verantwortlich für das Ihre. Wenn Sie unbedingt etwas kontrollieren wollen, dann organisieren und dominieren Sie etwas, das Ihnen nachher nicht dafür böse ist.

Schauen Sie sich eine Wiederholung aus der Serie *M*A*S*H* an. Der Sanitäter Adlerauge und die anderen können nicht viel tun, um die Verwundeten zu retten, die in ihr Feldlazarett eingeliefert werden. Sie tun, was sie können, fachkundig, mit Humor und Mut, aber sie sind keine Götter, und sie können nicht alles heilen. Manche ihrer Patienten retten sie, und andere verlieren sie. So ist es auch bei uns.

Bei den Anonymen Alkoholikern sagt man: »Lassen wir es gut sein. Möge Gott ...« Die Anonymen Alkoholiker sind hilfreich für jede Art von Kontrollproblem. Sie sind Experten. Die Treffen sind freundlich und kostenlos.

Bestärkungen

Ich kann die Wahnvorstellung von meiner Machtvollkommenheit aufgeben.
Ich bin außer Kontrolle, und das ist gut so.
Ich bin mehr als der Unfug, den ich anrichte.
Ich bin mehr als der Unfug, den du machst.

Ich kann Einfluß nehmen, Wirkungen hervorrufen und einen Beitrag leisten, aber ich habe keine vollständige Kontrolle über die Ergebnisse.

Ich bin in der Lage, Dinge ihrer eigenen Entwicklung zu überlassen.

Ich bin sowohl makellos als auch chaotisch, und das ist noch lange nicht alles, was ich bin.

Ich bin älter, als ich es gestern war. Und morgen werde ich noch älter sein.

Ich kann in Würde alt werden.

Ich kann auch andere etwas bestimmen lassen. Ich mache aus Bäumen Bonsais, nicht aus Menschen.

Ich sorge für dich, aber ich brauche nicht über dich zu bestimmen.

Ich unterstütze dich, ohne es nötig zu haben, an dir herumzubasteln.

Ich habe nicht das Kommando, also bin ich.

13

Veränderung ist gefährlich! – ?

Der Mythos

Veränderung ist gefährlich und muß vermieden werden.

Die Wahrheit

Veränderung und Wandel können als gefährlich wahrgenommen werden, lassen sich aber nicht vermeiden.

Änderungen erfolgen unweigerlich, ganz gleich, ob wir darauf gefaßt sind oder nicht. Manchmal führen wir sie auch herbei. Wir entscheiden uns zu heiraten, ein Haus zu kaufen, Urlaub zu machen, einen Hund anzuschaffen. Manchmal stellen sich die Änderungen einfach ein. Das Dach wird leck, der Liebhaber macht sich davon, Sie gewinnen im Lotto, aus Ihrem Zittern wird ein Erdbeben, der Hund hat Junge.

Ein Teil von uns hat das Leben gern zahm, stabil und berechenbar. Der andere Teil liebt den Wandel, das Abenteuer, die Herausforderung, die Erregung. Manchmal sitzen wir zwischen beiden Extremen fest, ängstlich und unentschlossen, unfähig, uns zu entscheiden. Wir wollen der oder die Gleiche bleiben und uns dennoch ändern, ein Risiko auf uns nehmen, aber auf der sicheren Seite bleiben, unabhängig sein und doch umsorgt werden, den neuen Job annehmen und gleichzeitig den alten behalten, vorwärts streben und gleichzeitig still stehen. Der Streit zwischen diesen beiden Wesenszügen in uns ist der Krieg zwischen der dem Siedler und dem

Entdecker, zwischen der Verwalterin und der Abenteurerin. Wie das Leben kümmert sich auch der Wandel kaum um unsere Pläne. Ohne Veränderung wäre für uns jeden Tag Siebenschläfer, lägen wir noch in einer Krippe, plagten wir uns noch auf unserer ersten Arbeitsstelle, jammerten noch um unsere erste Liebe und trügen wir sehr, sehr alte Kleider. Tatsache ist, daß wir ständig wachsen und uns ändern. Stets fügen wir dem, was wir wissen, was wir fühlen, was wir erfahren, Neues hinzu. Unmerklich wird in unserem Körper eine Zelle nach der anderen ausgewechselt, bis nach sieben Jahren alle erneuert sind, ob uns das nun gefällt oder nicht. Wir können nichts daran ändern.

Wenn wir alle Zen-Meister wären, würden wir dem Wandel völlig gleichgültig entgegensehen und ihn als natürlich und unvermeidlich akzeptieren. Aber die meisten von uns wehren sich gegen Veränderungen. Wir vergessen, daß die Hinwendung zu Neuem und Unbekanntem nichts anderes bedeutet, als sich von der Sicherheit des Bekannten und Vertrauten abzuwenden.

Die Furcht vor dem Unbekannten ist eigentlich gar keine Furcht, sondern Angst. Furcht ereignet sich in der Gegenwart und verschwindet, wenn die Bedrohung oder Gefahr vorüber ist. Angst ist die Furcht vor der Zukunft; sie kann uns für immer begleiten. Angst führt zur Ausschüttung von Adrenalin, das nirgends im Körper verbraucht wird, verwandelt sich so in Streß, übersäuert den Magen und verhilft uns zu beispiellosem Kopfschmerz.

Wenn wir Angst haben, ahnen wir schon das Schlimmste voraus, das »Und wenn ...«

»Und wenn das nicht passiert?«

»Und wenn es doch passiert?«

»Und wenn ich es jetzt nicht mache?«

»Und wenn ich es mache?«

»Und wenn ich jetzt nicht perfekt bin?«

»Und wenn ...«

Wir versuchen alle, uns für die neunhundert möglichen Szenarios vorzubereiten, in denen wir uns vielleicht innerhalb der nächsten dreißig Jahre wiederfinden werden. Wir gehen zu Hellsehern und Kartenkundigen, damit sie uns die Zukunft deuten. Wir legen Orakel nach dem I Ching und suchen auf spiritistischen Buchstabentafeln Antworten. Wir möchten unsere Zukunft unter Kontrolle bringen. Wir möchten uns durch keine Überraschung umwerfen lassen.

Veränderungen mögen zwar erschreckend sein, aber sie sind nicht notwendigerweise gefährlich, und gemischte Gefühle gehören zu allem, was neu ist. Wir spüren vielleicht ein gewisses Unbehagen, etwas Wehmut, weil wir vom Alten lassen müssen, ein wenig Trauer beim Abschied, ein wenig Lust, wenn wir das Neue begrüßen, vielleicht ein leichtes Schuldgefühl, weil wir mit einer gewissen Erregung zu neuen Ufern aufbrechen. Es ist wie das Unbehagen und der Juckreiz, wenn etwas Neues keimt.

Weil Wachstum und Wandel sich nur selten glatt und folgerichtig vollziehen, sind oft unser Mut und unsere Phantasie gefordert. In jeder neuen Situation müssen wir uns anpassen, experimentieren, einschätzen und zurechtbiegen, bis wir zurechtkommen. Jede Veränderung bringt Augenblicke des Bedauerns und einen natürlichen Drang, alles rückgängig zu machen, mit sich. Das können wir beobachten, ganz gleich, ob es sich um unsere Einschulung handelt, um unseren Studienabschluß und das Ende eines Arbeitsverhältnisses, den Beginn einer neuen Beziehung oder einen Umzug. Wir machen immer einen Schritt nach vorne, drei nach hinten, zwei nach links, cha cha cha.

Der Anfang

Es gab einmal eine Zeit, da glaubten wir nicht, daß Veränderungen gefährlich seien. Wir hielten sie nur für spaßig, aufregend und herausfordernd. Unser Kopf war tagein, tagaus auf den Entdecker-

und Abenteurerkanal abonniert. Wir waren flexibel, anpassungs-
fähig, schnell akklimatisiert und ständig dabei, neue Informationen
zu sammeln – ohne Vorurteile und ohne Zögern. Wir hatten noch
viel Platz in unserem Kopf und nur wenige negative Eintragungen.
Alles war neu und voller Möglichkeiten.

Wenn man Kinder sich selbst überläßt, sind sie furchtlose Ent-
deckungsreisende, machen sich im Garten mit Hundeschlitten auf
zum Südpol, unternehmen Höhlenexkursionen unter den Eßzim-
mertisch, fliegen zum Mittagessen auf den Mars und schwingen
sich auf jede vorbeiziehende Wolke. »Das schaffe ich!« »Du brauchst
mir nicht zu helfen!« »Das mache ich selbst!« »Wir müssen mal ausprobieren, was passiert, wenn ...«

Ach ja, die Kinder müssen zum Abendessen von der Enterprise
heruntergebeamt werden, man muß ihnen beibringen, nicht mit
Feuer zu spielen, den Philodendron nicht zu verspeisen und nicht
alleine über die Straße zu gehen. Man kann sie nicht ganz auf sich
gestellt durch eine Welt voller realer Gefahren ziehen lassen.

Im besten Falle haben wir gelernt, was gefährlich ist und wovor
man sich hüten muß, zum Beispiel vor großen, sich schnell bewe-
genden Objekten, vor allen Dingen vor denen, die beißen. Im
schlechtesten Falle hat man uns gelehrt, vor allem Angst zu haben,
was uns vielleicht weh tun könnte. Übermäßig auf Schutz bedachte
Eltern versuchten uns in einer berechenbaren und sicheren Welt zu
halten, nämlich zu Hause. Sie gaben ihre Ängste an uns weiter. Man
hat uns gelehrt, wachsam zu sein, unsere Lebenswelten einzuengen
und sie zu sicheren Orten zu machen, wo sich nichts mehr schnell
bewegt oder beißt. Sie machten sich Sorgen, und wir lernten, uns
Sorgen zu machen, damit sie sich sorgen könnten. Wir wurden
furchtsam, schüchtern und ängstlich jeder Veränderung gegenüber.

Aber gleichwohl mußten wir alle so oder so lernen, mit Veränderungen oder Neuanfängen zurechtzukommen. Am ersten Schul-
tag fanden wir uns in einer unvertrauten Welt wieder, wußten nicht,
was wir zu erwarten hatten, wer die Mitspieler/innen dieses Spiels

waren oder wo in dem großen Gebäude die Toiletten lagen. Wir eigneten uns an diesem Tag wichtige und nützliche Fähigkeiten an, zum Beispiel, wie man sich in einer Reihe aufstellt, wie man eine Frage stellt und wo die Kreide lag. Wir lernten alles, was wir wissen mußten, um in unserer Klasse, in unserer Schule Schüler oder Schülerin zu sein. Wenn die Schule für uns eine gute Erfahrung war, dann entwickelten wir im Laufe der Zeit – und je mehr wir übten – größere Sachkunde und größeres Selbstvertrauen. Wir entdeckten, daß wir das Unberechenbare überleben konnten, selbst weit weg von zu Hause. Und diese Entdeckung wiederholte sich wieder und wieder, jedes Mal, wenn wir in den Sphären der Welt in eine höhere Umlaufbahn aufstiegen.

Einige unserer Eltern befürchteten das Schlimmste, als sie uns hinter der Gartenhecke verschwinden sahen. Sie waren voller Unruhe wegen uns, für uns und über uns. Das war ihr Job. Sie waren erregt und nervös angesichts einer Welt, die sie nicht kontrollieren und der sie nicht trauen konnten. Es fiel ihnen schwer, zuzulassen, daß wir zur Schule gingen, das Auto fuhren, unser Zuhause verließen, erwachsen wurden oder mit einem Partner schliefen.

Die Gegenwart

Seit damals haben die meisten von uns das Autofahren gelernt, ihr Zuhause verlassen, sind erwachsen geworden und haben vielleicht sogar schon einmal mit ihrem Partner oder ihrer Partnerin geschlafen. Wir haben es überlebt, hatten vielleicht sogar etwas Spaß dabei, und wir sind nicht am Rand der Erde von der Scheibe gefallen. Den Befürchtungen unserer Familie zum Trotz haben wir uns größtenteils außerhalb des vertrauten Bereichs der Familie angesiedelt, jenseits ihres Horizontes. Auf unserer Reise ins Erwachsensein tragen wir jeder unser einzigartiges Bündel von ererbten Befürchtungen und Erwartungen mit uns.

Veränderung bedeutet tatsächlich, das Vertraute hinter sich zu lassen und in die Fremde zu gehen. Wenn wir dazu bereit sind, empfinden wir die Veränderung als eine Möglichkeit. Wir haben das Gefühl, uns ebenso kraftvoll und wohlvorbereitet dem Unbekannten zu stellen wie Indiana Jones auf seiner Suche nach dem verlorenen Schatz. Unser Leben befindet sich wie dasjenige Indianas immer in irgendeinem Stadium einer Abenteuergeschichte. Im ersten Stadium träumen wir von einem Abenteuer, planen es, indem wir telefonieren, bereiten es vor, indem wir Geld zusammensparen. Wir stehen vielleicht gerade am Anfang unseres Abenteuers (beladen das Flugzeug oder gehen an Bord), in dessen Mitte (wir stehen am Fuß des Berges), im anstrengenden Stadium (wir sind erschöpft und müssen weiterklettern), fast an seinem Ende (wir sehen den Gipfel und den Weg nach unten), an dessen Ende (wir verabschieden uns und kehren nach Hause zurück). Oder wir sind im letzten Stadium, ruhen uns von unserem letzten Abenteuer aus und denken darüber nach (kleben die Bilder ins Album, schreiben ein Drehbuch) und geraten darüber ins Träumen von unserem nächsten Abenteuer.

Und es gibt Zeiten, da möchten wir unser Leben von jeglichem Abenteuer frei halten. Wir fühlen uns sicher, wir haben es gut, die Füße liegen auf dem Tisch, wir machen ein Nickerchen. Wir sind vielleicht noch gar nicht bereit für den nächsten Durchgang, aber der Luxus, sich nach eigenen Tempovorstellungen zu bewegen, ist uns nicht immer gegönnt. Jederzeit können wir durch das Anklopfen des Wandels rüde geweckt werden, eines ungebetenen Gastes an der Haustür, der nach Einlaß verlangt, bevor wir noch unsere Socken angezogen haben. Wir waren gerade nicht auf das Erdbeben vorbereitet, auf die Absage auf unserem Anrufbeantworter, die schlechte Prognose oder den blauen Strich auf dem Schwangerschaftsteststreifen. Wir sind wie vor den Kopf gestoßen, aus dem Gleichgewicht gebracht, durcheinander, wütend und ohne Kontrolle über das Geschehen. Ungebetener Wandel kann ein echter Schock für uns sein.

Ungebetener Wandel kann aber auch ganz herrlich sein. Das

Klopfen an der Tür könnte heißen, daß wir im Lotto gewonnen haben, achtzigtausend Dollar von Tante Sophie in Borneo geerbt, eine Liebeserklärung auf dem Anrufbeantworter vorfinden, vom Arzt eine gute Prognose erhalten oder einen blauen Strich auf dem Schwangerschaftsteststreifen vorfinden.

Ob sie nun Ärger oder Freude hervorrufen, unerwartete Veränderungen fordern jedenfalls unsere Fähigkeiten heraus, zapfen unsere tiefsten Ressourcen an und bringen uns überraschende Belohnungen. Selbst die rauhesten Veränderungen können uns in unbekanntes Territorium führen, uns Welten eröffnen, die wir uns nie hätten erträumen lassen. Gezwungen, Entscheidungen zu treffen, die wir nie hatten treffen wollen, kann die Veränderung uns dazu bringen, daß wir unsere höchstgeschätzten Wertvorstellungen überdenken.

Es war einmal ...

Im Rahmen einer Routineuntersuchung entdeckte Louises Arzt einen verdächtigen Knoten in ihrer Brust. Er entnahm etwas Gewebe und stellte fest, daß es sich um eine bösartige Wucherung handelte. Louises Welt brach zusammen. Sie hatte diesen Umsturz nicht erwartet, und sie war nicht darauf vorbereitet, mit den letzten Fragen nach Leben und Tod fertigzuwerden. Plötzlich war Louise gezwungen, unter Zeitdruck viele Entscheidungen zu treffen, und sie begriff, daß die Möglichkeiten, die sie zur Auswahl hatte, durchaus begrenzt waren. Sie verschaffte sich so gute Informationen und Hilfe, wie sie konnte. Sie erkannte ihre eigenen Grenzen an und verließ sich auf die Erfahrung und Fachkenntnisse anderer. Sie setzte sich mit Hunderten von »Und wenn nun ...« auseinander, aber sie konnte auch nicht in die Zukunft sehen oder die hundertprozentige Entscheidung genau berechnen. Sie konnte immer nur einen Schritt nach dem anderen tun.

Plötzlich gerieten Louises Prioritäten allesamt in Bewegung.

Sie hatte keine Wahl, als den Veränderungen, die der ungebetene und unwillkommene Gast mit sich brachte, ins Gesicht zu sehen und damit fertigzuwerden. Sie hatte sich damit abzufinden. Das war nicht einfach. Es war aber auch nicht unmöglich. Sie rief sich ins Gedächtnis, daß sie früher mit anderen Rückschlägen hatte kämpfen müssen und sich irgendwie durchgebissen hatte. Andere waren in der gleichen Situationen gewesen wie sie jetzt und hatten überlebt. Das konnte sie auch.

Die Krebserkrankung änderte Louise und ihr Leben. Louise wurden in einen Kreis von Hilfsbereitschaft eingebunden, den sie sich nicht hätte träumen lassen. Sie lernte, ihre eigene Zerbrechlichkeit und die Empfindlichkeit anderer hinzunehmen. Sie freute sich über jeden Tag und war dankbar für das Geschenk des Lebens. Sie lernte, ihre Träume nicht aufzuschieben, großzügig mit ihrer Liebe umzugehen, der Welt aufrecht zu begegnen und sich nicht mehr über Kleinigkeiten aufzuregen. Obwohl der Krebs ihren Körper zerfraß, konnte er ihren Geist nicht besiegen. Sie machte das Beste aus den unabwendbaren Veränderungen, die sich in ihrer unvollkommenen und unberechenbaren Welt eingestellt hatten.

Manchmal können wir uns vor der Veränderung verstecken und sie leugnen. Manchmal können wir es nicht so wie Louise. Wir können versuchen, unser Leben so zu lenken, daß Dinge, die wir nicht haben wollen und denen wir nicht begegnen wollen, ausgeschlossen werden. Manchmal funktioniert das. Wir können uns weigern zu fliegen, brauchen uns nicht mit einem Partner einzulassen, können aufs Autofahren verzichten, auf jeden Umzug, darauf, etwas zu lernen, etwas Neues zu probieren. Und manchmal ist uns der Luxus gegönnt, selbst das Tempo der Veränderungen bestimmen zu dürfen. Und manchmal nicht.

Jim haßte das Skifahren. Er hatte früher einmal eine Skistunde gehabt und war gedrängt worden, für seine Verhältnisse zu schnell vorzugehen. Im Nu ging es in wilder Fahrt den Hang hinab, ohne daß er irgend etwas unter Kontrolle gehabt hätte. Mit dem Tempo nahm auch seine Panik zu. Er verkrampfte sich vor Angst und stürzte wieder und wieder. Er war mehr im Schnee als auf dem Schnee, er fror, er war durchnäßt, ein Häufchen Elend. Nach dieser ersten Erfahrung entschloß er sich, nie wieder Ski zu fahren.

Ein paar Jahre später überredeten ihn einige Freunde, zu einem Wochenende zum Skifahren mitzukommen. Sie versprachen ihm, daß er auf dem Idiotenhügel bleiben und dort Unterricht nehmen könne. Nachher würden sie sich dann alle zum Après-Ski treffen. Ängstlich und widerstrebend lieh Jim sich eine Ausrüstung und meldete sich zu einem Anfängerkurs an. Die Zeiten hatten sich geändert. Seine neue Skilehrerin wußte, welch wichtige Rolle Furcht und der Verlust jeder Kontrolle spielen konnten. Sie ließ alle ihre Schüler zunächst nur einen Ski anschnallen. So konnte Jim mit seinem freien Fuß jederzeit bremsen oder anhalten. Er hatte kein einziges Mal das Gefühl, daß er die Geschwindigkeit nicht mehr beherrschte, weil sie zu hoch wurde. Er sah komisch aus, aber er fühlte sich sicher.

Nach und nach entwickelte Jim ein Gefühl für Gleichgewicht und Kontrolle über den Ski, zuerst auf der einen Seite, dann auf der anderen. Bald benutzte er beide Ski zugleich. Wenn er durch den Schnee glitt, fühlte er sich immer sicherer, und manchmal machte es ihm sogar Freude. Vorsichtig wagte er sich vom Idiotenhügel auf die Babyhänge und fand immer mehr Gefallen an der Sache. Er verstand zum ersten Mal, was die Leute am Skifahren fanden.

Jim hatte das Glück, die richtige Lehrerin gefunden zu haben, eine, die um die Bedeutung von Furcht, Panik und dem Wunsch, die eigene Bewegung zu kontrollieren, wußte. Sie hatte ihm geholfen, sein eigenes Tempo zu finden, sein Gleichgewicht und einen Weg, eine Veränderung mit einem Gefühl der Sicherheit durchzumachen.

Wenn Sie mit Veränderungen konfrontiert werden, halten Sie sich so weit möglich an Ihre eigene Zeitvorstellung. Wenn Sie Angst haben, machen Sie langsam und verschaffen Sie sich Hilfe. Wenn Sie dann immer noch Angst haben, müssen Sie sich um irgendeine andere Hilfe bemühen. Falls nichts hilft, lernen Sie auf Schneeschuhen zu gehen, statt Ski zu fahren, oder bleiben Sie daheim. Veränderungen müssen nicht immer unbedingt sein.

Das Ziel

Freunden Sie sich mit dem Wandel an. Lassen Sie ihn geschehen. Erwarten Sie das Unerwartete. Schwimmen Sie mit dem Strom. Akzeptieren Sie das Unvermeidliche. Kämpfen Sie nicht dagegen an.

Sie werden älter werden; andere Menschen werden Sie verlassen; neue Menschen werden in Ihr Leben treten; Babys werden groß werden; der Frühling wird auf den Winter folgen; manche Frucht wird keine Ernte tragen, andere Frucht wird reiche Ernte tragen. Das Universum hat seinen eigenen Willen und seinen eigenen Rhythmus. Das beste ist, man kommt ihm nicht in den Weg.

Lassen Sie Veränderungen Wirklichkeit werden. Versuchen Sie einmal, auf eine bekannte Situation auf neue oder andere Weise zu reagieren. Dadurch ändert sich alles, neue Situationen entstehen.

Heißen Sie Neuanfänge willkommen. Neue Situationen erfordern Lernen, Üben, immer wieder neues Ausprobieren. Behandeln Sie alle Anfänger und Anfängerinnen besonders freundlich. Seien Sie selbst eine/r.

Wenn Sie entscheiden müssen, ob Sie etwas ändern wollen oder nicht, versuchen Sie die Chancen dafür abzuschätzen, das Ergebnis zu erzielen, an dem Ihnen liegt. Stellen Sie sich vor, Sie wären die Versicherungsgesellschaft Lloyd's of London und müßten abschätzen, mit welcher Wahrscheinlichkeit ein Unternehmen gelingt. Manchmal ist ein Risiko zu hoch, und manchmal lohnt es sich, es in Kauf zu nehmen. Versuchen Sie, die Konsequenzen vorherzusehen.

Wenn Sie wissen, daß Sie eine Veränderung wollen, bedeutet das, daß Sie schon dabei sind, etwas zu ändern. Haben Sie Selbstvertrauen.

Sie können das Tempo und Ausmaß von Änderungen reduzieren, wenn Sie höflich sagen:

»Lassen Sie mich darüber nachdenken ... Ich werde mich wieder bei Ihnen melden.«

»Ich sollte im Moment keine großen Entscheidungen treffen.«

»Ich kann (oder will) das heute nicht entscheiden. Ich muß darüber schlafen.«

»Ich werde morgen noch einmal darüber nachdenken.«

»Ich muß in dieser Sache mein eigenes Tempo fahren.«

»Ich würde es gerne etwas langsamer angehen lassen.«

Wenn Sie dann bereit sind, gehen Sie in kleinen Schritten vor. Erst ein Fuß, dann der andere. Greifen Sie auf das zurück, was Ihnen in der Vergangenheit genützt hat. Suchen Sie Freundinnen und Freunde, die ein Stück Weges mit Ihnen gehen. Veränderungen fallen leichter, wenn Sie nicht allein sind.

Probieren Sie einmal folgendes aus: Legen Sie die Handflächen aneinander. Verschränken Sie die Finger wie zum Gebet. Dann erst schauen Sie hin, welcher Daumen oben liegt. Und falten Sie Ihre Hände wieder, diesmal mit dem anderen Daumen oben. Achten Sie darauf, wie sich das anfühlt. Merkwürdig? Fremdartig? Es ist die Erfahrung einer Änderung. Wenn Sie es wieder und wieder machen, fühlt es sich immer natürlicher und normaler an, uns so ist es mit jeder neuen Erfahrung.

Trainieren Sie kleine Veränderungen. Nehmen Sie einen anderen Weg von der Arbeit nach Hause. Rufen Sie jemanden an, den Sie seit Jahren nicht mehr angerufen haben. Tun Sie etwas, was Sie noch nie zuvor getan haben. Kostümieren Sie sich in für Sie ungewöhnlicher Weise. Genießen Sie die Herausforderung.

Eine Sache nach der anderen zu ändern, kann Sie ihren Traum von einem perfekten Leben näher bringen. Versuchen Sie es einmal mit dieser Übung: Schließen Sie die Augen und stellen Sie sich einen perfekten Tag in Ihrem Leben vor. Und zwar einen ganz normalen Tag, keinen besonderen Festtag, und stellen Sie sich jede einzelne Minute dieses Tages vor von dem Augenblick an, da Sie am Morgen die Augen öffnen, bis zu dem, da Sie sie für die Nacht wieder schließen. Während Sie die normalen Tätigkeiten Ihres alltäglichen Lebens verrichten, achten Sie darauf, wo Sie sind, was Sie um sich herum sehen, was Sie essen, wie die Dinge riechen, welche Geräusche an Ihr Ohr dringen. Welche Farbe hat Ihre perfekte Zahnbürste? Wer sind Ihre perfekten Gefährten? Welches Essen, welche Kleidung, welche Arbeit, welche Spiele, welche Zeiteinteilung ist für Sie vollkommen? Wenn Sie dann die Augen wieder öffnen, schreiben Sie über Ihren perfekten Tag. Danach lesen Sie sich selbst, einer Freundin oder einem Freund laut vor, was Sie geschrieben haben. Wie unterscheidet sich dieser Tag von Ihrem Jetzt und Hier? Was könnten Sie sofort als erstes ändern, um Ihr Leben Ihrer Idealvorstellung anzunähern? Verlieren Sie die langfristige Vision nicht aus den Augen, aber nehmen Sie nicht alles auf einmal in Angriff. Eine Veränderung nach der anderen bietet genug Nahrung für Ihre Seele und hält Ihren Traum am Leben.

Legen Sie sich Rechenschaft ab über etwas in Ihrem Leben, das sich niemals ändern wird, ganz gleich, was Sie tun werden. Sie werden immer klein sein oder groß oder Durchschnitt, Mann oder Frau. Sie werden immer aus Mannheim sein oder aus München. Sie wollen wahrscheinlich niemals eine Primaballerina werden oder ein Raketeningenieur.

Machen Sie sich Ihre Sorgen über die Zukunft zunutze. Lassen Sie sich von ihnen zu Aktivitäten anregen. Planen Sie voraus, wann immer Sie das vermögen. Tun Sie da etwas, wo Sie es können. Wenn Sie nichts tun können, dann finden Sie sich damit ab, atmen tief durch und beten.

Bestärkungen

Ich kann mich ändern.

Ich habe viele Möglichkeiten.

Ich kann meine Meinung ändern.

Ich kann mit meinen Entscheidungen leben.

Ich bin elastisch; ich kann in meine Position zurückschnellen.

Ich bin früher damit klargekommen, und ich werde wieder damit klarkommen.

Ich werde handeln, wenn ich dazu bereit bin.

Ich lasse mich von Furcht vor Gefahren warnen, aber nicht in meinem Vorwärtsstreben aufhalten.

Ich kann Angst haben und trotzdem Veränderungen zu Wege bringen.

Das Leben war vor dieser Veränderung nicht perfekt; es ist auch jetzt nicht perfekt.

Ich (ver)ändere mich, also bin ich.

14

Ist Schweigen Gold?

Der Mythos

Wenn ich ausspreche, was ich für wahr halte, werde ich die Gefühle anderer verletzen.

Wenn ich nichts sage, werde ich niemanden aufbringen, und die Probleme werden verschwinden. Schweigen ist Gold.

Die Wahrheit

Was Sie für wahr halten, verletzt vielleicht die Gefühle eines anderen, vielleicht auch nicht. Das Problem wird nicht verschwinden. Wenn das Schweigen dazu beitrüge, wäre das Problem schon lange gelöst.

Das Schweigen spricht eine laute Sprache. So wie die Körpersprache vermittelt es ohne Wort deutliche Botschaften. Ein Schweigen kann sagen: »Laß uns nicht von diesem Problem reden. Es gibt kein Problem. Mir geht es gut. Alles ist in bester Ordnung. Beachten wir einfach das Nashorn im Wohnzimmer nicht weiter. (Was ist das für ein merkwürdiger Geruch nach Urwald hier?)« Wenn wir nichts sagen, bleiben unser Beitrag, unsere Gefühle, unsere Wahrnehmungen, unsere Erkenntnis, unser intakter Geruchssinn verborgen. Das Rhinozeros bleibt, und wir verschwinden.

Wenn wir das, was wir für wahr halten, aussprechen, erleidet unser Gegenüber vielleicht einen Nervenzusammenbruch, bricht in Tränen aus, spricht nie wieder mit uns, gerät in Zorn, beachtet uns nicht mehr. Vielleicht. Jede dieser Reaktionen verrät uns eine Menge über die Person unseres Gegenübers. Wir erfahren, wie sie unsere Botschaft in ihr Leben übersetzt. Welche Stimme sie uns zubilligen will.

Einige werden erleichtert sein, wenn wir schließlich so viel Vertrauen haben, das stinkende Nashorn zu erwähnen, das wir so lange verleugnet haben. Andere werden ob unserer Kühnheit schockiert sein. Es ist unmöglich, alle potentiellen Antworten auf unsere gewagten Worte aufzuführen, aber wir kennen ja unsere Mitspieler/innen und können uns vorstellen, was sie sagen und tun werden. Wenn wir überhaupt etwas sagen, wird das sicherlich Konsequenzen haben; Konsequenzen hat alles. Wir müssen sie abschätzen, ruhig und standhaft bleiben, durchatmen.

Jede Stimme ist wertvoll. Wenn eine Stimme ungehört verhallt, bleibt die ganze Geschichte einseitig, und alle verlieren dabei. Allzuoft wird die Geschichte nur vom Standpunkt der Sieger aus erzählt, und die Stimme des Unterlegenen wird ignoriert. In einer wahren Demokratie müssen alle Meinungen und Ansichten dazu beitragen, die Geschichte ins Gleichgewicht zu bringen und zu vervollständigen. Der reiche Zusammenklang der Stimmen aller kann zu unerwarteten Möglichkeiten führen, zu phantasievollen Lösungen, zu tieferen Beziehungen und zu neuen Wahrheiten. Sprechen ist Gold.

Der Anfang

Es war einmal ein Kind, das schließlich dem Volk durch einen Schock zu neuer Erkenntnis verhalf, indem es die Wahrheit hinausschrie. Der Kaiser trug keine Kleider. Er war in Wahrheit splitternackt. Wenn unsere Eltern nicht an die nackte Wahrheit erinnert werden wollten, brachten sie uns bei, zu schweigen. Sie sagten: »Kinder soll man sehen, nicht hören« oder: »Wenn du nichts Nettes zu sagen weißt, dann sag lieber gar nichts« oder gaben noch deutlichere

Anweisungen. So lernten wir, still zu sein und es zu vermeiden, unerwartete, vielleicht ärgerliche, vielleicht sogar gefährliche Wahrheiten zu äußern.

Bilderbuchfamilien, denen es ein Bedürfnis ist, sich selbst und anderen ein makelloses Bild von sich zu zeigen, betrachten es als rüde, selbstsüchtig oder unerzogen, die Wahrheit zu sagen. Aber schon Hans Christian Andersen wußte, daß manche Kinder den Unterschied zwischen Höflichkeit und Ehrlichkeit nicht kennen. Wenn in der Küche über etwas geredet wird, warum dann nicht auch in der Nachbarschaft oder in der Schule darüber sprechen? Der kleine Michael zum Beispiel war zu jung für diese feinen Unterscheidungen der Erwachsenen. Eines Tages verkündete er stolz, um Eindruck zu machen: »Das ist Papas kleine Pfeife, die, in der er Hasch raucht.« So wie der Kaiser im Märchen war auch Papa nicht besonders erfreut.

In Familien, in denen Schweigen mit Sicherheit gleichgesetzt wird, ist es manchmal schwer auszumachen, wann man etwas sagen darf und wann man besser still ist. Wenn wir es wagen, eine unannehmbare Wahrheit auszusprechen, die Menschen mit Tatsachen zu verstören, dann ernten wir vielleicht hochgezogene Augenbrauen, in Angst und Abscheu gen Himmel verdrehte Augen oder eine beliebige Auswahl der folgenden Zurechtweisungen:

»Du bist ja verrückt!«

»Das ist gelogen.«

»Halt deine Klappe und sag das nie wieder!«

»Mach dich nicht lächerlich.«

»Das ist dummes Zeug.«

»Du bist sicher übermüdet.«

»Ich mache mir wirklich Sorgen um dich.«

»Du bist zu empfindlich.«

»Du kannst nichts als stänkern.«

»Von uns hat noch keiner ein Nashorn im Wohnzimmer gesehen.«

Diese Antworten sind die Ziegel in der Mauer der Verweigerung. Kaum je wird einmal die Wahrheit, die Logik, die Ehrlichkeit oder ein handfester Beweis diese dicke, familieneigene Mauer durchbrechen. Wenn wir als Kinder ausgeschimpft, lächerlich gemacht, bestraft oder geschlagen wurden, weil wir etwas offen aussprachen, dann schweigen wir später. Es gab nicht viel, was wir dagegen tun konnten: Protestieren, der Sache müde werden, insgeheim weitermachen und uns schließlich der Verschwörung des Schweigens anschließen.

Manchmal sagte man uns, daß wir mit unseren Worten den von uns geliebten Menschen Schaden zufügten. »Wenn du das sagst, wird Mama krank werden, Papa einen Herzanfall bekommen.« Wir fürchteten, daß unsere Worte gefährliche oder tödliche Waffen sein könnten; also hielten wir unsere machtvollen Worte zurück und verharrten in Schweigen.

Wir alle haben gelernt, zu sprechen und nicht zu sprechen, wie es in unserer Familie üblich war. Wir übernahmen Familiengesetze, die von der ehernen Gültigkeit der zehn Gebote waren. »Keiner unserer Vorfahren hat jemals so fürchterliche Bestien wie Alkoholismus, Inszest, Depressionen, Untreue, Sexualität oder tobende Nashörner erwähnt!« Um dazuzugehören, lernten wir, so wie die drei Affen zu sein, nichts Böses zu sehen, nichts Böses zu hören und nichts Böses zu sprechen. Mit unserem Schweigen halfen wir, das glänzende Bild einer perfekten Familie zu bewahren, und hofften so, die Liebe und den Zuspruch zu erhalten, den wir zum Überleben nötig hatten.

Die Gegenwart

Wenn wir in einer vollkommenen Welt lebten, dann wären unsere Wahrheiten für die anderen so süß wie Schokolade. Jeder würde verstehen, daß es uns mit unserer Äußerung nur um uns ginge, unsere Wahrnehmung, unseren Glauben, unsere Gefühle. Niemand würde sich je durch sie verletzt fühlen. Wir würden einander allesamt voller Verständnis und Zustimmung zuhören, und alle Antworten würden akzeptiert und geschätzt werden. Aber ach, in unserer unvollkommenen Welt ist nicht alles so süß und einfach. Sie ist ein schwer durchschaubarer, schmieriger Ort, wo einige unsere Wahrheiten niemals akzeptieren werden und man uns selbst mißversteht und verurteilen wird. Wenn wir unsere Stimme erheben, wird einigen anderen nicht gefallen, was wir zu sagen haben. Mancher wird uns sogar für eine kürzere Zeit oder für immer den Rücken kehren. Und die meisten werden sich weigern zu hören, was sie nicht wissen wollen.

Obwohl Schweigen uns für einen Augenblick oder auch zwei Sicherheit bietet, wird damit doch auf lange Sicht nichts gelöst. Wenn wir über unsere Probleme nicht reden, werden sie in den meisten Fällen wuchern und wachsen. Wie ein ungezähmtes Nashorn werden sie in unserem Wohnzimmer und in unseren Beziehungen wüten. Entweder entschließen wir uns, über sie zu sprechen, oder wir müssen so tun, als ob sie nichts auf dem Teppich hinterlassen.

Einige der Nashörner sind vielleicht Schoßtiere, die wir seit der Kindheit mit uns herumschleppen. Andere sind vielleicht neu zur Welt gekommene Jungtiere. Sie erscheinen in verschiedenen Farben, die davon abhängen, worüber zu sprechen wir uns am meisten fürchten: Grün wie die Dollarscheine, purpur wie die Leidenschaft, grau wie die Krankheit, gestreift wie Gefängnisgitter, pink wie unsere Sexualität, in Nadelstreifen wie unser Chef. Wenn wir unsere Stimme nicht erheben, fürchten wir gewöhnlich etwas, schützen jemanden, wollen etwas unter den Teppich kehren oder verleugnen einfach unser inneres Nashorn.

Wenn wir wirklich erwachsen sind, entscheiden wir selbst, wann wir schweigen wollen und wann und wie wir die Stimme erheben, um möglichst viel damit zu erreichen und möglichst wenig Schaden anzurichten. Uns stehen drei grundsätzliche Möglichkeiten zur Verfügung:

1. Wir können in die Luft gehen, brüllen, schnauben und auf die Konsequenzen pfeifen. (Die Schokolade explodiert, spritzt an die Decke, die Wände und allen ins Gesicht.)
2. Wir können unseren Mund verschließen, unseren Ärger herunterschlucken und Verdauungsstörungen bekommen. (Manchmal sind Verdauungsstörungen die ehrenhafteste Lösung.)
3. Wir können aufstehen, wohlüberlegt sprechen und Zeit, Ort und Taktik dafür sorgfältig auswählen. (Das funktioniert in den meisten Situationen.)
4. Wir können in unserem eigenen besten Interesse handeln und entscheiden, welche Nashörner wir ansprechen, über welche wir mit uns reden lassen, welche wir hinauswerfen, welche ignorieren und welche wir ermutigen wollen, auf dem Sofa zu schlafen. Jede Entscheidung wird ihre Konsequenzen haben. Konsequenzen gibt es immer.

Seien Sie mutig. Wagen Sie es, auf Ihre eigenen Worte zu hören. Bestehen Sie auf Ihrem Recht, anders zu sein, Ihre eigenen Meinungen zu haben, Ihre eigenen Standpunkte. Entscheiden Sie, wann Sie Ihre Wahrheit furchtlos aussprechen. Entscheiden Sie, wann Sie still sein wollen. Beziehen Sie auf besondere Weise Stellung. Lassen Sie nicht zu, daß man Ihnen ins Gesicht schlägt, Sie verläßt oder daß die tobenden Nashörner Sie zerstampfen.

Ändern Sie Ihre Prioritäten. Machen Sie sich ebenso viele Gedanken darüber, wie Sie das Nashornproblem lösen können, wie über die Frage, ob Sie die Gefühle anderer verletzen. Überlegen Sie sich, was Sie eigentlich wollen. Ist Ihnen die Kreatur tot, gezähmt, als Bettvorleger, im Garten mit den Tauben oder auf der Müllkippe am liebsten? Verhandeln Sie.

Übungen

Trainieren Sie. Sprechen Sie an sicheren Orten gegenüber Menschen, denen Sie vertrauen, Ihre Wahrheiten aus. Machen Sie sich mit Ihrer eigenen Sprache, mit Ihren Worten vertraut. Benennen Sie jedes übelriechende Tier in Ihrem Leben. Lassen Sie sich von einem Freund oder einem Tonbandgerät Ihre eigenen Wahrheiten vorsagen. Wiederholen Sie sie, bis Sie sich dabei wohlfühlen. Hören Sie sich selbst freundlich und gut zu.

Seien Sie sich im klaren darüber, wann Sie ehrlich sein sollten. Ehrlichkeit bedeutet nicht, rüde oder abwertend kritisch zu sein. Es geht um Ihre eigene Wahrheit. Sprechen Sie von sich selbst. Benutzen Sie Sätze mit »ich«, ohne jemanden anzugreifen oder zu beschuldigen. Versuchen Sie, eher zu sagen: »Ich empfinde das so und möchte gern ...« als: »Das ist es, was Sie falsch machen ...« Auch der Ton ist wichtig. Mehr als neunzig Prozent aller Kommunikation ist nonverbal.

Schreiben Sie irgend jemandem einen Brief über eine ärgerliche unausgesprochene Wahrheit. Vertrauen Sie dem Papier alles an, was Sie denken und fühlen. Aber schicken Sie den Brief nicht ab. Bewahren Sie ihn drei Wochen in Ihrem Schreibtisch auf. (Was ist das schon nach all den Jahren des Schweigens.) Stellen Sie sich die Antwort des Adressaten vor. Überlegen Sie gut, ob Sie den Brief noch einmal neu fassen, ob Sie ihn absenden oder in den Müll werfen wollen. Wenn Sie sich dafür entscheiden, ihn abzuschicken, geben Sie ihn vorher einem Freund oder einer Freundin zu lesen. Seien Sie realistisch, was die möglichen Folgen anbelangt.

Wenn Sie dann wirklich Ihre lange zurückgehaltene Wahrheit mitteilen, kann Ihnen die folgende handliche Liste helfen, potentiell explosive Gespräche unter Kontrolle zu halten.

1. Fangen Sie klein an. Sprechen Sie als erstes über einen Nashornjunges, ein Baby am besten. Nehmen Sie es nicht gleich mit

dem stärksten Bullen im Wohnzimmer auf.

2. Auf den richtigen Zeitpunkt kommt es an. Bringen Sie keine komplizierten Fragen auf, wenn der Blutzuckerspiegel niedrig ist, wenn die Windeln des Säuglings gerade gewechselt werden müssen, wenn die Mutter irgendeines der Beteiligten anwesend ist oder in einem überfüllten Aufzug.

3. Beginnen Sie mit ehrlichen Worten der Zuneigung und Anerkennung. Finden Sie diese Worte.

4. Gebrauchen Sie »Ich«-Sätze, die anfangen mit:
»Ich habe bemerkt ...«
»Ich frage mich ...«
»Ich habe das Gefühl ...«
»Ich glaube ...«
»Ich rieche ...«

5. Vermeiden Sie sprachlichen Sprengstoff wie zum Beispiel:
»Sie müssen/sollten ...«
»Immer/niemals ... du ...«

6. Vermeiden Sie Beschimpfungen, Drohungen, Schuldzuweisungen, Spott, Nörgelei und Sarkasmus. Holen Sie nicht mit einem Baseballschläger nach einer Fliege aus.

7. Bitten oder fragen Sie, statt zu verlangen oder ultimativ zu fordern. Sagen Sie: »Es wäre schön ...«, statt: »Sie müssen ...« oder: »Wenn du nicht ..., dann ...«

8. Hören Sie freundlich und genau zu, wenn Ihnen geantwortet wird. Lassen Sie die Wahrheiten der anderen gelten. Sie müssen auch Gehör finden.

9. Versuchen Sie zu erreichen, was Ihnen beiden, Ihnen und dem anderen nutzt. Wenn Sie beide gewinnen, verliert niemand (außer dem Nashorn).

10. Hören Sie genau darauf, wie andere Menschen unangenehme Wahrheiten aussprechen. Eignen Sie sich davon an, was gut funktioniert. Sie sind ja dabei, eine neue Fertigkeit zu erlernen; es ist klug, eine Weile in die Lehre zu gehen.

11. Scheuen Sie nicht die Investition für ein gutes Buch über Gesprächsführung. Üben und proben Sie mit Freundinnen und Freunden. Üben Sie solange, bis Sie fit sind.

12. Gratulieren Sie sich jedesmal dazu, wenn Sie es gewagt haben, das Nashorn beim Namen zu nennen, und klargemacht haben, was Sie eigentlich wollen. Genießen Sie Ihre eigene Kühnheit und Phantasie.

13. Wenn alle anderen Mittel versagt haben, scheuen Sie sich nicht, Experten zu Hilfe zu holen. Manche Nashörner sind einfach zu groß und zu niederträchtig, als daß man alleine mit ihnen fertigwerden könnte.

Bestärkungen

Ich vermag mich so zu äußern, daß ich so viel wie möglich erreiche und andere so wenig wie möglich verletze.

Meine Wahrheit ist Gold.

Meine Wahrheit ist allein meine Sache.

Ich kann es mir erlauben, gesehen und gehört zu werden.

Ich kann selbst entscheiden, wann ich spreche und wann ich still bleibe.

Was ich sage, wird niemanden umbringen, und mich wird nicht umbringen, was andere sagen.

Ich kann lernen, so zu sprechen, daß andere mich hören werden.

Ich bin fähig, der Wahrheit anderer zuzuhören.

Ich kann mit den Konsequenzen dessen, was ich sage, zurechtkommen.

Ich kann mir ein Nashorn als Schoßtier halten, ganz gleich, was alle anderen dazu sagen.

Ich spreche, also bin ich.

15
Ist Glücklichsein gefährlich?

Der Mythos

Glücklichsein ist gefährlich. Vergnügt sein ist riskant. Ekstase ist undenkbar. Wenn ich mir selbst gestatte, zu glücklich zu sein, wird bald eine Katastrophe folgen.

Die Wahrheit

Katastrophen folgen nicht automatisch dem Glücklichsein – ebensowenig wie Schmerz, Scham oder Schuld, außer man hätte sie eigens eingeladen. Glücklichsein ist nicht notwendigerweise gefährlich. Vergnügt zu sein, ist nicht unweigerlich riskant. Ekstase ist denkbar.

Das Glücklichsein ist nichts als ein zeitweiliger Zustand der Seligkeit, den man nicht verdient hat. Man hat natürlich auch keine Qualen verdient. Weder beim Glücklichsein noch beim Elend geht es darum, ob man sie verdient – weder im Guten noch im Schlechten. Eigentlich bedeutet das Wort *glücklich* das zufällige, gute Zusammenpassen. Das Glücklichsein stellt sich einfach ein, und man kann es überleben. Vielleicht lernt man sogar, es zu genießen.

Denken Sie an den Spruch, den Sie von Ihrer Mutter nie gehört haben: »Alles *Schlechte* hat ein Ende.«

Alles Gute natürlich auch. Sie können glücklich sein, aber es wird nicht immer so bleiben. Und Sie können unglücklich sein, aber auch das wird nicht immer so bleiben. Das Glücklichsein endet einmal, genau wie das Unglücklichsein. Nichts ist dauerhaft. Sie entscheiden selbst, ob Sie Ihr Leben wie Pu zubringen, der hoffnungsvolle, optimistische Bär, oder wie I-Ah, der bedrückte, pessimistische Esel.

Der Anfang

Als Säuglinge waren wir wahrscheinlich glücklich, sofern wir warm, trocken und satt waren und geliebt wurden. Diese Grundvoraussetzungen ändern sich auch im Laufe vieler Jahre kaum. Wir sind es, die sich ändern.

Manche Familien bieten einen guten Nährboden für Glück und Fröhlichkeit. In einer solchen Familie aufzuwachsen, ist ein Geschenk für das ganze Leben eines Kindes. Es lernt, die Freude an seinem eigenen Leben zu akzeptieren, zu erwarten und begrüßen.

In anderen Familien dagegen wird nicht gefeiert. Dort gibt es keinen Raum für Überschwang, Enthusiasmus und Freude. In diesen Familien ist das Glücklichsein kein Spaß. In diesen Familien verregnen die Festumzüge der Kinder, und andere Festumzüge gibt es nicht. Solche ernsten Familien quälen sich. Sie betrachten das Glücklichsein als eine frivole Ablenkung vom elementaren und notwendigen Geschäft des Sich-sorgens. Sie wollen, daß die Kinder sich mit den anderen Sorgen machen. Wenn die Kinder nicht besorgt sind, dann müssen es die Eltern für sie sein. Sie entdecken überall Gefahren und halten ihre Kinder stets zu Wachsamkeit und Vorsicht an. Wie soll ein Kind glücklich sein, wenn es ständig mit Warnungen überhäuft wird wie:

»Sei vorsichtig.«
»Paß auf!«
»Mach langsam.«
»Du mußt vorausdenken und vorausplanen.«
»Vergiß das nicht.«

»Paß doch auf, wo du hintrittst.«

»Gib acht! Du verletzt dich sonst.«

Manche Familien beschneiden den natürlichen Überschwang, die Freude und die Aufregung ihrer Kinder:

»Kinder soll man sehen, nicht hören!«

»Laß das sein! Beruhig dich! Benimm dich nicht wie ein Baby!«

»Zieh nicht solche Fratzen, sonst bleibt dein Gesicht eines Tages noch so stehen.«

»Lach nicht so laut. Du weckst Papa auf.«

»Feiern sind eine Verschwendung von Zeit und Geld.«

»Beim Picknick und bei Festumzügen regnet es ja doch bloß.«

Neidische Familien sehen es nicht gern, wenn andere glücklich sind oder vom Schicksal begünstigt werden. Sie halten es für geradezu sündhaft, wenn die Kinder oder die Leute ein paar Häuser weiter besser dastehen oder sich besser fühlen, als sie selbst es tun. Sie sind Spielverderber, Miesmacher, verächtlich und bitter, immer bereit, sich auf das erste Anzeichen eines Erfolges zu stürzen. Sie leben, als ob gute Dinge und gute Gefühle selten wären. Sie glauben, daß es einfach nicht genug Glück für alle gibt. Ihre Haltung und ihr Benehmen beruhen auf der Wahrnehmung von Knappheit:

»An der Spitze wird der Raum eng.«

»Wenn ich nicht mit diesem Umzug gehen kann, dann kann es keiner.«

»Wenn du glücklich bist, kann ich es nicht sein. Wenn ich glücklich bin, kannst du nicht glücklich sein.«

»Wir können nicht gleichzeitig glücklich sein; nur einer von uns kann das jeweils. Man kann es nicht teilen.«

In einigen Familien herrscht die Vorstellung, daß alles und jeder genau geprüft, bewertet und verbessert werden sollte. Niemand besteht diese Inspektion unbeschadet. Zu einer solchen Familie zu gehören, heißt, sich ständig an Beckmessereien zu beteiligen und mit auf die gnadenlose, pedantische Jagd nach Fehlern bei anderen zu gehen. Denn natürlich läßt sich alles verbessern.

Die strengsten Familien bewerten Disziplin höher als Spaß, Regeln höher als Flexibilität oder Kreativität. Sie glauben, daß glückliche Kinder ein Zeichen für die Nachlässigkeit der Eltern sind, daß Lob und Anerkennung unnötig sind. Einem Kind anerkennend übers Haar zu streichen oder auf die Schulter zu klopfen, macht es nur selbstsüchtig, hochmütig, selbstgefällig und verdirbt es durch und durch. Ihr Motto lautet: »Ein fauler Stock verdirbt das Kind.« Sie bestrafen ohne Warnung – sie streichen dem Kind sanft über die Wange und schlagen dann zu. Kein Wunder, daß einem solchen Kind das Glücklichsein gefährlich erscheint.

Für viele von uns lagen die größten Freuden der Kindheit außerhalb unseres Zuhauses, in Büchern, in unserer Phantasie, bei unseren Freundinnen und Freunden, bei den Nachbarn, bei den Großeltern. Manche von uns ernteten in der Schule Anerkennung, weil sie beim Fußball Tore schossen, besonders gut vorlesen konnten, die Tuba spielten, den Clown markierten oder im Kästchenhüpfen wirklich hervorragend waren. Manche von uns suchten ihre Zuflucht im Park, in der Leihbibliothek, in einem Baumhaus, im CVJM, auf dem unbebauten Grundstück, auf der Straße. Wir haben an all diesen Plätzen vielleicht gelernt, daß Glücklichsein ohne jedes Risiko möglich war, daß wir vergnügt sein konnten, ohne dafür bezahlen zu müssen.

Das Glücklichsein kann auch dann gefährlich erscheinen, wenn uns aus heiterem Himmel ein unerwarteter Schrecken trifft. Stellen Sie sich ein Kind vor, das stolz und im Überschwang seiner Gefühle auf seinem neuen Fahrrad fährt. Plötzlich jagt ihm die Fehlzündung eines Autos einen Schrecken ein, es zuckt zusammen und verliert das Gleichgewicht. Es stürzt und schlägt sich bös das Knie auf. Und schon haben wir es. Glücklichsein und Gefahr bilden ein Paar, gehören zusammen und verbinden sich im Bewußtsein dieses Kindes tief; eine ständige Warnung, daß soviel Überschwang und Vergnügen für unsere Gesundheit gefährlich sein können.

Die Gegenwart

Wir alle werden gelegentlich Opfer einer gewissen Verwirrung. Unsere Biologie besteht darauf, daß wir uns dem zuwenden, was uns Freude macht, und alles vermeiden, was Schmerz verursachen kann. Aber unsere Erfahrung kann uns lehren, Freude mit Vorsicht zu genießen, uns vor dem Glück zu verschließen, unser Entzücken gering zu schätzen und vor Erfolg zurückzuschrecken. Wir genießen die Schokolade nicht mehr richtig, wenn wir zuviel an die Kalorien denken. Wir freuen uns unserer Kinder in dem Augenblick nicht, in dem uns ihr Benehmen stört. Wir feiern unsere Erfolge nicht, wenn wir unseren eigenen Wert bezweifeln. Unsere Negativität kann unsere Fähigkeit zur Freude annagen und uns ängstlich, vorsichtig und überkritisch machen.

Viele Denker und Schriftsteller hatten über das ernste Geschäft des Glücklichseins etwas zu sagen. Aber auch sie lassen sich ganz gegensätzlich vernehmen:

»Die eine Hälfte der Welt kann die Freuden der anderen nicht verstehen.«
JANE AUSTEN, *Emma*

»Ein Leben lang glücklich! Das wäre die Hölle auf Erden.«
GEORGE BERNARD SHAW, *Man and Superman*

»Keine Pflicht wird von uns so unterschätzt wie die Pflicht, glücklich zu sein.«
ROBERT LOUIS STEVENSON, *Virginibus Puerisque*

174

Wir verstehen uns meisterhaft darauf, für unser eigenes Unglücklichsein zu sorgen. Wir erfinden Katastrophen, malen uns furchterregende Zukunftsvisionen aus und ersinnen tausend Torturen, um uns selbst dafür zu bestrafen, daß wir uns wohlfühlen. Unsere negativen Phantasien sorgen fortwährend für unsere Unterdrückung und Einengung. Es ist eine Art Disneyland mit umgekehrten Vorzeichen in unseren Köpfen. Und wir geben nie Ruhe damit. Wie andere bereits bemerkt haben, hängt es von unseren subjektiven Wahrnehmungen und nicht von unseren objektiven Umständen ab, ob wir glücklich sind.

»Wir sind niemals so glücklich oder so unglücklich, wie es uns vorkommt.«
FRANCOIS DE LA ROCHEFOUCAULD, *Maximes*

»Das Glücklichsein beruht generell mehr auf unserer Anschauung von den Dingen als auf den Dingen selbst.«
THOMAS FULLER, *Gnomologia*

»Jedes Glücklichsein findet im Kopf statt.«
H. G. BOHN, *Handbook of Proverbs*

»Das Glücklichsein ist ein imaginärer Zustand, der früher von den Lebenden oft den Toten zugesprochen wurde und heute gewöhnlich von den Erwachsenen den Kindern und von den Kindern den Erwachsenen.«
THOMAS SZASZ, *The Second Sin*

Wir haben solche Angst, glücklich zu sein, wenn Fortuna es gut mit uns meint, daß wir die Hand vor den Mund halten, unsere Stimme senken und auf Holz klopfen. Diese abergläubischen Reaktionen beruhen auf alten Bräuchen, von denen man früher glaubte, daß sie die Menschen vor bösen Kreaturen schützten, die ihnen aus Neid ihr gutes Geschick sonst hätten stehlen mögen. Das Klopfen auf Holz sollte vielleicht die wohlgesonnenen Geister der Bäume hervorlocken, damit sie die gefährlichen eifersüchtigen Geister abwehren. Erfüllt von Furcht über unser Glücklichsein, leugnen wir unser gutes Geschick und unterlaufen es durch die Angst, daß ein Blitz einschlagen und sich eine Katastrophe einstellen wird.

Wir schüchtern uns mit der Angst ein, daß jedem Erfolg ein Rückschlag folgen muß. Alles, was wir erreichen, könnte unsere Unvollkommenheit der Aufmerksamkeit anderer preisgeben. Es könnte offenbar werden, daß wir genau die Versager sind, für die wir uns wirklich halten. Sichtbar zu sein heißt, ein Ziel abzugeben, eine Jagdbeute, die Aufmerksamkeit erregt und zu Kritik einlädt. Wir fürchten, daß alle Welt sich daran gütlich tun wird, daß man überall in gemütlicher Runde die Fehler breittreten wird, die wir so angestrengt und so wenig erfolgreich zu verbergen bemüht waren.

Wir versuchen, uns selbst das Glücklichsein zu zerreden, es loszuwerden: »Ich war so schlecht, ich habe so viele furchtbare Taten begangen, daß ich es nicht verdiene, so glücklich zu sein. Das muß ein Fehler im großen Plan der Dinge sein. Das Glück, das Fortuna mir beschert hat, gehört bestimmt jemandem, der besser ist als ich.« Natürlich gibt es immer jemanden, der besser ist als wir. Und irgend jemand ist immer schlechter. Aber der große Plan richtet sich nicht danach. Nach dem großen Plan wird überall verteilt. Manchmal bekommt jeder ein wenig Freude ab, ganz gleich, ob er sie verdient hat oder nicht.

Manche von uns bringen es nicht fertig, glücklich zu sein, so lange andere leiden. »Wenn ich glücklich bin, erweise ich mich als unempfänglich für das Elend derer, die weniger Glück hatten. Es ist unziemlich und geradezu egoistisch, vergnügt zu sein, während es gleichzeitig Schmerz und Kummer auf der Welt gibt.« Aber die Wahrheit ist, daß es dem Rest der Welt kein Deut besser geht, selbst wenn wir uns in furchtbares Leid stürzen. Im Gegenteil, wenn wir glücklich sind und in einem Gefühl des Überflusses leben, sind wir meist freundlicher und großzügiger zu den anderen. Unsere positive Energie erhält unseren kleinen Bereich des Universums. Wenn wir unglücklich sind, zeigen wir uns mehr mit uns selbst beschäftigt, so, als lebten wir in einem Spiegelkabinett. Wir sehen nur noch unser eigenes negatives Bild und haben keine Energie übrig, uns um andere zu kümmern. Wenn wir uns schlecht fühlen, verbreiten wir Dunkelheit, und niemandem, außer unserem schlimmsten Feind, geht es dadurch besser.

Das Glücklichsein ist kein anhaltender Zustand. Es wird enden, und wenn es endet, sind wir enttäuscht, ein bißchen traurig, wehmütig – aber wir sterben nicht davon. Das beste, was uns zu tun bleibt, ist: In den Augenblicken der Freude das Leben in vollen Zügen zu genießen, sie auszukosten und dann vorübergehen zu lassen.

»Das Glücklichsein ist wahrscheinlich nur ein vorübergehender Zustand. Einen Augenblick lang oder zwei wird der Organismus so wenig gereizt, daß er sich seiner selbst nicht bewußt ist; für die Dauer dieses Augenblicks ist er glücklich.«
H.L. Menchen, *American Mercury*, März 1930

Das Ziel

Seien Sie mutig, fordern Sie die Negativität heraus. Fordern Sie jeden heraus, der Ihnen Ihre Parade verregnen lassen möchte. Fordern Sie Ihren eignen Aberglauben heraus. Kämpfen Sie gegen die dumpfen Befürchtungen, die Ihre Freude dämpfen.

Übernehmen Sie das Kommando über Ihr eigenes Glücklichsein. Erwarten Sie es. Lassen Sie es geschehen. Gestatten Sie sich, es zu spüren. Es sich ansehen zu lassen. Es steht Ihnen gut. Teilen Sie es mit anderen. Die Welt bedarf aller guten Gefühle, die sie bekommen kann.

»Sei glücklich. Das ist eine Möglichkeit, weise zu sein.«
COLETTE

»Der deutlichste Beweis und das sichtbarste Zeichen wahrer Weisheit ist eine anhaltende und ungezwungene Freude.«
MONTAIGNE

Erweitern Sie Ihre Definition von Glück und Glücklichsein um einige weitere Stimmen wie die folgenden:

»Glücklichsein ist ein fragiles Gleichgewicht zwischen dem, was man ist, und dem, was man hat.«
J.H. DENISON

»Ein glückliches Leben muß zu einem großen Teil ein stilles Leben sein, denn nur in einer Atmosphäre der Stille kann wahre Freude leben.«
BERTRAND RUSSEL, *The Conquest of Happiness*

»Glück? Das ist nichts mehr als Gesundheit
und ein kurzes Gedächtnis.«
ALBERT SCHWEITZER

»Glücklich sein heißt, eine große, liebevolle, zusammengeschweißte Familie zu haben – in einer anderen Stadt.«
GEORGE BURNS

»Glück ist dem einen freudige Erregung,
dem anderen ist es bloßer Mangel an Bewegung.«
AMY LOWELL, *Happiness*

»[Glück, das heißt]
Kein Gläubiger vor der Tür und niemand krank.«
WILLIAM SCARBOROUGH, *Chinese Proverbs*

»Glücklichsein ist ein warmer Welpe.«
CHARLES SCHULZ, 1963

»Es sind nicht Reichtum oder Ruhm, sondern Ruhe und Berufung, die glücklich machen.«
THOMAS JEFFERSON, *Letter to Mrs. A. S. Marks*

»Glück? Es ist eine Illusion anzunehmen, daß größerer Wohlstand größeres Glück bedeutet. Glück entspringt der Fähigkeit, tief zu empfinden, sich einfach zu freuen, frei zu denken, sein Leben einzusetzen, gebraucht zu werden.«
STORM JAMESON, *Reader's Digest,* Januar 1948

»Wenn du einen Tag lang glücklich sein willst, kauf dir eine Flasche Wein. Wenn du eine Woche lang glücklich sein willst, schlachte ein Schwein. Wenn du einen Monat lang glücklich sein willst, dann heirate. Wenn du für den Rest deines Lebens glücklich sein willst, dann werde Gärtner.«
ALTES CHINESISCHES SPRICHWORT

Übungen

»Glücklichsein ist eine Angewohnheit – pflege sie.«
ELBERT HUBBARD, *Epigrams*

Machen Sie andere glücklich. Erkennen Sie an, was an ihnen gut ist. Lächeln Sie und danken Sie anderen für ihre Kompetenz, ihre

Freundlichkeit, ihre gute Laune, ihre Großzügigkeit. Seien Sie selbst großzügig. Lassen Sie Ihrem Chef, der Busfahrerin, dem Postboten, dem Straßenfeger ein Kompliment zukommen.

Machen Sie sich selbst glücklich. Erkennen Sie an, was an Ihnen selbst gut ist. Zuerst im Stillen, dann tasten Sie sich vor zum Angeben, zum Prahlen, zum Loben. Experimentieren Sie auch mit lautem, seligen Überschwang und versäumen Sie nicht gelegentlich eine Konfettiparade.

Nehmen Sie sich jeden Tag zehn Minuten, um noch einmal die nettesten Kleinigkeiten der letzten vierundzwanzig Stunden Revue passieren zu lassen und dafür dankbar zu sein. Ertragen Sie das anfängliche Unbehagen der reinen Freude, den Schock, den Ihr negatives Glaubenssystem dadurch erleidet. Erzählen Sie es jemandem auf die Gefahr hin, für etwas eigenartig gehalten zu werden. Wir führen meistens Tagebuch, wenn wir unzufrieden sind; versuchen Sie mal eins zu führen, um alles Positive aufzuschreiben und anzuerkennen.

Falls im Augenblick von Glücklichsein keine Rede sein kann, dann beschwören Sie Augenblicke reiner Freude wieder herauf, die Sie mit vier, mit acht, mit zwölf Jahren erlebt haben. Denken Sie an Ihr Lieblingsspielzeug, das Sie überall mit hingeschleppt haben, an die Burgen, die Sie unter dem Küchentisch gebaut haben, an das Damespiel mit Ihrem Großvater, den ersten Sprung vom Dreimeterbrett, den Tag, als Sie Ihren kleinen Hund bekamen. Achten Sie darauf, wie die Endorphine Ihres erwachsenen Körpers freigesetzt werden, knistern und explodieren, während Sie die Freuden der Kindheit nachempfinden.

Seien Sie einfach. Suchen Sie nach einfachen Freuden. Die großen komplizierten Freuden kommen und gehen, aber die kleinen liegen stets so nahe wie ein Trunk kalten Wassers an einem heißen Sommertag.

»Die Welt ist von der Anzahl der Dinge so voll,
daß eigentlich ein jeder glücklich sein soll.«
ROBERT LOUIS STEVENSON, *A Child's Garden of Verses*

»Don't worry. Be happy.«
BOBBY MCFERRIN

Bestärkungen

Ich habe Platz für Optimismus.
Ich entscheide, ob mein Glas halb voll oder halb leer ist.
Ich entscheide, ob ich I-Ah oder Pu der Bär sein will.
Ich habe das Kommando über meine Negativität.
Ob ich glücklich bin, hängt von mir ab und von niemandem sonst.
Mein Glücklichsein wird nicht ewig dauern und auch mein Unglück-
lichsein nicht. Ich kann sie beide genießen.
Ich kann genau jetzt glücklich sein.
Ich kann mein Dessert zuerst essen.
Ich habe in meinem Leben wirklich Glück gehabt.
Ich werde mich auch weiterhin vom Glück finden lassen.
Ich kann unvollkommen und zugleich glücklich sein.
Ich bin glücklich, also bin ich.

16

Bin ich, was ich verdiene?

Der Mythos

Ich muß produktiv sein, hart arbeiten, Erfolg haben. Ich bin, was ich erreiche.

Die Wahrheit

Sie sind weit mehr, als Sie jemals erreichen werden. Sie sind ein Mensch und nicht nur eine menschliche Tätigkeit. Wenn Arbeit das einzige ist, wofür Sie leben, dann haben Sie sich einen grausamen Sklaventreiber zum Chef gewählt. Sind Sie selbst der Aufseher, der mit der Peitsche knallt und Sie niemals zur Ruhe kommen läßt? Sind Sie eine Sklavin Ihrer Arbeit, Ihrer Projekte, Ihrer Produktion? Vielleicht sind Sie insgeheim ein Workoholic. Gönnen Sie sich selbst einen Augenblick Ihrer wertvollen Zeit – Sie haben sich ihn gut verdient – und prüfen Sie, ob Sie dem Profil des perfekten Arbeitssüchtigen entsprechen.

Das Workoholic-Quiz

Kreuzen Sie alle zutreffenden Aussagen an.
- Sie sind ständig beschäftigt.
- Die Vorstellung, irgendwelche Verantwortung zu delegieren, kommt Ihnen vollkommen lächerlich vor.

- Sie machen gewöhnlich Überstunden und schaffen mehr, als menschenmöglich ist.
- Sie bewältigen Riesenmengen Papier mit einem einzigen Satz.
- Ihr Leben und alle Menschen in Ihrem Leben nehmen hinter Ihrer Arbeit den zweiten Platz ein.
- Ihr Nacken und Ihre Schultern sind stets verkrampft. Ihr Chiropraktiker kauft sich demnächst eine Jacht.
- Sie glauben, daß niemand jemals Ihren Job so gut machen kann wie Sie selbst.
- Sie glauben nie, daß etwas gut genug getan wurde.
- Erschöpfung hebt Ihre Stimmung.
- Ihr Zeitplan ist so eng, daß auch nicht die kleinste Kleinigkeit schiefgehen darf. Reifenpannen und Allergien gibt es nicht.
- »Erholung« ist ein unanständiges Wort.

Wenn Sie mehrere Antworten angekreuzt haben, sind Sie voll auf dem amerikanischen Traum abonniert – und zwar auf den Workoholic-Alptraum Typ A.

Der amerikanische Traum bleut uns ein, daß wir uns härter abrackern, höher hinaus wollen, verbissener kämpfen und mehr Geld verdienen müssen, wenn wir perfekt sein wollen. Es ist einer jener furchtbaren Alpträume, die dreißig Jahre lang anhalten können. Sein Thema heißt Streben, Kämpfen und Versagen. Es ist ein Alptraum, in dem man niemals zufrieden sein kann, niemals genug hat oder genug ist, nie das Gefühl hat, fertig zu sein und sich selbst immer unzulänglich vorkommt. Der moderne Sklaventreiber sagt: »Du kannst, sollst und wirst es schaffen, an die Spitze zu kommen, wenn du nur jeden Tag ein paar Stunden mehr aufwendest, jeden Monat ein paar Tage mehr und jedes Jahr ein paar Monate mehr.« Der Sklavenhalter läßt nie durchblicken, daß dieser intensive Einsatz in totaler Erschöpfung endet, mit Magen- und Darmgeschwüren, mit Kopfschmerz und anderen Streßsymptomen, und Menschen zurückläßt, die völlig ausgebrannt und unleidlich sich nur noch nach einem sehnen: nach Ruhe. Es ist nichts dagegen einzuwenden, unseren Job so gut zu machen, wie wir können. Das Problem fängt erst da an, wo nichts mehr, was wir tun, uns gut genug erscheint.

Andere Kulturen gedeihen ohne die puritanische Arbeitsethik. Es gibt sehr zivilisierte Länder, in denen die Menschen am Mittag ausgiebig und mit viel Zeit speisen, dann ein Schläfchen machen, am späten Nachmittag arbeiten, Musik hören, tanzen und viel Zeit mit ihren Kindern zubringen. In anderen, ebenso zivilisierten Ländern pflegt man zu meditieren, sich langsam zu bewegen, jede Anstrengung zu vermeiden und dabei sehr zufrieden zu sein. Und alle notwendige Arbeit wird dennoch getan.

Aber wir erfolgsversessenen, auf die Überholspur fixierten, um hohen Einsatz spielenden Leistungsmenschen vergessen oft, daß selbst das schnellste Rennauto Boxenstops benötigt, um gewartet und nachgetankt zu werden. Selbst wenn wir Ferarris oder Porsches sind, müssen wir wissen, wann wir die Maschine überdrehen, wann uns ein Hitzekollaps bevorsteht, wann der Autopilot eingeschaltet werden muß, wann wir ins Schleudern geraten und die Kontrolle verlieren und wann wir abbremsen müssen, weil ein Boxenstop fällig ist. Selbst unsere exzellenten Gehirne, die so maßgeschneidert sind für Geschwindigkeit und Genauigkeit, müssen einmal in den Leerlauf zurückschalten. Ohne Zwischenpause schaffen sie nur Neunzigminutenzyklen, wenn sie effektiv arbeiten sollen. Wenn wir uns selbst auf halsbrecherische Geschwindigkeit beschleunigen, überschreiten wir gewöhnlich unser natürliches menschliches Geschwindigkeitslimit. Überprüfen Sie die gesamte Mechanik. Die Geschwindigkeit, die sich am besten für Ihren Jahrgang und Ihr Modell eignet, ist vielleicht eine andere als die, die Sie bisher bevorzugt haben. Denken Sie darüber nach, welche Geschwindigkeit für Ihr Alter und Ihre Kondition wirklich die beste ist.

Die Arbeit geht mit und ohne uns weiter. Wir sind nicht unersetzlich. Eines Tages wird unser Arbeitsleben zu Ende gehen. Holen

Sie tief Luft. Atmen Sie ein. Atmen Sie aus. Das Leben wird weitergehen.

Der Anfang

Dreijährige quäken: »Das kann ich selber! Ich kann selber die
Erdnußbutter aufs Brot streichen! Ich kann den Kinderwagen schieben! Ich kann das Baby schon festhalten und laß es nicht fallen!«
Kinder (und Erwachsene) macht es stolz, etwas zu können, und es
freut sie, wenn sie sich neue Fähigkeiten aneignen können. Einige
Eltern sind entzückt über die neuerworbenen Fähigkeiten ihrer Kinder. Andere machen sie ängstlich. Bei den meisten ist beides
zugleich der Fall.

Manche Eltern wollen Perfektion ohne Fehler, Resultate ohne
tastende Versuche: Keine Erdnußbutter auf dem Tischtuch, kein ver-
schütteter Saft, keine zerbrochenen Buntstifte, keine aufgeschürften
Knie, keine schlammverkrusteten Schuhe. Sie fragen: »Warum hast
du nicht besser aufgepaßt?« »Warum hast du es nicht richtig versucht?« »Warum hast du es nicht gleich beim ersten Mal geschafft?«
»Warum hast du denn gerade die eine Mathematikaufgabe nicht
geschafft?« »Warum hast du den nicht ins Tor gekriegt?« »Du mußt
es besser, schneller, klüger, rascher, ordentlicher, fester machen.«
Eltern, die perfekte Kinder haben wollen, ist kein Erfolg jemals
erfolgreich genug.

Kinder fangen sich den Virus des Perfektionismus leicht von
Eltern ein, die bereits infiziert sind.

Es war einmal ...

Sheilas Mutter war nicht nur eine einfache Richtigmacherin,
sondern mit dem Superrichtigmachervirus infiziert. Sie betrachtete

sich selbst als unersetzlich. Sie hatte extrem ordentliche und artige Kinder. Sie entsprach allen Erfordernissen eines anspruchsvollen Berufes und hielt zugleich ihr Haus makellos sauber. Sie züchtete Rosen, mit denen sie Preise gewann, bereitete Mahlzeiten zu, die mehrere Gänge umfaßten, und sorgte ständig dafür, daß das Getriebe der Familie bestens geschmiert war. Sie war endlos aktiv und ständig erschöpft.

Sheilas Vater war keiner von den Superrichtigmachern. Er war ein lockerer, entspannter Typ, den der Perfektionismus noch nicht infiziert hatte. Er arbeitete viel, aber er verausgabte sich nicht so, wie es seine Frau tat. Er ließ sich nicht unter Streß setzen oder auslaugen. Er war relativ zufrieden, hatte viel Spaß an der Freud' und ließ sich nicht aus der Ruhe bringen. Sheilas Mutter verübelte ihm sehr, daß er das Leben genoß, während sie sechsundzwanzig Stunden am Tag unter Dampf stand.

Sheila betrachtete das Leben ebenfalls aus der Perspektive ihrer Mutter. Wie ihre Mutter verachtete sie die Lebensweise ihres Vaters. Sie hatte Angst, zu den Mißratenen dieser Welt zu gehören – faul, langsam, verspielt, locker, glücklich zu sein und ihre Möglichkeiten nicht voll auszuschöpfen – wie ihr Vater. Wie ihre Mutter verleugnete Sheila ihre lebenslustige, lässige, entspannte Seite. Sie war überzeugt davon, daß der Weg, den ihre Mutter eingeschlagen hatte, der einzig richtige war, wenn man in der Welt Erfolg haben wollte. So wird der Superrichtigmachervirus von einer workoholischen Generation auf die nächste übertragen.

Alle Familien geben starke Gefühle, Werte und Urteile über die Arbeit als solche an ihre Kinder weiter. Manche Superrichtigmacherfamilien verachten jeden, der unter einem Baum liegt und ein Buch liest oder einfach nur den Mond anschaut. Sie verurteilen andere, weil diese faul sind, langsam oder bemerkenswert unproduktiv. Wer Verspieltheit, Tagträumerei, Entspannung und langes Schlafen als schlampig und gefährlich herabgesetzt, hat sich bereits entschieden, sich niemals bei einem Nickerchen ertappen zu lassen.

Wir werden von diesem Superrichtigmachervirus nicht notwendigerweise in unserer Familie infiziert. Der Workoholismus liegt überall in der Luft. Wir inhalieren ihn mit Sätzen wir den folgenden:

>Fleißige Hände sind glückliche Hände; müßige Hände sind die Werkbank des Teufels.«

>Ohne Fleiß kein Preis.«

>Erst die Arbeit, dann das Spiel.«

>Arbeit ist sich selbst der Lohn.«

>Bleib immer fleißig, sonst wirst du es zu nichts bringen.«

>Arbeit ist die beste Medizin.«

>Wenn du die Zeit totschlagen willst, dann arbeite sie tot.«

Wir alle sind vor der sechsten Klasse gefragt worden: »Was willst du werden, wenn du einmal groß bist?« Und uns allen hat man gesagt, wir müßten härter, länger und besser arbeiten, um unseren Möglichkeiten gerecht zu werden. Diese Botschaft macht uns für das Superrichtigmachervirus empfänglich. Und niemand vermittelte irgendwelche Botschaften, die gegen den Virus wirken:

>Nimm dir Zeit.«

>Such dir deinen eigenen Rhythmus.«

>Laß dein Kindsein nicht zu kurz kommen.«

>Mach langsam, dir steht noch ein ganzes Leben voll harter Arbeit bevor.«

>Geh beim Lernen nach deinem eigenen Tempo vor.«

>Es läuft uns nichts davon.«

>Nur keine Hast. Wir warten auf dich.«

Wie anders unser Leben aussähe, wenn wir in einer virusfreien Welt aufgewachsen wären.

Die Gegenwart

Als Erwachsene müssen wir uns selbst auf Anzeichen des Superrichtigmachervirus, der Plage der Industriegesellschaft, überprüfen. Dieser Virus ist vor allem letal für Frauen, die einen Arbeitsplatz übernehmen und gleichzeitig die siebzigtausend Anforderungen, die das Hausfrauen- und Mutterdasein mit sich bringt, nicht ablegen oder nicht ablegen können. Allzuoft glauben die Frauen, daß sie alles perfekt machen müssen – den Beruf, das Haus, die Kinder, die Welt. Obwohl sie nur einfache Sterbliche sind, fühlen sie sich schuldig, wenn sie nicht alles zugleich schaffen – so, als hieße das, sie würden sich vor ihren Pflichten drücken. Dies ist vor allem ein kritisches Problem für alleinerziehende Mütter. Viele Superfrauen verstricken sich mit dem Superrichtigmachervirus in einen Kampf auf Leben und Tod.

Einige von uns, die gleichzeitig mit ihrem Beruf, der Familie und anderen Verpflichtungen jonglieren, müssen ein paar Jahre lang sehr viel leisten. Und für einige von uns ist es eine echte Freude, vielbeschäftigt zu sein. Einige bleiben auch beschäftigt, obwohl sie es nicht mehr brauchen oder wollen, und zwar aus Furcht oder aus Gewohnheit. Und einige haben nie gelernt, sich auszuruhen, ohne sich dabei faul vorzukommen. Einige finden die Idee, sich auszuruhen, geradezu erschreckend; sie denken: »Ruhezeit ist tote Zeit« oder: »Wenn ich still stehe, sterbe ich.« Manche von uns erwarten, sich in dieser Situation verloren und haltlos zu fühlen, und sagen sich: »Ich werde mich langweilen«, »Womit soll ich mich dann beschäftigen?« »Was soll ich mit mir selbst anfangen?« Und: »Wie soll ich all die Zeit ausfüllen?« Diese Ansichten machen es natürlich schwierig, sich ein langes heißes Bad zu gönnen, eine halbe Stunde in der Sonne zu liegen, einen total hinreißenden Kitschroman zu lesen oder ein Nickerchen zu machen, ohne sich dabei unwohl zu fühlen, selbstsüchtig und unverantwortlich vorzukommen.

Arbeit kann großartig sein. Im besten Falle wird Arbeit mit großzügiger Belohnung bedacht, zu der auch der Status, die Gemeinschaft mit den Arbeitskolleginnen und -kollegen, die Selbstdefinition, die strukturelle Einbindung und das Geld gehören. Arbeit kann uns die Befriedigung verschaffen, eine Aufgabe zu bewältigen, eine Herausforderung zu bestehen, stolz auf unsere eigenen Fähigkeiten zu sein. Und wenn alles zum besten steht, wirkt sich Arbeit auch auf unsere Persönlichkeit aus. Sie kann uns lehren, daß wir kreativ sind, wertvoll, klug, tüchtig und erfahren. Manchmal kann Arbeit ein Segen sein.

Aber Arbeit kann auch ein Fluch sein. Paradoxerweise fühlen wir uns möglicherweise auch dann von den endlosen Herausforderungen und Anforderungen unserer Arbeit wie in einer Falle gefangen, wenn diese Arbeit und unsere Karriere sich für uns durchaus lohnen. Wenn wir es nicht mehr schaffen, einmal langsamer zu machen, dann stellt sich leicht Abhängigkeit ein, der Zwang, ständig aktiv zu sein, etwas vorzuführen, die Karriereleiter immer weiter hinauf, hinauf und hinauf zu steigen. Die Arbeit kann zu unserer Identität werden, zu unserer Familie, unserem Namen, unserem Lebenszweck und zum einzigen Maß unseres Erfolges. Sie kann unser ganzes Leben beherrschen, wenn wir es ihr gestatten.

Trotz vieler Veränderungen, die sich in der Arbeitswelt vollzogen haben, gelten in unserer Kultur immer noch die hart Arbeitenden, Ernsthaften, Pünktlichen, Verantwortlichen, Tüchtigen, Ordentlichen und Reichen als diejenigen, die auf der guten Seite stehen. (Denken Sie an Sheilas Vater, der zur minderen Sorte zählte.) Die meisten erwachsenen Superrichtigmacher wollen zur guten Seite zählen, ganz so, wie wir früher gute Kinder sein wollten, anerkannt und mit Applaus bedacht von unseren Eltern. Als Erwachsene hoffen wir, daß unsere Chefs und Vorgesetzte uns die Anerkennung und Liebe gewähren werden, die wir einst von unseren Eltern erwarteten.

Chefs und Eltern haben viel gemeinsam. Sie haben das Kommando. Sie machen die Regeln. Sie bewerten uns und unsere Leistungen. Sie haben die schwereren Sessel und größeren Schreibtische, die breiteren Fenster und mehr Telefonapparate als wir. In der Arbeitswelt Untergebene/r zu sein, kann große Ähnlichkeit mit dem Kindsein haben – ein kleineres Büro, leichtere Sessel und kleinere Schreibtische, keine Fenster –, mit vielen der dazugehörigen, in uns noch lebendigen kindlichen Gefühle. Die einfache Feststellung des Chefs: »Ich möchte Sie in meinem Büro sehen; wir müssen miteinander reden«, kann in Ihrem Kopf einen Brandalarm auslösen. Wie ein Achtjähriger leiden wir unter der Zwangsvorstellung, daß wir sechsundachtzig Sachen falsch gemacht haben, und sind uns sicher, daß der Chef uns in zweiundachtzig davon auf die Schliche kommen kann. Wir hören, wie unsere Mutter sagt: »Ich weiß, was du getan hast. Warte nur, bis dein Vater heimkommt.«

Wenn wir unsere Chefs als Eltern ansehen, überlassen wir ihnen zuviel Macht. Das ist nicht gut für uns und nicht gut für sie. Wenn unsere Chefs unsere einzige Quelle der Zustimmung sind, genauso wie unsere Eltern es einst waren, dann gerät unsere Selbstachtung in Abhängigkeit von Ihrem Urteil. Wenn unsere Leistung uns kein Schulterklopfen einträgt und kein höheres Gehalt, verspüren wir selbst Zweifel und werden unzufrieden. So verwandeln wir uns langsam in Workoholics und bemühen uns leidenschaftlich darum, all das zu bekommen, was uns als Achtjährige entgangen ist.

Das ist natürlich ein fruchtloser und undankbarer Versuch, der in Wirklichkeit nur eine Menge Verwirrung stiftet. Es ist einfach zu spät. Wir sind nicht mehr acht. Ganz gleich, ob wir selbst immer daran glauben oder nicht: Wir sind erwachsen, und unser wahrer Wert hängt nicht vom Urteil unseres Chefs ab. Wir werden ja in Wahrheit immer unvollkommene Angestellte bleiben, genauso wie wir als Kinder unvollkommen waren, und auch unsere Chefs werden niemals die vollkommenen Eltern sein, die wir nie hatten.

Es war einmal ...

Der vollendet sachkundige Carl arbeitete im Gesundheitsdienst der Gemeinde. Er hatte seine Ausbildung sehr gut abgeschlossen und bereits eine glänzende Karriere hinter sich. Seine Chefs und Kollegen erkannten seine Sachkunde, sein Geschick und seine Beiträge auf ihrem Gebiet neidlos an. Er wurde gebeten, eine landesweite Konferenz für Dienstleister im Gesundheitswesen vorzubereiten und durchzuführen. Es handelte sich um eine gewaltige Aufgabe, und Carl fühlte sich geschmeichelt, daß man ihm die Leitung übertragen wollte. Freudig willigte er ein.

Carl gelang alles, was er sich vorgenommen hatte; er arbeitete wochenlang achtzehn Stunden am Tag und verbrachte auch die Wochenenden im Büro. Er gönnte sich keine Ruhe. Er schlief kaum noch. Er ging nicht mehr zum Karatetraining. Er führte den Hund nicht mehr aus, traf keine Freunde mehr und spielte nicht mehr Racketball. Er widmete sich voll und ganz seiner Aufgabe, entschlossen, eine perfekte Konferenz zu organisieren. Er regelte tausend Details und führte eine Million Telefongespräche. Die Konferenz wurde ein Riesenerfolg. Die Teilnehmer waren voll des Lobes und bezeugten ihm überschwenglich ihre Anerkennung.

Nicht lange nach dem Ende der Konferenz verfiel Carl unerwarteterweise in Depressionen. Alle glaubten, die Sache sei perfekt gewesen, allein er wußte, daß dem nicht so war. Es hatte viele kleinere Störungen gegeben, aber für ihn wurde ein einziges störrisches Mikrofon in einem der Seminarräume zur fixen Idee. Niemand war in der Lage gewesen, dessen Pfeifen und Krächzen abzustellen, und der Diskussionsleiter hatte Mühe gehabt, sich über das Rückkoppelungspfeifen Gehör zu verschaffen. Carl brachte es nicht fertig, über diese Sache Gras wachsen zu lassen. Er sagte sich: »Ich hätte die gesamte Ausrüstung zweimal überprüfen sollen. Ich hätte besser acht geben sollen. Ich hätte mehr tun müssen.« Nach und nach nahm er sich einen Fehler nach dem anderen vor, stellte schließlich

191

seinen eigenen Wert und den Wert des ganzen Projektes in Frage. »Wenn diese eine Sache schiefging, dann sind bestimmt auch andere Dinge vermasselt worden. Die ganze Konferenz war in Wirklichkeit ein einziges Durcheinander. Die Leute sagen, es war schön, aber das tun sie nur aus Freundlichkeit, weil sie versuchen, meine Gefühle zu schonen.« Hier sehen wir den Superrichtigmachervirus auf dem Höhepunkt einer Fieberkrise.

Carl quälte sich, ärgerte sich, kam sich unzulänglich vor, wertlos, als ein Versager. Schließlich sprach er mit dem freundlichen Therapeuten in seiner Nachbarschaft darüber, wie verrückt seine Gefühle seien. Obwohl die Konferenz ganz eindeutig ein Erfolg gewesen sei, habe er sich über sein Versagen aufgeregt. Es stellte sich heraus, daß hinter all seiner Einsatzfreude und seiner Überproduktivität seine geheimen Ambitionen lauerten. Er wollte auf vollkommene Weise produktiv sein, makellos, unermüdlich, wie ein Heiliger. Er wollte die Welt retten. Das konnte er nicht. Er wollte Superman sein. Das war er nicht.

Carl lebte in einer Welt voller unzuverlässiger Elektronik – ein Beispiel die Mikrofone, die nicht perfekt funktionierten. Jede Panne an irgendeiner Stelle erinnerte ihn an seine eigenen Störungen. Er war unzulänglich. Die Welt ließ sich nicht von ihm erretten. Er kam dem Stand der Heiligen nicht näher. Selbst die erfolgsreichste Konferenz konnte Carls sehr begrenzte Selbstachtung nicht steigern. Selbst wenn er sich übermenschlich einsetzte, blieb er, blieb die Konferenz und blieb die ganze Welt immer noch alles andere als perfekt. Wie unfair!

Carl mußte dringend daran erinnert werden, daß er mehr war als seine armselige Produktivität. Er war zugleich mit Makeln behaftet und gut genug. Manchmal war er sogar besser als gut genug. Und er war nicht die Idealperson Father Martin Luther Kennedy Damien. Gelegentlich kam er sich zwar wie Superman vor, aber in Wirklichkeit war er Clark Kent.

So wie Carl vermeiden wir es oft, von unseren Unvollkommenheiten Notiz zu nehmen, indem wir diese überkompensieren und einem blinden Aktionismus verfallen. Unsere Überaktivität und Überproduktivität kann uns helfen, Intimität zu vermeiden (wer hat dazu schon Zeit?), Kameradschaft (die spielt ohnehin keine Rolle) und das wirkliche Leben (das ist zu entsetzlich). Statt dessen werden wir süchtig nach dem Adrenalinstoß, den Wettbewerb und Erfolg mit sich bringen. Wir verlangen nach mehr und mehr Macht, Status, Geld, Dingen und glauben langsam daran, daß diejenigen, die das meiste Spielzeug besitzen, die Gewinner sind. Wir eilen von Herausforderung zu Herausforderung. Der Sturm an die Spitze oder auf den Gipfel mag der menschlichen Natur eigen sein, aber niemand hat je einen Grabstein gesehen, auf dem eingemeißelt stand: »Ich wünschte, ich hätte mehr gearbeitet. Ich wünschte, ich hätte weniger gespielt.«

In dem Wettlauf nach Erfolg können wir uns unvollkommenes Selbst in dem Staub verlieren, den wir selbst aufwirbeln. Und wenn sich der Staub legt, finden wir es wieder – unvollkommen, menschlich, verstaubt. Wir vergessen, daß wir auch noch andere Möglichkeiten haben, zum Beispiel, langsamer zu machen, eine Weile auszusteigen, uns auf andere Art und Weise zu ernähren. Wir könnten den Picknickkorb herausholen, die Decke ausbreiten, den Blick genießen, der sich uns bietet, und ausruhen. Wir könnten uns auf den Rücken legen und zuschauen, wie die Wolken vorbeiziehen. Wir könnten uns selbst wichtige Fragen stellen: »Wen will ich eigentlich übertreffen? Wer ist mein Rollenvorbild für diese ganze Narretei? Wessen Leben lebe ich eigentlich? Wovor laufe ich davon? Was könnte ich loslassen? Wen werde ich zurücklassen? Welches ist genau jetzt in meinem Leben der richtige Rhythmus, die richtige Balance zwischen Arbeit und allem anderen? Wie kann ich diesen Zustand erreichen?«

Ob Sie es glauben oder nicht, wir können uns auch dafür entscheiden, uns nicht für die Arbeit zu verbrauchen. Wir können bestimmen, wie wir unsere Zeit verbringen wollen. Wir können entscheiden, welchen Platz wir der Arbeit in unserem Leben geben und wie beschäftigt wir wirklich sein müssen.

Das Ziel

Wenn Sie in einem Abschnitt Ihres Lebens stecken, in dem Ihre Arbeit notwendigerweise im Mittelpunkt steht, dann finden Sie eine Möglichkeit, Ihre Arbeit zu lieben oder sich wenigstens mit ihr zu arrangieren.

Streben Sie weniger ein perfektes Ergebnis als vielmehr stetigen Fortschritt an. Fortschritt bedeutet, Schritt für Schritt voranzuschreiten. Unterteilen Sie große Aufgaben in kleine Schritte. Damit schützen Sie sich vor dem Gefühl, überwältigt zu werden. Und Sie erreichen etwas. Mutter Teresa ist nicht ausgezogen, um die Welt zu retten, sondern nur, um einigen Menschen zu helfen, die Hilfe nötig hatten.

Halten Sie Ihre Arbeitsbelastung im Gleichgewicht.

Setzen Sie sich nicht länger überall hundertzehnprozentig ein; entscheiden Sie selbst, worauf Sie Ihre Energie verwenden wollen.

Setzen Sie einige Grenzen.

Gehen Sie die Verpflichtung ein, sich selbst zu managen.

Planen Sie Ruheperioden ein – Zeit, die Sie mit Ihrer Familie verbringen, mit Freunden, draußen in der Natur, mit Kunst und Musik, allein mit sich, Ihrer Seele und Ihrem Körper.

Verwenden Sie Zeit auf die Dinge, die Ihnen Spaß machen. Sie brauchen sich dafür nicht zu entschuldigen.

Vergessen Sie nicht, daß es weit draußen noch eine ganz andere Welt gibt, ein Shangri-la jenseits des Himalaya von Arbeit.

Machen Sie eine Kunst daraus, über die Stränge zu schlagen.

Vergessen Sie nicht, daß Sie ein menschliches Wesen und nicht nur eine menschliche Tätigkeit sind.

Übungen

Keine Hausaufgaben. Nehmen Sie sich Zeit, um auszuruhen und zu spielen.

Bestärkungen

Ich entscheide, wann ich mir Zeit nehme und wann ich mich beeile.
Ich tue mir etwas Gutes und gebe anderen ein gutes Beispiel, wenn ich mich nicht hetzen lasse.
Ich nehme mir Zeit, zu spielen, ohne dafür büßen zu müssen.
Mit Boxenstops bin ich schneller und komme weiter.
Ich kann Arbeit und Vergnügen in ein Gleichgewicht bringen.
Ich bin entschlossen, mich nicht zu überarbeiten und nicht vor lauter Streß einen Herzinfarkt zu bekommen.
Ich bin mehr als jede Aufgabe, die ich bewältige.
Ich ziehe meinen Antrag auf Heiligsprechung zurück.
Ich arbeite *und* ich vergnüge mich, also bin ich.

17
Reich sein! Dünn sein!

Der Mythos

Ich kann gar nicht zu reich oder zu dünn sein.

Die Wahrheit

Sie können es doch, und Sie können sich mit dem Versuch, es zu werden, zugrunde richten. Wir können uns umbringen, indem wir zu hart arbeiten, um reich zu werden. Wir können uns umbringen, wenn wir mit dem Ziel, dünn zu werden, zu wenig essen. Wir können uns wegen unserer Körper oder unserer Bankkonten so schlecht fühlen, daß wir sogar unser Leben einzusetzen bereit sind, um unseren Besitz zu vermehren oder unseren Umfang zu reduzieren.

Jedes Jahr werden Milliarden von Mark ausgegeben, um uns zu überzeugen, daß wir zu wenig Geld und zu viele Pfunde besitzen. Unsere Unzufriedenheit damit hält die Wirtschaftszweige Gewichtsreduktion und Finanzplanung in Gang. Die Profis, die ganz genau wissen, welche Knöpfe man bei uns drücken muß, manipulieren uns so, daß wir uns unglücklich, bedürftig, unzulänglich vorkommen und mit uns selbst unzufrieden sind. Sie sorgen dafür, daß wir weiterhin neue Mittel ausprobieren und kaufen. Achten Sie einmal darauf, wie wenig Geld ausgegeben wird, um unsere Selbstachtung zu fördern, um uns zu ermutigen, für unsere Gesundheit zu sorgen, für unsere Werte und Phantasien, um unsere Kreativität zu unterstützen oder uns ganz einfach aufzumöbeln. Kein Wunder, daß wir niemals mit unserem Aussehen und unserem Bankkonto zufrieden sind.

Wir versuchen, unserer inneren Unzufriedenheit Herr zu werden, indem wir Reparaturen am Äußeren vornehmen. Im jahreszeitlichen Wechsel erneuern wir unsere Verpackung. Wir schnüren unsere gequälten Körper ein und behängen uns mit Stoff und Schmuck in der Hoffnung, daß wir uns inwendig besser fühlen, wenn unser Outfit perfekt ist.

Nun stellen wir uns einmal das Gegenteil vor. Wenn wir es wagten, mit uns zufrieden zu sein, würden wir wahrscheinlich die gesamte ökonomische Infrastruktur der westlichen Welt unterminieren. Wenn wir uns sicher und glücklich genug fühlten, um weniger zu konsumieren, würden wir einen Marktzusammenbruch hervorrufen, der Wert von Dollar, Pfund und D-Mark würde fallen wie ein Stein.

Als gute Bürgerinnen und Bürger, denen das Wohlergehen der Nation am Herzen liegt, ist es unsere patriotische Pflicht, daran zu glauben, daß wir zu fett und zu arm sind, und uns selbst damit umzubringen, unser Gewicht zu reduzieren und unsere Geldbörsen zu mästen, unsere Hemdgrößen schrumpfen zu lassen und unsere Portefolios wachsen.

Warum sind die reichsten und dünnsten Menschen nicht völlig entspannt, heiter, frohgemut, wohlgelaunt und vollkommen zufrieden mit ihrem Leben? Machte Jackie O. einen glücklichen Eindruck? Und Rockefeller? Howard Hughes? Wie ist es mit Michael Jackson? Claudia Schiffer? Lady Diana?

Vielleicht wird man nicht glücklich, weil man reich oder dünn ist. Vielleicht haben wir bereits alles, was wir brauchen – vielleicht mehr als alles. Vielleicht hatte der Zauberer im Filmland Oz recht – wir sind bereits am Ziel, wir haben schon lange das Herz, den Verstand und den Mut, die wir anderswo zu finden hofften. Vielleicht sind wir auch schon wohlhabend genug, dünn genug, perfekt genug so, wie wir sind. Vielleicht schwimmen wir schon lange in dem wahren Segen.

In vielen Ländern gilt es nicht als Sünde, fett oder arm zu sein. In Amerika wie in Deutschland neigen wir dazu, das Geld (das gilt mehr für die Männer) und das Aussehen (mehr bei den Frauen) zu vergöttern. Die Männer verdienen sich (meistenteils) ihren Status, ihre Macht und ihren Einfluß durch ihren Reichtum, dadurch, daß sie jemand sind. Und die Frauen erreichen (meistens) Macht und Einfluß, indem sie jung und schön sind, einen großartigen Körper aufweisen und sich wie ein Nichts vorkommen, bis sie ihren Herrn Jemand haben. Mehr als die Männer werden die Frauen durch ihre Verpackung festgelegt. Sie sollen für alle Zeiten jung und schlank bleiben – so wie Barbie. Männer sollen reich und erfolgreich sein – so wie Ken.

Unsere Kultur stützt dieses Bild. Sean Connery ändert sich, wird faltig, älter, breiter und weiser. Seine Partnerinnen sind immer die typische junge Unschuld, schlank, makellos, zweiundzwanzig. Sie werden alle paar Jahre gegen ein neues Modell eingetauscht. Männliche Nachrichtensprecher werden älter und distinguierter; die Sprecherinnen werden ersetzt, wenn sie altern. Weibliche Talkshowgäste machen sich Gedanken über ihr Gewicht; männliche Talkshowgäste machen sich Gedanken über ihre Politik. Rechtsanwältinnen werden nach der Ausstrahlung ihrer Kleider beurteilt; Rechtsanwälte nach der Kraft ihrer Argumente. Den Frauen wird so oft eingebleut, daß ihre Erfolge in Wirklichkeit gar keine Rolle spielen, daß sie schließlich ihre eigenen Fähigkeiten mißachten. Es ist ein Versagen unserer ganzen Kultur, wenn kluge, sachkundige Frauen ihre Zeit vor allem auf Überlegungen verwenden, welcher Lidschatten wohl am besten zu ihren Schuhen paßt.

Stellen Sie sich einmal vor, die Post für Männer und Frauen geriete in der großen Posttasche im Himmel durcheinander und die Mythen würden geschlechtsvertauscht. Wie würde unsere Welt aussehen, wenn die Frauen Anerkennung für ihr Geld fänden und die Männer dafür, daß sie schlank wären, attraktiv, betörend und von entzückendem Großmut. Das würde heißen, daß die Frauen niemals reich genug und die Männer niemals dünn genug sein könnten. Die Frauen hätten ihren Platz im Haifischbecken der Konkurrenz von Geschäfts- und Finanzwelt. Attraktive Männer wären eine Zierde für den Arm einer Frau. Sie wären dekorativ. Ihr Bereich wäre das Soziale, das Mütterliche. Die Gesellschaft würde darauf bestehen, daß dies die angemessenen Aktivitäten für die Männer wären. Sie fänden ihre emotionale Erfüllung darin, anderen zu geben und die Bedürfnisse anderer über ihre eigenen zu stellen.

Männer wären verantwortlich für die traditionellen Werte der Familie. Sache der Frauen wäre es, Geld zu verdienen und auszugeben. Die Männer würden die Haushalte führen, die Häuser in Ordnung halten und hätten ein gutes Gespür für die besonderen Bedürfnisse der Frauen. Gute Männer würden aufmerksam über den Cholesterinspiegel, den Alkoholkonsum und den allgemeinen Gesundheitszustand ihrer Frauen wachen. Sie würden immer wissen, wann wer Geburtstag hat, und natürlich all die vielen Feiern ausrichten. Ein Mann gibt jeder Küche Farbe. Die Frauen verhandeln die Grundstückkäufe. Die Männer lassen sich Haare und Nägel pflegen. Sie sind ständig in Sorge wegen ihres Gewichtes. Als Vatertagsgeschenke gibt es Dampfkochtöpfe, Staubsauger, Blumen, Schokolade und Parfum. Und zum Muttertag Laptop-Computer, teure Federhalter, Jagdgewehre, Kettensägen und Hängematten.

Männer wollen Sekretäre werden, Zahnhygieniker, Krankenpfleger, Lehrer, Kellner. Sie sind die Macht hinter den Kulissen, die munteren Seelen, die die Kinder großziehen und für die Königin Staat und Hofstaat zusammenhalten. Sie wirken nicht mehr so attraktiv, wenn sie älter werden, und ihre Frauen ersetzen sie oft durch jüngere, temperamentvollere, weniger intelligente oder anspruchsvolle Männer. Um begehrenswert zu bleiben und weiterhin zu gefallen, sollte ein Mann sich im Fitneßcenter abmühen, Diät halten und sorgen, daß er immer gut gekleidet ist, vor allem, wenn seine hart arbeitende Frau nach einem rauhen Arbeitstag im Büro heimkommt.

Die Frauen gelten also umso wertvoller, je älter sie werden. Ergrauendes Haar und einige Lachfalten um die Augen lassen sie distinguierter erscheinen, anziehender, wertvoller und weiser. Ältere Politikerinnen, Richterinnen, Professorinnen, Ärztinnen, Nachrichtenleute und Schauspielerinnen sind die begehrenswertesten Frauen.

Wenn eine Ehe schiefgeht, trägt gewöhnlich der Mann die Schuld. Er hat wahrscheinlich nicht genug Verständnis für die Arbeitsleidenschaft seiner Frau und ihre tiefe Freundschaft zu anderen Männern oder Frauen aufgebracht. Er hat wahrscheinlich den Bedürfnissen seiner Frau nicht entsprochen und war vielleicht selbst zu anspruchsvoll. Unvernünftigerweise erwartete er, daß sie seinem Leben einen Sinn geben würde. Er war oft sexuell nicht ansprechbar, unempfänglich und phantasielos. Er hatte kein Verständnis für die Zerbrechlichkeit des weiblichen Ego. Er kontrollierte seinen sexuellen Rhythmus nicht ausreichend, um ihn dem ihren anzupassen. Er faßte ihre Vorschläge als persönliche Kritik auf. Kein Wunder, daß die Ehe schiefging.

Verwirrt und ermattet durch ihre komplexen Rollen und ihr ständiges Gefordertsein flüchten sich die Männer oft in Liebesromane. Aus Unsicherheit lesen sie massenweise Ratgeber, die sie zum besseren Verständnis ihrer Frauen anleiten sollen. Sie lesen *Männer, die zu sehr lieben* und dessen bestürzenden Nachfolger, *Frauen, die zu wenig lieben.* Sie suchen oft Rat und Hilfe. Die meisten Männer fühlen sich ihren Aufgaben nicht gewachsen, machen sich Sorgen, essen, um ihre Ängste zu besänftigen, und überlegen zumindest, ob sie Anti-Depressiva nehmen sollen. Kein Wunder, daß die Scheidungsrate bei einundfünfzig Prozent liegt.

Eine Gesellschaft, die die Geschlechtsunterschiede anders auffassen würde als die unsere, könnte zu der Annahme gelangen, daß

Männer, da sie nicht über einen berechenbaren hormonellen Zyklus verfügen, jederzeit explodieren können; daß sie am Arbeitsplatz dementsprechend irrational, unberechenbar und potentiell gefährlich seien. Daß Sexbessenheit die Männer zu unverläßlichen Managern macht. Daß ihre Aggressivität den Männern unmöglich macht, vernünftige internationale Politik zu verhandeln und zu verwirklichen. Ihr angeborenes Konkurrenzdenken macht sie weniger kooperativ, als es die Frauen sind. Sie verursachen Reibung und Meinungsverschiedenheiten, wo immer sie arbeiten. Die Frauen werden durch ihren berechenbaren Zyklus befähigen, vorauszuplanen und sich ihren hormonellen Änderungen anzupassen. Ihre Verhandlungserfahrungen befähigt sie, zu harten Abschlüssen zu kommen, ohne dabei jemanden zu verletzen.

Derweil hat in der wirklichen Welt jedes Geschlecht nach wie vor mit seinen eigenen Bedürfnissen und seinen eigenen Illusionen zu kämpfen. Obwohl die Dinge sich bei jeder Drehung der Erde ändern, bleiben Schlankheit und Soziales die Domäne der Frau, Reichtum und Weltläufigkeit Sache des Mannes.

Der Anfang (reich)

Die meisten Einwanderer kamen nach Amerika auf der Suche nach Zuflucht, besseren Möglichkeiten und einem besseren Leben. Sie hungerten nach Nahrung und Freiheit und waren erpicht darauf, zu Herren ihres eigenen Schicksals zu werden. Es hieß, daß in Amerika alles möglich sei. Es war das Land, wo Milch und Honig fließt, wo man dem alten Klassensystem entkommen konnte und es zu Reichtum bringen, selbst wenn man arm anfing. Die Straßen schienen mit Gold gepflastert zu sein. Nur der Himmel war die Grenze. Aus jedem Tellerwäscher konnte ein Millionär werden. Jeder Junge, und mochte er auch in einer Blockhütte geboren sein, konnte Präsident werden. Und jedes Mädchen, das nur hübsch genug war, konnte einen reichen Mann heiraten und ein Leben des Müßiggangs führen. Alle konnten das alles erreichen.

Die Kehrseite dieser Botschaft lautete, wenn es ein Mann nicht zu Reichtum brachte, dann stimmte etwas nicht mit ihm. Dann hatte er nicht genug die Zähne zusammengebissen, zu wenig Phantasie besessen, war zu dumm gewesen, hatte es an Hartnäckigkeit oder Ausdauer fehlen lassen. Auch heute noch glauben viele Menschen tief in ihrem Innersten, daß ein Mann, der sich im Leben nicht durchsetzt, irgendwie faul oder sonstwie mängelbehaftet sein muß. Und Frauen, die es auf dem Markt der Beziehungen zu nichts bringen, werden immer noch als unerfüllte alte Jungfern gesehen, vertrocknete Spinnerinnen, die ihre Eltern um die Enkelkinder betrügen.

Der amerikanische Traum konnte sich auch in deutschen Köpfen fortsetzen. Und die traurige Wahrheit ist: Der amerikanische Traum war niemals für alle gleichermaßen erreichbar. Es war ein großer Traum, aber doch mit seinen Grenzen, und für manche Menschen war er sehr viel wahrer und einfacher zu realisieren als für andere. Wir sind alle mit diesem Traum großgeworden, aber eines Tages wacht ein jeder im wirklichen Leben auf, das sehr viel komplizierter ist als jeder Traum. Reichtum stellt sich nicht unweigerlich ein; harte Arbeit oder gutes Aussehen garantieren keine Reichtümer, keine Ehemänner. Manche schaffen es und manche nicht. Fair ist das nicht.

Der amerikanische Traum vom Wohlstand ist für jeden anders. Er unterscheidet sich je nach der Geschichte der Familie und ihren Vorstellungen zum Geldverdienen und Geldausgeben. Die Kinder, die während der großen Wirtschaftskrise der dreißiger Jahre aufwuchsen, haben eine ganz andere Lebenshaltung entwickelt als die Kinder, die nach dem Zweiten Weltkrieg groß wurden. In einigen Familien hat es niemals Geld gegeben. In manchen gab es zu viel. Manche kamen mit ihrem Einkommen aus. Manche mußten sich etwas leihen. Manche übertrieben es damit. Manche gerieten in

Schulden und kamen nicht mehr heraus. Manche stahlen – weil sie nicht anders konnten, oder aus Vergnügen.

Manche Familien mußten sich entscheiden, ob sie frühstücken oder zu Mittag essen wollten, ob sie Miete bezahlen oder etwas Benzin fürs Auto kaufen wollten. Manche konnten sich jedes Jahr einen neuen Wagen leisten, konnten ihr Geld in Grundstücken, in Kunst, in Ferienreisen, in die Erziehung der Kinder, in Aktien und anderen Wertpapieren investieren. Andere Familien investierten ihr Geld in Spiel, Alkohol, Zigaretten und andere Ausschweifungen.

In jeder Familie wird nach deren eigenen Regeln Geld ausgegeben und gespart. Manche halten das Sparen in Ehren. Können Sie sich noch erinnern, wie Sie zur Bank oder Sparkasse gingen und Ihr erstes Sparkonto eröffneten, Ihr erstes Sparbuch bekamen? Manche geben gerne Geld aus. Wissen Sie noch, wie Sie mit Ihrer Mark in den Laden gingen und sich Ihnen dort eine unendliche Vielfalt darbot? Sie können eine Menge darüber lernen, wie Sie mit Geld umgehen, wenn Sie sich nur in Erinnerung rufen, wie Ihre Familie es damals tat.

Wir haben einige beliebte familiäre Geldgeschichten zusammengestellt. Suchen Sie sich Ihre heraus.

1. Wir sprechen nie über Geld.
2. Wir sprechen über nichts anderes als Geld.
3. Das Leben ist ungewiß. Spar dir dein Geld für schlechte Zeiten.
4. Das Leben ist kurz. Gib aus, was du hast. Sorgen kannst du dir morgen machen.
5. Schulden sind eine Schande. Borge dir nie etwas. Kaufe dir nur, was du dir leisten kannst.
6. Schulden sind eine notwendige und feine Sache. Benutze immer das Geld der Bank.
7. Kaufe nie beim Einzelhandel.
8. Du bekommst, was du bezahlst. Kauf das Beste.
9. Führe immer Haushaltsbuch.

10. Vergiß die Haushaltspläne. Sei spontan. Du kannst dir immer noch von Peter leihen, was du Paul schuldig bist.
11. Wir sind arm, ganz gleich, wieviel wir haben.
12. Wir sind reich, ganz gleich, wie wenig wir haben.
13. Nur Männer verstehen wirklich was von Geld.
14. Nur Frauen geben zuviel Geld aus.
15. Meine Kinder sollten mehr haben, als ich jemals hatte.
16. Meine Kinder können für sich selbst sorgen. Ich gebe alles selber aus, was ich habe.
17. Geld ist die Wurzel allen Übels.
18. Es geht immer nur um Geld.
19. Arbeite hart. Wenn du für einen Tag bezahlt wirst, dann arbeite auch einen Tag.
20. Verdien dein Geld im Schlaf.
21. Gib dein Geld aus. Es gibt keine Schuldgefängnisse mehr.
22. Spare dein Geld. Die Wölfe heulen schon vor der Tür.
23. Es gibt eine perfekte Methode, mit Geld umzugehen.
24. Es gibt keine perfekte Methode, mit Geld umzugehen.

Die Gegenwart (reich)

In einer Beziehung kann Geld zu Dynamit werden. Es ist die am weitesten verbreitete Landmine, diejenige, die in den meisten Wohnzimmern explodiert. Die Zündung sind die Streitigkeiten darüber, wer es besitzt, wer es benötigt, wer es haben will, wer es ausgibt, wer es verdient, wer es verloren hat, wer wütend ist, wer verletzt ist und wer verantwortlich ist. Das Leben ist sehr viel einfacher, wenn die Partner ähnliche Wertvorstellungen und Ziele haben, was das Geld betrifft, wenn ihre Kauf- und Geldausgabe-Strategien eher zueinander passen als einander entgegengesetzt sind. Einen besonders lauten Knall gibt es, wenn ein Partner glaubt, daß man niemals reich genug sein kann, während der andere meint, daß man bereits sehr viel habe. Und es ist noch schlimmer da, wo das Geld knapp ist und die Partner sich nicht einig werden können.

Diese Sache mit dem Geld ist mehr eine Frage der Einstellung als der tatsächlichen Zahlen. Wenn wir uns mit irgend jemandem vergleichen, der mehr Geld hat als wir, dann kommen wir uns vielleicht wie verarmte Versager vor, wie benachteiligte Underdogs. Vergleichen wir uns aber mit jemandem, der weniger hat als wir selbst, dann kommen wir uns wohlhabend vor, mit Überfluß gesegnet und wirklich reich. Unsere Einschätzung unseres tatsächlichen Reichtums schwankt in Abhängigkeit davon, wo wir unseren Platz auf der Arm-Reich-Skala sehen.

Die meisten Fernsehshows und Anzeigen stellen uns als eine Welt dar, die sich im Reichtum suhlt. Es gibt nur wenige Arme oder finanziell abgebrannte Helden zur besten Sendezeit. Familien, die im Fernsehen gezeigt werden, haben gewöhnlich viel Geld. So stellt sich leicht der Glaube ein, daß auch wir so ein leichtes, gutes Leben im Überfluß führen sollten. Tun wir das nicht, haben wir das Gefühl, betrogen und benachteiligt zu sein. Wenn unser Leben dem der Fernsehhelden nicht gleicht, wenn wir nicht Barbara Streisand oder Bill Gates sind, wenn wir das alles nicht selbst haben, wer und was sind wir dann in Wirklichkeit?

Kreative Werbeleute nähren unser Gefühl der Minderwertigkeit, indem sie uns davon überzeugen, daß wir niemals wirklich genug haben. Ein tiefes Verständnis für die Psychologie des Konsums ist ihre Leidenschaft. Uns dazu zu verleiten, ihre Produkte zu wählen, diese für uns geradezu unwiderstehlich zu machen, ist ihre Kunstform. Sie verstehen sich außerordentlich gut auf ihr Geschäft und geben Millionen dafür aus, darin noch besser zu werden. Sie studieren uns, um Strategien zu entwickeln, die uns dazu verleiten sollen, uns in ihre Version des guten Lebens einzukaufen.

Eine Strategie besteht darin, dafür zu sorgen, daß wir der Mode immer ein ganz klein wenig hinterherhinken, daß wir nie vollkommen *up to date* sind, daß wir hinter dem letzten Trend immer ein kleines Stückchen zurückbleiben. Jedes Jahr wird der entscheidende Strich ein wenig geändert. Formen von Karosserien und Schuhen ändern sich. Rocklängen und Krawattenbreiten ändern sich. Die Computersoftware ist schon obsolet, wenn wir sie noch kaum halbwegs beherrschen. Wir kommen nicht mit. Niemand kann da mitkommen. Die Kinder lachen über unsere gnadenlos altmodischen Laufschuhe. Die Hacker verspotten unseren Dinosaurier von Computer – letztes Jahr gekauft. Auf uns allen lastet der große Druck, ständig den Glanz des Neuen zu zeigen, modisch und *up to date* zu sein, zu wissen, was gerade anliegt. Die Kreditkartengesellschaften lieben diesen Zustand. Aber eigentlich hält der Triumph unseres Wohlgefühls noch nicht einmal lange genug an, um die Zinsen auf die Rechnung zu bezahlen. Es ist ein Wettlauf, der nur Erschöpfte zurückläßt. Es ist der *American way of life*, der auch in Deutschland Einzug gehalten hat.

Obwohl wir Lippenbekenntnisse ablegen, daß mit Geld doch kein Glück zu erkaufen sei, bedeutet für die meisten Menschen Erfolg soviel wie Reichtum. Wenn wir uns nur die richtigen Dinge leisten könnten, wären all unsere Probleme gelöst. Das ist nicht wahr. Reiche Menschen haben ebenfalls Probleme: Die Jacht muß zur Reparatur auf die Werft, die Börsenkurse fallen, der Chauffeur ist unzuverlässig, das Mädchen von oben schläft mit Du-weißt-schonwem. Es ist schwierig, Sympathie für die Superreichen zu entwickeln, aber die Seifenopern erinnern uns Woche für Woche daran, daß deren Welt genauso vermurkst ist wie Ihre und meine.

Da eine vollständige Gebrauchsanleitung zu diesem Lebenstraum und diesem Lebensstil, ist es schwer zu sagen, wann wir es geschafft haben. Denn es gibt keine Regeln darüber, wieviel Geld genug ist, wieviel Ruhm, Erfolg, Arbeit oder Erziehung; niemand hat je das Gefühl, es ganz geschafft zu haben, fertig zu sein, zufrieden, und sich endlich ausruhen zu können. Wir hören kaum jemanden sagen: »Ich habe genug verdient«, »Ich habe es geschafft«, »Ich brauche nicht mehr«, oder »Ich bin mit dem zufrieden, was ich habe.« Wir vergessen leicht, daß es den meisten von uns weitaus besser geht als fast dem ganzen Rest der Welt.

Am Anfang (dünn)

Ebenso wie wir kaum jemals glauben, genug Geld zu besitzen, so meinen wir, auch niemals gerade die richtige Menge Fleisch um die Knochen zu haben.

Das Gewicht war unser ganzes Leben lang ein Thema. Vom Augenblick unserer Geburt an hat es andere interessiert, wieviel wir wiegen. Sie überlegten, ob wir ein großer Säugling oder ein kleiner Säugling seien. Sie nahmen es sich zu Herzen, ob wir gute Esser waren oder widerwillige Esser. Der Arzt trug unser Gewicht in eine Normalkurve ein. Schon früh wurden wir auf eine Zahl reduziert. Unser Umfang zählte.

Unser Umfang zählte noch mehr, als wir eingeschult wurden. Fette Kinder wurden gnadenlos verhöhnt und waren immer als letzte an der Reihe, wenn eine Sportmannschaft gewählt wurde oder wenn es um die Verabredungen mit dem anderen Geschlecht ging. Hagere Kinder nannte man Hänflinge und warf ihnen Sand ins Gesicht. Der akzeptable Bereich war schmal und ist inzwischen noch schmaler geworden. Die meisten von uns haben niemals auch nur entfernt dem Ideal entsprochen.

Inzwischen ist der Druck so groß geworden, daß selbst wohlmeinende Eltern ihre Kinder zu körperlicher Perfektion drängen. Sie vergessen, daß die Vorstellung von einem perfekten Körper sich von Generation zu Generation wandelt. Sie vergessen auch, daß unsere Gene bestimmen, wie wir in Jeans aussehen. Für Jungen liegt die Perfektion in der Fitneß. Für Mädchen liegt sie in der äußeren Erscheinung. Aus Jungen sollen eigentlich keine dünnen Männer werden. Aus Mädchen sollen dünne Frauen werden. Das Leben stellt sich für Ken anders da als für Barbie.

Die Gegenwart (dünn)

Die Idealvorstellung vom Körper wandelt sich ständig. Man sehe sich nur einmal den Wandel im Äußeren der Präsidentengattinnen an – von Eleanor Roosevelt hin zu Mamie Eisenhower, dann zu Jackie Kennedy und zu Nancy Reagan. Sehen Sie sich die Hochglanzfotos aus den dreißiger, vierziger und fünfziger Jahren an, als man die Frauen ihrer Kurven willen bewunderte. Heute bewundert man sie um ihrer Flachheit und Kantigkeit willen, und die Models sehen aus wie große, hungrige, pubertäre Jungen. Es gibt wohl keine Frau in Amerika oder Deutschland, die nicht davon überzeugt wäre, daß sie wenigstens zehn Pfund abnehmen müßte, um akzeptabel zu sein.

Obwohl in manchen Kulturen Gewichtigkeit als Zeichen für Gesundheit und Wohlstand geschätzt wird, ist das Abnehmen bei uns ein Milliardengeschäft. Alle betreiben Weight-Watching, wiegen ihre Mahlzeiten ab, zählen die Kalorien. »Fettfrei« ist Amerikas Mantra, »BRIGITTE-DIÄT« die deutsche Formel für die Frau.

Eng gefaßte Vorstellungen davon, wie ein annehmbarer Körper ausschauen sollte, führen bei vielen Frauen zu einem langanhaltenden Kampf mit einigen Formen von Eßanomalien. Sie essen, fühlen sich schuldig, nehmen Pillen, machen Diät, treiben Sport, essen und erbrechen sich, fühlen sich schuldig, machen Diät, mühen sich ab, fühlen sich besser, essen wieder. Die Speisen sind nicht länger nur einfache Nahrung. Die Speisen werden zum Liebhaber und Feind, zum Kameraden und zum Verhängnis, zum Hauptanliegen und Zeitvertreib, zur Belohnung und zur Strafe.

Das Essen kann auch dazu dienen, starke Gefühle zu verleugnen und zu neutralisieren, neue Energie zu liefern, zu trösten, Leere und Einsamkeit zu vermindern. Anders als andere Drogen zur Steigerung des Wohlbefindens ist die Nahrung notwendig und unverzichtbar. Das Essen ist eine tägliche Verrichtung, ein soziales Ereignis, sogar ein besonderes Ereignis. In den Ferien finden wir in allen Zeitschriften an der Rezeption Artikel über Bowle und Eierflip, über Süßigkeiten und andere Leckereien. Und sobald die Ferien vorüber sind, heißt es, trimmen und schwimmen, schlanke Küche und Amphetamine. Was bleibt einer Frau auch schon übrig?

Es ist schwierig, mit sich selbst zufrieden zu sein, wenn jede frauliche Kurve, jede Wölbung, alles, was wackelt, als unansehnlich gilt. Aus Schenkeln mit Grübchen ist eine häßliche Cellulitis geworden. Frauen müssen sich für Männer mit Bierbäuchen trimmen und flachbügeln. Männer suchen Frauen und annocieren: »Fette brauchen sich nicht zu melden.« Im Fernsehen gesteht man den Männern einen Bauch und einen guten Schneider zu. Die Frauen im Fernsehen werden bestraft oder lächerlich gemacht, wenn sie zu gewichtig sind, zuviel Platz benötigen. Ebenso wie ältere Frauen werden stärkere Frauen nicht ernst genommen. Beide dienen nur komischen Zwecken. Dünn ist in. Und zwar überall.

Wenn Mädchen und Frauen sich völlig macht- und hilflos vorkommen, dann können sie wenigstens ihren Körper zu etwas Zuwendung verhelfen. Sie können irgendeine Version des Iß-jetzt-zahle-später-Spiels oder des Schuld-hat-der-Körper-bestrafe-ihn-Spiels spielen. Sie können Gewichte heben, um wieder Halt zu finden. Sie können Abführmittel und Diuretika nehmen, um sich Erleichterung von ihrer Last zu verschaffen, und dabei bis zum Äußersten gehen.

Bulimiekranke, die jede Kontrolle verloren haben, konsumieren gewaltige Mengen von Fertigfutter und übergeben sich dann. Sie wissen alles über augenblickliche Befriedigung. Die Bulimiekranken haben mutig herausgefunden, wie man alles essen kann und dabei trotzdem nicht fett wird. Reich und dünn sind die zwei Seiten der Münze namens »Unkontrollierter Konsum«.

Es war einmal ...

Wendy ist eine bulimische (heißhungrige) Käuferin. Sie hat zwölf Kreditkarten. Die meisten davon sind bis zum Limit belastet. Sie braucht zwei Vollzeitjobs, um über die Runden zu kommen. Sie hungert für neue Kleider, obwohl ihre Wandschränke aus allen Nähten platzen. Sie verbringt ihre gesamte freie Zeit in Geschäften, um ja nicht den letzten Schrei zu verpassen. Sie kauft alles, was ihr gefällt, und bezahlt mit Plastik. Wenn sie schließlich satt und zufrieden ist, geht sie nach Hause und packt ihre Schätze aus. Ein Gefühl wie Weihnachten. Sie probiert all ihre neuen Klamotten an und posiert damit vor dem Spiegel, stets ohne zuvor die Preisschilder zu entfernen. Für diesen kurzen Augenblick hat sie, was sie will. Sie ist satt und glücklich. Aber das Gefühl der Zufriedenheit hält noch nicht einmal über Nacht an. Am nächsten Morgen erwacht sie mit dem Konsumentenkater – Schuldgefühle, schlechte Laune, Abscheu vor sich selbst. Also bringt sie das meiste, was sie gekauft hat, zurück, läßt es sich auf ihren Kreditkarten gutschreiben und fühlt sich besser. Bis ihr Hungerzyklus wieder von vorn beginnt.

Wendy kauft so ein, wie Bulimiekranke essen. Erst häuft sie auf, dann kommt das Großreinemachen, und fast nie hat sie das Gefühl, selbst Herrin der Lage zu sein. Wendy glaubt, daß sie genug *sei*, wenn sie nur genug *hat*. Wenn ihr äußeres Selbst erst vollkommen perfekt wirkt, wird ihr inneres Selbst zu Zufriedenheit, Entspannung, Heiterkeit, Fröhlichkeit und guter Laune finden. Aber sie wird nie zufrieden werden.

Auch Anorexiekranke sind niemals zufrieden. Ihre Vorstellung vom perfekten Körper ist so verzerrt, daß sie sich selbst, ganz gleich, wie sehr sie schon einem Skelett ähneln, als übergewichtig betrachten. Ihr Selbstbewußtsein ist davon abhängig, daß sie ihr Aussehen beherrschen. Ironischerweise haben diese Frauen der Mittelklasse oder oberen Mittelklasse das Fett zu ihrem Feind erkoren. Sie hungern sich eher zu Tode, als daß sie ein Extrapfund zulassen. Obwohl diese Störungen des Eßverhaltens vor allem Frauen betrifft, reflektieren sie doch einige der am tiefsten verwurzelten Werte unserer Kultur.

Am anderen Ende der Skala, der Bulimie, der Anorexie und den Modelfiguren genau entgegengesetzt, gibt es Frauen, die ihr Gewicht in die Waagschale werfen, um die Barbie-Stereotype abzulehnen und zu unterminieren. Sie weigern sich, die Definition unserer Kultur für einen attraktiven Frauenkörper anzunehmen. Frauen bedienen sich ihrer Extrapfunde mitunter, um sich selbst vor dem Gefühl der Sexualität zu schützen, davor, zu verwundbar zu sein. Frauen, die mißbraucht worden sind, verstecken ihre Körper oft unter schützenden Schichten. Manche Frauen schlucken ihren Ärger mit Kalorien herunter. Frauen wollen manchmal Schwergewichte sein, sich gewichtig und machtvoll vorkommen, Raum einnehmen.

Heutzutage geht es den Frauen mehr und mehr darum, gesund und fit zu sein, nicht mehr unbedingt so hager wie möglich und modisch perfekt. Selbsthilfegruppen ermutigen die Frauen, ihr Körperideal zu überdenken, ihre genetische Ausstattung zu akzeptieren und zu verstehen, warum das Essen in ihren Leben eine so bedeutende und verhängnisvolle Rolle spielt. Es ist ein nicht endender Kampf, die Botschaften unserer Kultur abzuwehren. Es ist ein Kampf der Frauen für die Frauen, wenn sie sich weigern, sich ihrer Körper zu schämen und sich zu quälen, um mit ihrem Fleisch ein stangenartiges Gebilde zu formen, das sie von Natur aus nicht hatten sein sollen.

Ziel (reich und dünn)

Erwachen Sie aus den Träumen von Geld, Sex und Macht, von Schlankheit, Sex und Macht. Gier und übermäßiger Konsum können Sie umbringen. Beenden Sie diesen Selbstmord auf Raten.

Definieren Sie Ihren eigenen Traum und überlegen Sie sich dann, wie Sie genug davon bekommen können. Genug ist niemals ein absoluter, niemals ein fixierter Betrag. Setzen Sie sich Ihre eigenen Grenzen. Seien Sie realistisch. Entscheiden Sie, was genau jetzt in Ihrem Leben und unter den gegebenen Umständen das Richtige für Sie ist. Stellen Sie in Frage, was Ihre Eltern Ihnen beigebracht haben, was unsere Kultur Ihnen sagt, was die Nachbarn sagen und was Sie in den Medien vorgesetzt bekommen. Sie selbst haben das letzte Wort.

Befreien Sie Ihr Selbstbewußtsein von den Fesseln, die es an Ihre Geldbörse oder an Ihr Maßband ketten. Sie können mehr als genug sein, ohne genug zu haben. Sie brauchen sich nicht an Ihren Maßen messen zu lassen.

Übungen

Hier einige Ideen, wie Sie das Genug erreichen können.

Bringen Sie etwas Bewegung in Ihre Vergleiche. Beobachten Sie, wenn Sie sich selbst im amerikanischen Traum bewegen, ob Sie sich mit der Nachbarin von Nebenan vergleichen, mit der ärmsten Person auf diesem Planeten oder mit den Trumps in ihrem Penthouse, mit der Spitze, der Mitte oder dem Fuß des Berges. Es wird immer andere geben, die mehr haben und mehr wiegen als Sie. Es wird immer andere geben, die weniger haben und weniger wiegen als Sie. Denken Sie nicht vertikal, definieren Sie sich selbst nicht nach Vorstellungen von mehr oder weniger. Versuchen Sie, horizontal zu denken, akzeptieren Sie, statt zu urteilen und zu vergleichen.

Beobachten Sie, wie Sie konsumieren. Kaufen oder nicht kaufen, essen oder nicht essen, das sind die Fragen. Wenn Sie draußen an der Front sind und gerade etwas kaufen wollen, damit Sie sich besser fühlen, dann widerstehen Sie der Versuchung zehn Minuten lang. Fragen Sie sich: »Mag ich es wirklich so gut leiden?« »Brauche ich es wirklich?« »Kann ich es mir leisten?« »Wird das wirklich die Leere füllen?« Warten Sie, und achten Sie gut auf die Antworten. Dann werden Sie wissen, was zu tun ist.

Schaffen Sie sich Ihre eigene Definition von Reichtum. Beim Reichtum geht es nicht nur um Geld. Es geht darum, ein superreiches Leben zu führen – erfüllt, abwechslungsreich, ausgeglichen, gesund, lebendig und in Liebe. Sie haben vielleicht bereits eine reiche Phantasie, einen großartigen Verstand, eine umwerfende Persönlichkeit, ein herrliches Lachen, einen kräftigen Körper, eine lohnende Arbeit und Familie und Freunde, die mit Millionen nicht zu bezahlen sind. Vielleicht sind Sie bereits reich genug und haben es nur noch nicht bemerkt.

Erinnern Sie sich der zufriedendsten Zeiten, die Sie als Kind erlebt haben. Wieviel Geld haben diese Zeiten gekostet? Welche Rolle hat das Gewicht damals gespielt? Dann rufen Sie sich Ihre zufriedendsten Zeiten zurück, die Sie in den vergangenen fünf Jahren erlebt haben. Wieviel Geld haben diese Zeiten gekostet? Welche Rolle hat das Gewicht dabei gespielt? Wirkliche Zufriedenheit hat fast nie etwas mit dem Gewicht oder dem Geld zu tun.

Genießen Sie es, daß Sie niemals zu reich oder zu dünn sein werden. Tolerieren Sie es, daß Sie auf ungewöhnliche Weise erfolgreich sind. Seien Sie froh, über Ihre besonderen, ungewöhnlichen Gaben. Machen Sie es sich gemütlich mit der Vorstellung, weniger zu haben, aber mit sehr wenig viel zu machen. Freuen Sie sich Ihrer Flexibilität und Kreativität. Würdigen Sie Ihre Fähigkeit, einfach und mit Stil zu leben. Oft bedeutet weniger Erfolg auch weniger Streß, mehr Freude mit den Kindern, mit Freundinnen und Freunden, die Möglichkeit, das zu tun, wozu Sie Lust haben. Es ist noch nie jemand gestorben und hat sich gewünscht, er hätte mehr Zeit im Büro zugebracht oder mehr Diäten gemacht.

Richten Sie sich mit Ihrem Körper ein, mit Ihren Genen, mit den unvermeidlichen Änderungen, die sich mit der Zeit ergeben. Schauen Sie sich um. Seien Sie dankbar für Ihre Gesundheit, Ihre Vitalität, Ihre Einzigartigkeit. Freunden Sie sich an mit Ihrer Form, Ihrem Umfang, Ihren Grenzen. Sprechen Sie zu Ihrem Körper. Erkennen Sie an, wie gut er funktioniert. Hut ab vor dem feinen

Gleichgewicht, das er hält. Genießen Sie seine Fähigkeit, Lust zu empfinden. Strafen Sie ihn niemals. Wenn Sie Ihren Körper ändern müssen, tun Sie es langsam, sanft, freundlich und liebevoll.

Definieren Sie Ihren eigenen Traum vom Erfolg. Er unterscheidet sich vielleicht stark vom amerikanischen Traum. Bestimmen Sie, wieviel für Sie genug ist, und Sie werden wissen, wann Sie es geschafft haben. Überlegen Sie, wieviel von Ihrem Erfolg darauf beruht, was sie haben oder wie sie aussehen, und wieviel darauf, wer Sie wirklich sind.

Seien Sie dankbar für alles, was Sie haben.

Stellen Sie sich vor, wie Ihr Leben wäre, wenn Sie fett und arm und glücklich wären.

Bestärkungen

Ich werde für einen schlankeren Körper und ein dickeres Bankkonto nicht mein Leben riskieren.

Ich bin bereits reich genug und dünn genug.

Ich bin mehr wert, als ich wert bin.

Ich bedeute mehr als mein Bankkonto oder mein Gewicht.

Ich kann mit meinem Geld Sachen anstellen, die sich meine Familie nie hätte träumen lassen.

Ich liebe und respektiere meinen Körper, so wie er ist.

Ich bin dankbar für das, was ich habe.

Genau in diesem Augenblick bin ich zufrieden.

Ich habe genau das Gewicht, für das ich gemacht bin.

Ich bin pleite, also bin ich.

Ich esse, also bin ich.

18

Mädchen sind aus Zuckerwatte?

Der Mythos

Mädchen sind aus Zuckerwatte und allem, was sonst noch süß und schön ist. Mädchen sind von Natur aus lieb, fröhlich, mütterlich, zart und empfindsam für die Bedürfnisse anderer.

Die Wahrheit

So nett ist niemand. Mädchen sind auch aus ganz anderem Holz geschnitzt.

Dazu erzogen, lieb und nett zu sein, fällt es den meisten Frauen schwer, ihren härteren Kern, ihre rauheren Seiten, ihre Kraft und ihre dunklen Abgründe zu erkennen und anzuerkennen. Wie kann eine Frau ganz weiblich sein, ganz menschlich sein, Zuckerwatte und hartes Holz zugleich, und trotzdem völlig okay? Mädchen werden von allen Seiten mit Anweisungen überhäuft, wie man eine richtige Frau ist. Manchmal sind diese Anweisungen sehr subtil – wie die Bilder in den Schulbüchern, auf denen die Jungen bei ihren Abenteuern draußen zu sehen sind, die Mädchen aber im Hause mit Schürzen, wie sie helfen. Die Jungen schauen aus, als mache es ihnen Spaß, auf Bäume zu klettern und auf Entdeckungsreise zu gehen. Den Mädchen scheint es zu gefallen, in der sicheren Geborgenheit und Sauberkeit ihres Zuhauses zu bleiben und bei der Zubereitung der Mahlzeiten zu helfen. Mädchen lernen, Schleifen zu binden. Jungen lernen, Knoten zu knüpfen.

Vor der Pubertät ist es für die meisten Mädchen kein Problem, nach Belieben die Geschlechtsgrenze zu überqueren. Wenn ihre

Puppen und Teegesellschaften sie langweilen, können sie das weiße Spitzenkleidchen weghängen, sich zerrissene alte Jeans anziehen, sich im Gras wälzen und mit den Jungen laufen. Aus Hanna wird Hannes, und seine Abenteuerlust kennt keine Grenzen. Während der Pubertät geben die meisten Mädchen die Jungenspiele langsam auf, schlüpfen in eine konventionellere Rolle und tun, was von ihnen erwartet wird.

Im Film, in Büchern, in der Schule, in der Kirche, im Fernsehen, in Anzeigen und überall sonst werden uns schablonenhaft die Unterschiede zwischen Mädchen und Jungen vorgeführt. Die Art und Weise, wie wir über eine Person sprechen, ist befrachtet mit Urteilen über die Eigenschaften und den Wert jedes der beiden Geschlechter. Diese Art von geschlechtspezifischer Sprache ist uns so selbstverständlich, daß wir sie oft nicht einmal bemerken.

Frauen werden beschrieben als	Männer werden dargestellt als
emotional	mit beiden Beinen fest auf der Erde stehend
abhängig	unabhängig
fragil	stark
erregbar, irrational	analytisch, rational
unberechenbar	logisch, objektiv
unterwürfig	dominant
empfänglich für Einflüsse	eigenem Antrieb gehorchend
Opfer	Helden, Retter
passiv	aktiv
manipulativ, nicht geradeheraus	ehrenwert, gerade heraus
kooperativ	auf Wettbewerb ausgerichtet
kindlich, verletzlich	reif, erwachsen, selbstsicher
hilfsbereit, mütterlich	ehrgeizig, abenteuerlich
warmherzig	gleichmütig
beherrscht von unberechenbaren Hormonstürmen	beherrscht von einem starken, natürlichen Geschlechtstrieb

Als gesunde Persönlichkeit gilt in unserer Kultur diejenige, die die sogenannten männlichen Eigenschaften verkörpert. Die als weiblich angesehenen Eigenschaften wurden in einer Welt, in der es Entscheidungen zu treffen galt, in der Welt der Hochfinanz und Technologie, als uneffektiv und unerwünscht betrachtet.

Der Anfang

Werdende Eltern wollen wissen, ob es ein Junge oder ein Mädchen wird. Wenn sie es in Erfahrung bringen können, bevor das Kind zur Welt kommt, dann wissen sie, ob rosafarbene oder hellblaue Schühchen, Kleider, Mützen und Deckchen zu kaufen sind. Mit das erste, was jedem von uns gesagt wurde und wird, lautet: »Es ist ein Junge!« oder: »Es ist ein Mädchen!« Je nachdem, wie die Wertvorstellungen unserer Eltern aussehen, läßt uns der kleine Unterschied unseren Eltern als Segen oder als Fluch erscheinen, als kostbar oder bloß erträglich.

Es ist festgestellt worden, daß man anders mit uns spricht, je nachdem, ob wir als Mädchen oder Junge auf die Welt kommen. Man spielt andere Spiele mit uns, hält uns anders, sagt uns, daß wir hübsch sind oder klug, süß oder stark. Manche Eltern kommen mit dem einen Geschlecht besser zurecht als mit dem anderen. In manchen Familien herrscht Mißstimmung, wenn das Geschlecht des Neugeborenen nicht den Erwartungen entspricht. All diese impliziten und expliziten, positiven und negativen Reaktionen lehren uns, mit unserem Geschlecht zufrieden zu sein oder nicht. Die Einstellung anderer zu unserem Geschlecht lehrt uns, wie wir uns in der Welt verhalten sollen, und schafft die Normen für die beiden Geschlechter. Wir müssen also zwischen unserem natürlichen Geschlecht, das wir von Geburt aus mitbekommen haben, und dem Geschlecht als kultureller Norm unterscheiden.

Schon sehr früh haben wir gelernt:
In unserem kleinen Städtchen
sind brav die kleinen Mädchen.
Ach, das ist so ergötzlich.
In unserem kleinen Städtchen
sind bös die kleinen Mädchen.
Nein, das ist ja entsetzlich!

Es gab für Mädchen keinen Mittelweg, keine Möglichkeit, etwas anderes zu sein als lieb und brav oder entsetzlich. Ein Mädchen konnte entweder Aschenputtel sein oder eine von deren furchtbaren Stiefschwestern, Dorothy oder die böse Hexe aus dem Westen, Dornröschen oder die böse Fee, Zuckerwatte oder herbe Medizin, Jungfrau oder Hure – entweder das eine oder das andere, aber niemals beides zugleich.

Schauen wir uns die Sache an einem Beispiel an. Aus dem Märchen von Schneewittchen erfahren wir, daß die ideale Frau lieb und glücklich ist, daß sie lächelt und für andere sorgt. Sie ist ewig jung, makellos, frohgemut, hilfreich, rein und jungfräulich. Im Märchen möchte sich Schneewittchens böse Stiefmutter, die schreckliche Königin, ihrer Stieftochter entledigen und Schneewittchen töten lassen. Die Königin schaut in den Spiegel und fragt: »Spieglein, Spieglein an der Wand, wer ist die Schönste im ganzen Land?« Und sie ist außer sich vor Zorn, als sie nicht ihr eigenes, sondern das Gesicht von Schneewittchen im Spiegel erblickt. Also schickt sie Schneewittchen fort und beauftragt einen Jäger, sie zu töten (beachten Sie, daß die Königin alt, zornig und dunkelhaarig ist; Schneewittchen ist jung, heiter und weiß). Der Jäger vermag das Blut eines so liebenswerten Geschöpfes nicht zu vergießen. Er läßt Schneewittchen laufen, erzählt der Königin aber, er habe sie getötet. Die Königin hegt keinerlei Zweifel daran, bis beim nächsten Mal wieder Schneewittchens Gesicht in ihrem ehrlichen Spiegel erscheint. Und wiederum ist die Königin mehr als nur ein wenig verstimmt.

Inzwischen hat sich Schneewittchen im Wald den Sieben Zwergen angeschlossen, deren jeder seinen besonderen persönlichen Tick hat, und freudig die Führung ihres Haushaltes übernommen. Sie sind wie eine herkömmliche Familie, in der die Frau froh die ganze Hausarbeit verrichtet und die Männer in das Diamantbergwerk zur Arbeit gehen. Wenn sie heimkommen, erwarten sie gefegte Fußböden, eine dampfende Mahlzeit, ein freundliches Lächeln und ein fröhliches Lied. Die Lebensrollen sind nach Geschlechtern verteilt, und alle tun ihre Arbeit gerne.

Die böse Königin macht Schneewittchen ausfindig und bietet ihr als Kräuterweib verkleidet einen vergifteten Apfel (eine Anspielung auf das Paradies) an. Schneewittchen beißt hinein und scheint zu sterben. Die Zwerge sind untröstlich. Da sie sie keinesfalls hergeben wollen, bahren sie sie in einem Glassarg auf. Sie weinen, aber Schneewittchen bleibt bewußtlos – sie schläft und wartet, schläft und schmachtet. Und weil es ein Märchen ist, können wir damit rechnen, daß Schneewittchens Prinz eines Tages erscheinen wird.

Und tatsächlich kommt ein schmucker Prinz des Weges und wird des Glassarges ansichtig. Er ist hingerissen von Schneewittchens Schönheit, nimmt sie in den Arm, macht Wiederbelebungsversuche (das sogenannte Heimlich-Manöver), entfernt den vergifteten Apfel, küßt ihre toten (aber rubinroten) Lippen und – voilà! – sie erwacht augenblicklich, lebendig und in Liebe entbrannt. Die Vögel singen, die Zwerge tanzen, und die Sonne darf wieder scheinen. Die Welt ist voller Liebe und Magie. Weitere Diskussionen sind unnötig. Schneewittchen und ihr Prinz werden heiraten und glücklich und zufrieden bis ans Ende ihrer Tage leben. Und welche tiefen Erkenntnisse können wir nun aus diesem Märchen gewinnen?

1. Kenntnisse in erster Hilfe (das Heimlich-Manöver) zahlen sich aus.
2. Mädchen müssen ewig lieb, jung und schön bleiben.
3. Alten Frauen traut man besser nicht über den Weg, vor allem, wenn sie einem einen Apfel aufdrängen.

4. Alte Königinnen und Stiefmütter können ziemlich eifersüchtig und rachsüchtig werden, wenn sie sich durch jüngere und schönere Frauen verdrängt sehen.

5. Brave Mädchen kümmern sich fröhlich um alle Männer in ihrem Leben, auch wenn diese grantig, verschlafen, ein bißchen dämlich oder ständig verschnupft sein sollten.

6. Brave Mädchen lächeln und pfeifen ein Lied vor sich hin, während sie ihre Hausarbeit verrichten.

7. Wahre Liebe finden nur die Mädchen, die niemals zornig werden, die nicht altern und sich nicht beschweren.

8. Wenn Sie nur perfekt genug sind, wird eines Tages Ihr Prinz erscheinen, vor allem, wenn Sie scheintot sein sollten.

9. Haben Sie Geduld, seien Sie schön, tun Sie nichts. Sie gehören hinter Glas. Er wird Sie finden, Ihnen den Kuß des Lebens geben und Sie in Richtung Sonnenuntergang entführen, um mit Ihnen zufrieden und glücklich bis zum Ende Ihrer Tage zu leben.

Die Gegenwart

Das wirkliche Leben verlangt mehr von den Frauen, als die Brüder Grimm sich hätten träumen lassen. Die meisten Frauen in unserer Zeit erwartet ein unerwartet anstrengendes und herausforderndes Leben. Sie lernen sehr schnell, daß es sowohl ungesund als auch wenig wünschenswert ist, seine Zeit in einem Glassarg zu verbringen und darauf zu warten, gerettet zu werden. Die alten Märchen funktionieren nicht mehr – falls sie es je getan haben –, und die meisten Frauen bemühen sich um neue Mythen, die weniger grimmig und dafür realitätsbezogener sein sollen.

Während sich die Grenze zwischen männlichem und weiblichem Verhalten verwischt, fragen Frauen:

»Ist es wirklich in Ordnung, wenn ich meinen Glassarg verlasse und den Prinz um ein Rendezvous bitte?«

»Darf ich wirklich sagen, daß ich keine Lust habe, jeden Abend das Essen für die Zwerge zu kochen? Könnte ich sie bitten, mir das Essen zu kochen?«

»Wie kann ich einer mächtigen älteren Frau klar machen, daß ich nicht mit ihr konkurrieren will?«

»Kann ich auch alleine Richtung Sonnenuntergang reiten und glücklich und zufrieden bis zum Ende meiner Tage leben?«

»Wie kann ich dem Prinz angehören und zugleich die Prinzessin meines eigenen Königinnenreiches bleiben?«

Das sind gewagte Fragen für Frauen, die dazu erzogen wurden, die Macht hinter den Kulissen zu sein, die Rolle der kleinen Frau, des Hausmütterchens und der Mutter zu spielen, die für eine warme Stube sorgt und ihre eigenen Bedürfnisse um der anderer Willen zurückstellt. Die Rolle der Frau hat sich in den letzten dreißig Jahren so stark und so schnell gewandelt, daß keine Frau mehr sicher weiß, was sie tun muß, um eine gute Frau zu sein. Aber es ist inzwischen ganz klar, daß Frauen mehr als das Lieb- und Bravsein, mehr als Zuckerwatte brauchen, um in der schnellebigen Welt zu bestehen, in der es als gut gilt, sich selbst an die erste Stelle zu setzen, zu konkurrieren, großes Geld zu verdienen, das Kommando zu übernehmen und aufs Ganze zu gehen.

Die Schneewittchen von heute sollen eine Universität besuchen, Karriere machen, ihre Möglichkeiten ausschöpfen und gleichzeitig wie Barbiepuppen aussehen, heiraten, für die Familie sorgen und Vorsitzende der Elternpflegschaft werden. Die alten Rollen und Anforderungen sind nicht ersetzt worden. Sie sind nur erweitert worden.

Aber wehe der Frau, die den neu hinzugekommenen Anforderungen entspricht. Sie wird nach wie vor als böse erlebt. Frauen in Chefpositionen ernten Verachtung, wenn sie sich genauso verhalten wie ein Mann in ihrer Position. »Gehässigkeit« bei den Frauen wird bei Männern »Härte« genannt. Wo man Frauen als »herrschsüchtig« bezeichnet, heißt es bei Männern »bestimmt«. Frauen »verlangen«; Männer »bitten«. Frauen sind »kleinkariert«; Männer »kümmern sich um Details«. Frauen »schwätzen und verschwenden Zeit«, wenn sie sich an der Kaffeemaschine über ihre Familien unterhalten. Männer »gönnen sich eine wohlverdiente Pause und motivieren Mitarbeiter«, wenn sie miteinander über Sport reden.

Männer werden nie als Schneewittchen oder böse Hexen angesehen. Sie sind erzogen, wach und stark zu sein, mehr zu sein, als sie sind: »Ran an die Buletten!« »Greif nach den Sternen!« »Hinauf bis zum Gipfel.« »Du schaffst es!« Frauen bringt man bei, weniger zu sein, als sie vielleicht sein könnten: »Sei vorsichtig.« »Sei nicht zu penetrant.« »Du darfst niemandes Gefühle verletzten.« »Enttäusche niemanden.«

Jungen lehrt man, zu konkurrieren, zu streben und zu gewinnen; Mädchen lehrt man, zu kooperieren, Kompromisse zu schließen und das Gewinnen nicht so wichtig zu nehmen. Männer und Frauen reagieren sogar unterschiedlich auf einen Erfolg. Männer glauben, sie hätten ihn verdient; Frauen denken eher, sie hätten einfach Glück gehabt. Kein Wunder, daß selbst eine Königin, die ihren Dr. phil gemacht hat, vielleicht nicht genau weiß, wie sie es anstellen soll, ein weiblicher Mann der Tat zu werden. Selbst die erfolgreichsten Frauen können sich plötzlich wie Hochstaplerinnen vorkommen und Angst vor einer Entdeckung haben.

Wir leben in einer Zeit des Übergangs und der Veränderungen, und sowohl Männer als auch Frauen kämpfen sich irgendwie durch unübersichtliches Gelände. Die Frauen werden immer furchtloser, zeigen immer öfter Flagge. Sie lernen ihre ureigensten Reserven an Kraft und Phantasie zu pflegen und auszunutzen. Sie werden gefeierte Schriftstellerinnen, Gelehrte, Historikerinnen, Künstlerinnen, Politikerinnen, Ärztinnen, Jetpilotinnen, Gewichtheberinnen und Elektrikerinnen. Sie stellen weit verbreitete Ansichten in Frage. Sie teilen mehr Macht mit Männern als Partnern, Freunden und Kollegen und variieren so die traditionellen Rollenmodelle. Es gibt nicht länger die Beschränkung auf nur zwei Lebensformen, die der Jungen und die der Mädchen, meine und deine.

Heute muß sich jede Mädchen-Prinzessin überlegen, wie sie zugleich weiblich und kraftvoll sein kann, sanft und stark, anderen zugewandt und unabhängig, hilfsbereit und frei, Mutter und Karrierefrau, Brotverdienerin und Brotbäckerin. Wir alle passen uns neuen Denk- und Daseinsweisen an, die mit Zuckerwatte nicht mehr viel zu tun haben.

Das Ziel

Respektieren Sie die ganze Frau, so wie sie sich zeigt – unvollkommen und mit vielen Facetten. Denken Sie daran, daß echte Diamanten echte Fehler haben; nur die Imitate sind vollkommen.

Respektieren Sie den Mut, dessen es bedarf, um in dem Aufruhr der Geschlechter eine Anführerin zu sein.

Respektieren Sie das harte Holz, die Frösche und Schnecken, aus denen die Jungen gemacht sind.

Respektieren Sie das Durcheinander, das sich unvermeidlich mit dem Erwerb und der Expansion des Bewußtseins einstellt.

Respektieren Sie die Frauen; sie tragen die Hälfte des Himmels.

Übungen

Freunden Sie sich mit dem Hartholz in Ihnen selbst an; es kann eine Quelle von Kraft und Freude sein. Ermutigen Sie andere ebenfalls dazu.

Entdecken Sie sich selbst als Sumpffrau (Swamp Woman), Ihre neue persönlche Superheldin. Geben Sie ihr einen Namen. Sie ist im

Schmutz zu Hause, tanzt mit den Schlangen, und Kröten sind für sie nichts besonderes. Swamp Woman kann so reizend sein wie Superman, so fürsorglich wie Spiderman, so hilfsbereit wie Batman, so sanft wie Tarzan. Lassen Sie sie ihren Urschrei hören! Sie hat keine Hemmungen, freundlich zu Bedürftigen und anderen Geschöpfen zu sein, die ihr zu Herzen gehen. Sie ist eine echte Frau aus Zuckerwatte und Hartholz, aus allem, was stark und gefühlvoll ist.

Entscheiden Sie, wann und wo Sie die Maske fallen lassen und die Sumpffrau in sich herauslassen wollen. Dazu bedarf es der Übung. Sie wissen selbst am besten, wer den Anblick eines Schnurrhaares, einer glänzenden Schuppe oder eines Reißzahnes, wer ein kehliges Knurren, einen Kriegsschrei oder ein unerwartetes »Nein« erträgt und wer nicht.

Sie möchten vielleicht auch andere in der Wildnis Ihres Inneren willkommen heißen. Sie ist nicht allzu verschieden von deren eigener. Wir alle sind schon in tiefer Nacht vom Ruf der Wildnis geweckt worden und haben uns inmitten von Papageien und Affen wiedergefunden, die die Kronen der Urwaldbäume bevölkerten. Sie sind nicht allein. Die Sumpffrau steckt in uns allen.

Bestärkungen

Adieu Schneewittchen. Willkommen Hartholz, Frösche und Schlangen.
Ich bin weiblich, kraftvoll *und* verletzlich.
Ich bin voller Überraschungen.
Ich bin mehr als Zuckerwatte.
Ich bin ebensosehr Swamp Woman wie Schneewittchen.
Ich habe besseres zu tun, als mich totzustellen und zu warten.
Ich bin sowohl weiblich als auch männlich, also bin ich.

19

Jungen sind aus hartem Holz?

Der Mythos

Jungen sind aus hartem Holz geschnitzt. In ihren Taschen haben sie Frösche und Schnecken. Jungen sind von Natur aus stark, aktiv, tüchtig, produktiv und unabhängig.

Die Wahrheit

Es ist zwar ein wohlgehütetes Geheimnis, aber Männer und Jungen bestehen unter ihrer harten Schale ebenfalls aus Zuckerwatte. Männer empfinden sich oft als ängstlich, unzulänglich, verwirrt, unsicher, schwach und verletzlich – genau wie die Frauen. Unsere Kultur gestattet ihnen nur selten, ihre zartere und empfindlichere Seite zu zeigen und dazu zu stehen, und ebensowenig die dunkleren Gefühle unter all ihrer männlichen Verkleidung.

Mädchen erlaubt und ermutigt man manchmal sogar, sich wie Jungen zu benehmen, aber Jungen erlaubt oder ermutigt man nie, sich wie Mädchen zu benehmen. Es ist peinlich für einen Jungen, wenn er beim Mädchenspielen ertappt wird, wenn er ein Weichling oder ein Schwächling ist. Aber der Vollständigkeit halber benötigen die Männer die weiblichen Gefühle ebenso wie die männlichen; das Spektrum der Gefühle muß vollständig sein. Die Männer brauchen Mut und Phantasie, um entgegen den Konventionen vollständige Männer, vollständige Menschen, hartes Holz und Zuckerwatte zu werden.

Der Anfang

Alle menschlichen Embryonen sind zu Beginn ihres Lebens weiblich, bis der genetische Code einen Teil von ihnen männlich werden läßt. Die rosafarbene oder blaue Decke, in die ein Säugling gewickelt wird, ist in Wirklichkeit ein Gewebe aus sozialen und kulturellen Werten und Definitionen, die viele Generationen alt sind. Ob es uns nun gefällt oder nicht, diese Decken stammen aus uralten Zeiten. Einige der Fäden darin sind angenehm, andere kratzen, und das ganze Muster hat sich im Laufe der Zeit wohl langsam geändert. »Ein Junge!« klingt wie: »Ein Segen!« für diejenigen, für die ein Junge mehr wert ist als ein Mädchen. Die Geburt eines Stammhalters ist für manche Familien ein Grund zum Stolz, stiftet Identität und sichert die Kontinuität.

Früher vererbten allein die Jungen den Familiennamen weiter und wurden wie Prinzen verehrt. Es war ausgemachte Sache, daß der Sohn später einmal das Königreich oder den Bauernhof übernehmen würde, bei der harten Arbeit helfen und für die alternden Eltern eine Quelle des Stolzes und der materiellen Sicherheit sein würde. Mädchen dagegen wurden oft als eine Belastung für den Familienbesitz angesehen. Es ist ein Überbleibsel des alten Mitgiftsystems, daß der Vater der Braut auch heutzutage noch die Kosten der Hochzeit trägt. Aber inzwischen können sowohl Jungen als auch Mädchen Agrarwissenschaft studieren, den Hof bewirtschaften und eine Quelle des Stolzes für die Familie sein. Beide können gleichermaßen ihren Eltern im Alter materielle Sicherheit und Pflege bieten.

Die alten Vorstellungen stehen inzwischen auf dem Prüfstand der Wissenschaft, die untersucht, welche Geschlechtsunterschiede genetisch bedingt und welche erworben sind. Aber ganz gleich, ob angeboren oder anerzogen, einige Unterschiede sind jedenfalls offensichtlich. Jungen sind normalerweise größer als Mädchen. Sie bauen öfter Türme und spielen mit Autos und Pistolen. Mädchen bilden gern Kreise und spielen mit Puppen. Jungen sind ungestümer, aggressiver, zeigen mehr Körpereinsatz. Die Mädchen entwickeln sich schneller, sowohl, was die Sprachfähigkeiten, als auch, was die körperliche Entwicklung anbelangt. Mädchen spielen eher miteinander, während die Jungen beim Spiel eher untereinander wetteifern. Mädchen werden dazu erzogen, Beziehungen zu achten. Jungen lernen, ihr Augenmerk auf Aufgaben und Erfolge zu richten.

Nach einigen Untersuchungen sprechen Mütter mehr mit ihren kleinen Söhnen als mit ihren kleinen Töchtern. Väter gehen mit ihren Söhnen etwas gröber um und bestrafen sie härter. Oft erwarten die Familien sehr viel von den Jungen, oft Unmögliches. Manchmal wird die Bürde der eigenen Unvollkommenheit, der eigenen, unerfüllten Träume den Schultern der Söhne aufgelastet – eine schwere Last für einen kleinen Jungen.

Wenn die Jungen größer werden, scheinen sie eine Art Seelenverwandtschaft zu Fröschen, Schnecken, Kaulquappen und auch zu Spucke, Schlangen und Kröten zu entwickeln. Sie demonstrieren ihr Können und ihre Furchtlosigkeit, indem sie Würmer auf Angelhaken spießen und die Attribute des Schrekens (Plastikschrumpfköpfe) und des Ekels (Insekten, Hundekot und Lachen von Erbrochenem aus Kunststoff) locker zu handhaben wissen. Gern führen sie ihre Gelenkigkeit vor und lassen ihre Muskeln spielen. Sie geben gern an, erschrecken Mädchen, schockieren die Erwachsenen, beweisen, wie unverwundbar sie sind.

Die Jungen sehen sich selbst als Helden auf der Suche nach Abenteuern. Sie identifizieren sich mit Huckleberry Finn, He-man, Spiderman, Batman, Superman, Indiana Jones, einem Power Ranger, einem Cowboy oder einem Sportidol – übermenschlich, stärker als stark. Sie versuchen, mit Gewalt, List und allen erlaubten und unerlaubten Mitteln jedes Hindernis zu überwinden, um ihr Ziel zu erreichen. Sie wollen alles Böse, alle Bösewichte vernichten. Sie träumen davon, furchtlos zu sein, unverwundbar, der Retter in der Not, die ganze Welt zu retten und natürlich die in Not geratene Prinzessin.

Von *Robin Hood* lernen die Jungen, daß ein ganzer Kerl, wie sie einer sein wollen, mit anderen Burschen zusammen in den Wäldern lebt, weit außerhalb der Städte und fern von jedem Gesetz. Der Held ist mutig, athletisch, listig, vertraut auf die eigene Kraft, ist klug, immer für einen Spaß zu haben und witzig. Er ist der gutaussehende Anführer der Abtrünnigen, ein Gesetzloser, ein Räuber, der sich nicht fangen und besiegen läßt, und alles andere als ein Mädchen. Er ist ein unübertrefflicher Bogenschütze und ein furchtloser Reiter. Er ist edel, bestiehlt die Reichen und gibt den Armen, er unterhöhlt die unrechte Autorität des Sherrifs und ist seinem König treu ergeben. Er wird von einer Jungfrau bewundert und vollbringt unmögliche Bravourleistungen für sie. All seine Freunde bewundern ihn.

Was können wir aus dieser Geschichte lernen?

1. Es zahlt sich aus, ein erfahrener Camper, Scharfschütze und Schwindler zu sein.

2. Du darfst niemals altern.

3. Traue niemals der Autorität.

4. Stehlen ist solange in Ordnung, wie man sich selbst davon überzeugen kann, daß es einem guten Zweck dient.

5. Gute Männer retten und beschützen schöne Frauen.

6. Echter Spaß bedeutet, zu einer Bande zu gehören, mit den anderen Unfug zu machen und sich nicht an die für die restliche Menschheit gültigen Regeln zu halten.

7. Lasse niemals Anzeichen von Schwäche oder Selbstzweifel erkennen.

8. Wenn du gut genug bist, eine Schau abziehen, deine Leute versorgen und beschützen kannst, dann lebst du glücklich bis ans Ende deiner Tage.

Es ist gar nicht so einfach, Robin Hood zu sein, Peter Pan, ein Prinz, ein Krieger, ein Gesetzloser, wenn man in Wirklichkeit nur ein ganz normaler Junge ist.

Die Gegenwart

Der Reiz der alten Abenteuergeschichten lebt fort. Die Geschichten sind so ansprechend, so einfach und so verführerisch, daß viele Männer auch heute noch versuchen, in irgendeiner Version von Robin Hoods Welt zu leben. Sie machen sich ihre eigenen Gesetze, spielen ihr eigenes Spiel und lieben nichts mehr, als die Autoritäten zu überlisten. Im Film ist der echte, vollblütige Mann die verkörperte Macht. Mit ihm ist nicht gut Kirschen essen. Er haut auf die Pauke. Er führt andere an der Nase herum, ist herzlos, ruchlos und schlau. Niemals offenbart er seine Pläne oder Gefühle. Undurchsichtigkeit ist das Geheimnis seiner Überlegenheit. Er nimmt das Gesetz selbst in die Hand, verprügelt seine Gegner, vernichtet sie, bevor sie ihn vernichten. Am Ende ist er immer oben, erreicht sein Ziel, sowohl in der Gesellschaft als auch bei den Frauen.

Das echte Leben verlangt mehr von den echten Kerlen, als Robin sich je hätte träumen lassen. Echte Männer sind oft allergisch gegen Pollen und allerhand kleine Tiere, wie sie in den Wäldern so kreuchen und fleuchen. Sie fühlen sich vielleicht in Robins grünem Dress mit den engen Strumpfhosen nicht ganz wohl und sind vielleicht gar nicht in der Lage, immer die absolute Nummer eins zu sein. Sie betrachten sich selbst oft als Versager. Einem Mann fällt es schwer, sich gut zu fühlen, wenn er weniger ist als ein Lone Ranger, als John Wayne, Captain Kirk, Jean-Luc, Rambo, Joe Montana, Babe Ruth oder Michael Jordan. Je mehr sie darauf aus sind, wie Robin oder Superman zu sein, desto deutlicher werden sie daran erinnert, wie sehr sie in Wirklichkeit Clark Kent ähneln. Manche von ihnen sind erleichtert, daß sie nun nicht über hohe Gebäude springen, ein Maschinengewehr mit sich herumschleppen oder im Winter in der Wildnis hausen müssen. Diejenigen von ihnen, die das Gefühl haben, niemals mithalten zu können, kompensieren das oft und verfallen irgendeinem Ismus – dem Workaholimus, dem Don-Juanismus, dem Alkoholismus, dem Sportfanatismus, dem Perfektionismus.

Aber die meisten Männer entschließen sich, erwachsen zu werden, Verantwortung zu übernehmen, sich unerwarteten Anforderungen zu stellen und sich neue Mythen zu suchen, die den Realitäten des Lebens in unserer Zeit gerecht werden. Männer, die akzeptiert haben, nur ganz normale Sterbliche zu sein, können leichter Macht teilen, ohne sich machtlos zu fühlen, mit Verlusten leben, ohne sich wie ein Verlierer vorzukommen, Mißerfolge akzeptieren, ohne sich als Versager zu betrachten. Sie können das, was sie sind, von dem trennen, was sie tun. Wenn der Film zu Ende ist, wenn wir nicht mehr im Sherwood Forest sind und auch nicht auf einem Sportplatz, ist jeder ein klein wenig heroisch und ein klein wenig weinerlich, gewinnt mal ein bißchen, verliert ein bißchen und schlägt sich meist irgendwo in der Mitte durch.

Einige Männer nehmen die machtvollen heroischen Rollen an, die ihnen zufallen. Andere stellen sie in Frage. Einige nehmen ihre eigenen weiblichen Seiten an. Viele irren auch noch in der Wildnis umher und wissen nicht recht, wie sie gleichzeitig spielen und arbeiten, in der Wildnis leben und ein Eigenheim besitzen, Jungfrauen verführen und verheiratet sein, Kinder großziehen und sich mit ihrer Junggesellenhorde austoben sollen. Nichts ist mehr so einfach, wie es einmal war.

Ebenso wie das Rollenrepertoire der Frauen hat sich auch dasjenige der Männer erweitert. Heutzutage gehört zu einer Geburt der Vater genauso sehr wie die Mutter, und die Erziehung der Kinder ist nicht länger nur Frauensache; es ist die Sache beider Eltern, genau wie der Gang zum Amt. Die Jungfrauen von heute, die sich gerne Herausforderungen stellen, von denen sich Maid Marion niemals etwas hätte träumen lassen, brauchen oder wollen oftmals nicht mehr gerettet werden und weigern sich überhaupt, den unteren Weg zu gehen. Was bleibt einem als Mann da zu tun, wenn man das alte Schema nicht mehr verwenden kann, wenn einem die alten Fähigkeiten nicht länger nützen und die alten Regeln der Machtverteilung nicht länger gelten?

Eines ist klar: Ein echter Mann muß mehr sein als hartes Holz, um einen rundum kompletten Menschen abzugeben. Jeder Mann muß sich entscheiden, wie er es anstellt, zugleich männlich und verletzlich, stark und sanft, unabhängig und partnerbezogen, frei und fürsorglich, Geldverdiener und Vater, Brotverdiener und Brotbäcker zu sein. Das alte, ererbte Rollenmodell der Männer ist zu einer Dauerbaustelle geworden. Es wird erweitert und angebaut, und wir alle müssen uns neuen Denk- und Seinsweisen anpassen.

Das Ziel

Respektieren Sie den ganzen Mann – unvollkommen und mit all seinen Facetten. Echte Männer haben genau wie echte Diamanten echte Fehler; nur die Imitate sind vollkommen.

Respektieren Sie den Mut, dessen es bedarf, um in dem Aufruhr der Geschlechter ein Anführer zu sein.

Respektieren Sie die Zuckerwatte, ihre liebe und freundliche Seite.

Respektieren Sie das Durcheinander, das sich unvermeidlich mit dem Erwerb und der Expansion des Bewußtseins einstellt.

Respektieren Sie die Männer; sie tragen die Hälfte des Himmels.

Seien Sie ganz der, der Sie sind. Es gibt eine alte chassidische Geschichte vom Tod des ehrenwerten und geliebten Rabbi Zusiah. Um sein Sterbebett hatten sich viele seiner Studenten und Schüler versammelt, und einer davon fragte: »Rabbi, haben Sie keine Angst, daß Gott Sie fragen wird, wenn Sie jetzt sterben und in den Himmel kommen: ›Zusiah, warum warst du in deiner langen Lebensspanne auf Erden nicht ein wenig mehr wie Moses?‹« Zusiah lächelte und erwiderte: »Ich mache mir viel größere Sorgen, daß Gott mich fragen wird: ›Zusiah, warum warst du nicht ein wenig mehr wie Zusiah?‹«

Stellen Sie die alten, einengenden, patriarchischen Mythen in Frage. Entwickeln Sie neue Modelle. Haben Sie den Mut, flexibel zu sein.

Denken Sie einmal darüber nach, ob Sie nicht kooperativer und weniger wettkampforientiert sein könnten. Die alte Gewinner-oder-Verlierer-Methode funktioniert in der Pokerrunde, im Sport und manchmal auch im Geschäftsleben, aber kaum je in engen menschlichen Beziehungen. Wettkampf und Intimität sind merkwürdige, unglückselige Bettgenossen. In einem Wettkampf, einem Vergleich ist immer einer der Gewinner, einer der Verlierer. Und der Verlierer wird nicht Ihr bester Freund, Ihre beste Freundin, der beste Liebhaber, die beste Geliebte, der beste Angehörige oder Vertraute sein, wenn das Spiel vorüber ist. Arbeiten Sie an der Doppelgewinnermethode, bei der beide zufriedengestellt werden und gemeinsam an der Spitze stehen.

Hegen und pflegen Sie, was Sie an Freundlichkeit und anderen weiblichen Tugenden in sich selbst und anderen entdecken.

Übungen

Freunden Sie sich mit der Zuckerwatte an, die ein Teil von Ihnen ist; vielleicht ist es der Leckerbissen, der Ihnen die Anpassung an neue Rollenmodelle schmackhaft macht.

Machen Sie mit Ihren leidenschaftlichsten und großzügigsten Seiten gemeinsame Sache. Kultivieren Sie Ihre Geduld. Fangen Sie klein an.

Trainieren Sie einen großzügigen, rücksichtsvollen Fahrstil, indem Sie sich vorstellen, daß alle anderen Fahrer auf der Autobahn zu Ihrer Mannschaft gehören. Sie tragen alle die gleichen Sweatshirts, und sie versuchen alle, irgendwo hinzukommen, genau wie Sie. Lassen Sie Ihren Ärger und Ihre Ungeduld an der Auffahrt zurück. Versuchen Sie nicht, die Welt zu ändern, versuchen Sie nicht, einen Ihrer Teamkollegen über den Haufen zu fahren. Meinen

Sie es besonders gut mit kleinen, alten Damen, die zu langsam fahren. Versuchen Sie zu lächeln, wenn ein anderer aus Ihrem Team zuerst am Ziel ist.

Probieren Sie, ob Sie verlieren können, ohne sich als Verlierer zu fühlen. Wenn Sie ein »mangelhaft« bekommen, heißt das nicht, daß Sie ein Versager sind; die Botschaft lautet vielmehr, daß Sie in der nächsten Zeit irgend etwas anders machen sollten.

Trainieren Sie, das letzte Wort anderen zu überlassen. Lassen Sie andere etwas auf ihre Weise, in ihrem Tempo und in ihrem eigenen Stil machen. Es setzt Sie nicht herab, wenn andere etwas anders und trotzdem gut machen.

Finden Sie Möglichkeiten zu dienen.

Lachen Sie ein bißchen.

Lachen Sie viel.

Bestärkungen

Adieu, Robin Hood. Guten Morgen, Honigduft.

An mir ist mehr als Hartholz.

Ich kann einen harten Schädel haben, ein weiches Herz und trotzdem ein Mann sein.

Ich bin mehr als jede maskuline Maske, die ich trage.

Ich war einmal ein liebes, verletzliches Kind. Ich bin es immer noch.

Ich kann einem anderen die Führung überlassen.

Wenn wir Arzt spielen, kann ich auch die Schwester sein.

Ich kann für mich selbst sorgen, indem ich um Hilfe bitte oder sogar um Anweisungen.

Ich bin sowohl männlich als auch weiblich, also bin ich.

20

Führen alte Rezepte zu neuen Resultaten?

Der Mythos

Wenn ich das Gleiche wieder und wieder tue, werde ich neue und andersartige Resultate erzielen.

Die Wahrheit

Wenn das, was Sie tun, die letzten viertausendneunhundertsechsundsiebzig Mal nicht funktioniert hat, dann wird es wahrscheinlich die nächsten viertausend Mal auch nicht funktionieren. Wenn Sie zur Heugabel greifen, um den Schnee von Ihrer Auffahrt wegzuschaufeln, dann werden Sie letzten Endes mit einer schneebedeckten Auffahrt dastehen. Und wenn Sie das nächste Mal wieder zur Heugabel greifen, wird es wieder nicht funktionieren. Der Job ist klar, aber Sie benutzen das falsche Werkzeug. Eigentlich sollte simple Logik ausreichen, um Sie von dieser Wahrheit zu überzeugen, aber dem ist oft nicht so. Denn bei diesem Mythos geht es nicht um Logik, sondern um Hoffnung, Glauben, Beharrlichkeit und echten Starrsinn. Bei diesem Mythos geht es darum, daß man sich wünscht, der Leopard möge sich in andere Flecken kleiden, die Ulme Birnen als Früchte tragen, frisches Wasser aus einem ausgetrockneten Brunnen strömen, die Ziegelsteinmauer zerbröseln und andere Menschen sich wundersamerweise ändern und perfekt werden.

Einige Realitäten sind nicht verhandelbar. Manche Dinge und manche Menschen werden sich nie ändern, völlig ungeachtet unserer Entschlossenheit, Treue, Hingabe oder Starrsinnigkeit. Etwas ändert sich nicht dadurch, daß wir die Änderung erwarten. Die Dinge sind, was sie sind. Die Menschen sind, wer sie sind. Es hilft nichts, zu wollen, daß der Planet in eine neue Umlaufbahn gelangt. Und es hilft auch nicht, zu wollen, daß Menschen einfach anders sind. Wir können diese Dinge nicht herbeiführen, ganz gleich, womit. Die Sonne geht keine Sekunde vor ihrer Zeit auf. Alle Dinge gehorchen ihrer eigenen Natur und bewegen sich nach ihrem eigenen Zeitplan. Man muß eben wissen, wann es sinnlos ist, eine Änderung herbeiführen zu wollen, wann man es aufgibt, wann man die Dinge läßt, wie sie sind, und wann man etwas anderes versuchen könnte. Das ist leicht gesagt, aber nicht so leicht getan. Es ist selten einfach, zuzugeben, daß unsere Anstrengung uns keinen Schritt weitergebracht hat, und es ist schwierig, von den Versuchen ganz abzulassen.

Und in der Tat verlangen manche Umstände, daß man gegen alle menschliche Vernunft an etwas festhält, wenn man zum Beispiel den Mount Everest besteigt, ein Klavierkonzert zum Vorspielen einübt, für soziale Gerechtigkeit kämpft oder irgendein anderes erreichbares Ziel nach Kräften verfolgt. »Erreichbar« ist das Schlüsselwort dieses Satzes. Denken Sie über das Ziel nach, für das Sie gekämpft haben, für das Sie sich bemühen und sich nach wie vor einsetzen. Ist es wirklich erreichbar? Sind die Jahre der Mühe, des Blutes, des Schweißes und der Tränen es wert? Brauchen Sie einen Zauberstab? Welche triftigen Gründe sprechen dafür, daß es erreicht werden kann? Beträgt die Wahrscheinlichkeit dazu eins zu eine Millionen, eins zu hunderttausend oder eins zu zehn? Kehren Sie auf den Boden der Tatsachen zurück. Würden Sie eine Wette zu dieser Quote eingehen?

Der Anfang

Kinder kommen unschuldig und hoffnungsvoll auf dem Planeten Erde an. Ihre Welt ist klein, und alles scheint erreichbar. Sie glauben an Magie und denken magisch. Sie erfinden unsichtbare Freunde, graben Löcher, durch die sie bis nach China kommen, suchen nach vierblättrigem Klee, breiten die Arme aus und üben fliegen. Sie tun so, als seien sie Dinosaurier, Prinzessinnen, Ärzte, wilde Tiere. Sie suchen nach dem Schatz am Ende des Regenbogens, bleiben wach, bis ihre Stofftiere eingeschlafen sind, begegnen im Bad oder in der Kammer Geistern und Monstern, legen dem Nikolaus Plätzchen und Milch hin. Kindern erscheint alles möglich. Onkel Lou konnte doch auch Silbermünzen aus seinen Ohren ziehen.

Wir alle kannten früher einmal Zauberworte und magische Gesten. Wenn wir diese Zauberformeln oft genug wiederholten, passierte auf jeden Fall irgend etwas Wunderbares. Wiederholung war das Geheimnis magischer Aktivität. Wir sprangen immer wieder aus dem Bett und hofften, wenigstens einmal in der Luft zu bleiben. Wir sagten hundert Mal »abrakadabra« und warteten darauf, daß sich der Hund in ein Einhorn verwandelte. Obwohl der Hund stets ohne Horn blieb, ließen wir uns nicht beirren. Wir bestanden auf dem Glauben, mächtig genug zu sein, um Änderungen herbeizuführen. Daran änderte gar nichts, daß wir bei dem Hund einen kleinen Mißerfolg erlebten. Wir hatten trotzdem die Macht, irgend etwas zu ändern. Wenn unser Schwesterchen, das kleine Baby, aufhörte zu schreien, wenn wir ihm die Flasche gaben, dann konnten wir auch das ganze Universum beeinflussen. Heute meine kleine Schwester; morgen die ganze Welt.

Wir glaubten auch, daß unsere Träume wahr würden, wenn wir erst wüßten, wie es richtig ging. Wenn wir nur gut und oft genug den Abwasch machten, dann würden unsere Eltern glücklicher sein und nicht mehr so schreien. Wenn wir jede Woche den Rasen einwandfrei mähen, jeden Tag die Katze füttern, genug lächeln und uns glücklich genug geben würden, würde unsere Mutter oder unser Vater aufhören zu trinken. Klein, wie wir waren, wollten wir doch mit aller Leidenschaft daran glauben, die Macht zu besitzen, die Erwachsenen in unserer Welt zu ändern. Das war magisches Denken.

Groß zu werden bedeutete, realistischere Informationen über die Grenzen des bekannten Universums zu erhalten. Die Realität trat auf, die Bühne trat ab. Wir lernten nach und nach, wann etwas in unserer Macht stand und wann nicht, wann wir die Zauberer sein konnten und wann nicht. Wir lernten, daß der menschliche Körper einfach nicht zum Fliegen bestimmt ist. Wir lernten, daß wir nichts dadurch änderten, uns verantwortlich, verläßlich und wohlerzogen zu zeigen. Ganz gleich, wie oft wir alles richtig machten, es hielt unsere Eltern nicht davon ab, die Dinge zu tun, die wir vielleicht haßten. Keine Zauberformel konnte so oft wiederholt werden, daß sie unsere Welt änderte.

Aber Kinder streben nach Wiederholung und nehmen Zuflucht zu dem, was berechenbar ist. Es bringt ein Gefühl von Ordnung und Sicherheit in ihre Welt, wenn sie jeden Abend vor dem Zubettgehen ihre Milch und ihr Bonbon bekommen, wenn es jeden Sonntag zum Frühstück Pfannkuchen oder Brötchen gibt. Wiederholung ist für ein Kind der Königsweg, sich die Welt anzueignen. Sie bauen ihren Turm aus Bauklötzen einhundert Mal, bevor er stehen bleibt. Sie trainieren das Zuschnüren ihrer Schuhe, das Schreiben ihrer Namen, das Ballwerfen, das Alphabet, das kleine Einmaleins. Wir alle haben gelernt, etwas wieder und wieder zu versuchen, bis wir es endlich konnten.

Manchmal erreichten wir das, was wir wollten, und manchmal nicht. Die Wiederholung ließ uns im Stich, wenn wir wieder und wieder versuchten durchzusetzen, daß das neugeborene Geschwisterchen zurück in die Klinik gebracht wurde. Oder wenn wir mit vernünftigen Mitteln unmögliche Aufgaben bewältigen wollten, zum Beispiel uns mit einem Löffel bis nach China durchgraben oder zu tanzen, damit unser Papa wach wurde und uns seine Aufmerksamkeit schenkte. Wenn wir dann nicht an den Ufern des Gelben

Flusses rauskamen, wenn wir nicht um eine Zugabe gebeten wurden, dann stellten wir oft weder das Mittel noch die Aufgabe in Frage. Vielmehr zweifelten wir an uns selbst, unseren Fähigkeiten und unserer Ausdauer. Wenn wir vielleicht einen Suppenlöffel statt eines Teelöffels benutzt hätten ... Wenn wir vielleicht eine Pirouette mehr gedreht hätten ...

Die Gegenwart

Auch die Erwachsenen lieben den Zauber und sehnen sich immer wieder nach einem Happy End. Deswegen kaufen wir immer wieder Lotterielose, schließen Wetten auf die Außenseiter ab, spielen Bingo, gehen ins Casino. Irgend jemand muß ja gewinnen, und diesmal könnten Sie es ja sein oder ich oder wir. Aber ach, gewöhnlich ist es der andere, der gewinnt, und er hat es auch nicht annähernd so verdient wie wir. Die Anonymen Spieler wissen ein Lied davon zu singen; ihr Leben besteht oder bestand aus Glaubenssätzen wie: »Beim nächsten Mal bin ich es vielleicht«; »Ich war so nahe dran«; »Nur noch ein Versuch, dann höre ich auf.« Der Traum von Erfolg, Reichtum und vollkommenem Glück ist der Goldklumpen, der uns nach Las Vegas lockt und die Buchmacher reich macht, der dafür sorgt, daß die Pferde von Rennplatz zu Rennplatz geschafft und die Hochglanzillustrierten in unsere Briefkästen geworfen werden.

Die gewieftesten Unternehmer wissen, wie sie unsere Liebe zur Dame Fortuna pflegen können, und schaffen es, daß wir es immer wieder versuchen. Sie geben Millionen für die besten Verhaltensforscher aus und wenden die neuesten Ergebnisse der Motivationspsychologie an. Sie spielen mit und profitieren von unserem Faible für Magie, Glück und Happy Ends. Sie entwickeln ihre verführerischen Taktiken an ihrem Laborhelden Randy, der Ratte. Auch Little Randy will der große Gewinner sein. Er lernt, daß er ein paar Körner Futter erhält, wenn er an einem Hebel zieht. Das gefällt ihm.

In der Laborrattensprache heißt das: »Positive Verstärkung.« Randy wird darauf trainiert, seine köstliche Belohnung zu erwarten. Zieh am Hebel und zack, es gibt Abendbrot.

Und dann ändern diese listigen Verhaltensforscher die Regeln, ohne Randy etwas davon zu sagen. Er zieht weiter an dem Hebel, aber die Futterkörnchen erscheinen nur noch gelegentlich, zufällig. Randy versteht das nicht, und es macht ihn ein wenig böse. Er denkt (genau wie wir): »Wenn ich nur diesen Hebel wieder und wieder ziehe, werden die Futterkörnchen, die ich haben will, sicher herausfallen. Das taten sie ja sonst auch. Sie werden es wieder tun. Ich werde ein bißchen fester ziehen, mehr zu einer Seite hin, ein bißchen sanfter, ein bißchen schneller, ein bißchen langsamer. Wo ist mein Futter? Ich muß irgend etwas falsch machen.« Randy ist fast so weit, aufzugeben. Er ist genauso verwirrt, wie wir es wären. »Warum funktioniert es bei den anderen manchmal und nicht bei mir? Ich bin eine ebenso gute Ratte wie die anderen. Ich versuche es nun wieder und wieder und wieder. Wo bleibt mein Abendbrot?« Plötzlich spendet der Versuchsaufbau wieder einige Körner Futter, und der ganze Kreislauf beginnt von neuem. In der Laborrattensprache heißt dies: »Intermittierende Verstärkung«. Sie macht süchtig.

Randy und seine Rattenkollegen haben Las Vegas alles über intermittierende Verstärkung gelehrt. Das Rezept funktioniert tatsächlich. Wir ziehen die Hebel der einarmigen Banditen, bis uns fast der Arm abfällt. Sie sind dazu gemacht, unwiderstehlich zu sein. Sie verführen uns dazu zu glauben (wie Randy), daß, wenn wir die ganze Nacht aufbleiben, wenn wir den Hebel nur noch einmal ziehen, fester, schneller, langsamer, vorsichtiger, ein Wunder geschehen wird. Drei Kirschen! Drei Glöckchen! Drei Zitronen! Der Jackpot! Der Fiskus!

Die intermittierende Verstärkung – in den Labors, in Las Vegas, in unserem Wohnzimmer – hält unsere Hoffnung lebendig, hält uns am Haken und betrügt uns schließlich um jede Hoffnung. In unseren Wohnzimmern handhaben wir unsere familiären Beziehungen genauso wie einen einarmigen Banditen. Wir glauben, daß wir schließlich, wenn wir nur am Ball bleiben, nur weiterspielen (fester, schneller, langsamer, sanfter), gewinnen werden, daß unsere Zitrone sich in drei Kirschen verwandeln wird. Die intermittierende Verstärkung sorgt dafür, daß wir den gleichen Streit wieder und wieder in leicht veränderter Form ausfechten und hoffen, es dabei einmal zu einem anderen Ergebnis zu bringen. Sie hält uns in furchtbaren Beziehungen fest, fesselt uns an die Hoffnung und den Versuch, einen anderen Menschen zu ändern. Wir betteln, bitten und flehen, bestürmen unseren Partner, zu dem großartigen Menschen zu werden, der er eigentlich sein sollte. Wir verlieben uns in sein Potential, in das, was er sein könnte, genau wie wir uns in das Versprechen des Super-Jackpots verlieben, in unsere Visionen und Träume von einem perfekten Sieg. So wie Randy bleiben wir treu und angekettet.

Und genau wie Randy glauben wir, wenn wir den Jackpot nicht gewinnen, daß irgend etwas mit uns nicht stimmen kann, und nicht etwa, daß an der Situation etwas verkehrt ist. Wir glauben, wenn wir jetzt aufhören, wird die nächste Ratte, die den Hebel zieht, den Lohn für all unsere Mühen kassieren. Sie wird gewinnen. Wir werden verlieren. Es ist leicht, sich vorzustellen, daß unsere unvollkommenen Expartner sich in einer neuen Beziehung als geradezu perfekt erweisen. Sie haben sich wunderbarerweise in die Person verwandelt, die sie nach unserem Wunsche immer hätten sein sollen und auch hätten werden können, wenn wir nur mehr dafür getan hätten.

Es war einmal ...

Joan und Bill, ihr Ex, hatten überall als perfektes Paar gegolten. Und zwar zurecht. Sie hatten einen großen Freundeskreis besessen, eine ähnliche Lebenseinstellung, verwandte Interessen und ungefähr den gleichen Geschmack, und es hatte ihnen Spaß gemacht, sich zusammen ein wunderbares Leben aufzubauen.

Aber nach vier Jahren des Eheglücks begann sich das Bild zu ändern. Bill arbeitete abends lange, kam erst spät zu Bett und vermied es unter wechselnden Vorwänden, mit seiner Frau zu schlafen. Er sagte, seine Arbeit nehme ihn übermäßig in Anspruch, er habe Kopfschmerzen, stehe unter Arbeitsstreß und könne nicht darüber sprechen. Joan machte dieses Schweigen nach und nach Sorgen. Sie massierte ihm den Rücken und zeigte Verständnis. Aber es kam noch schlimmer. Er wurde böse, wenn sie mit ihm darüber reden wollte, vermied jede Intimität und wies ihre Vorstöße zurück. Und sie verstand nicht, wieso der liebevolle, ihr zugetane Ehemann, den sie einst gekannt hatte, plötzlich verschwunden war.

Joan lag an ihrer Ehe mehr als an irgend etwas anderem auf der Welt; sie war entschlossen, die Ehe zu retten. Bill sagte, er sei verwirrt, müde, überarbeitet. Er bat um Geduld und Verständnis, um sich selbst Klarheit zu verschaffen. Sie war einverstanden. Das war das mindeste, was sie nach all den wunderbaren Jahren, die sie miteinander verbracht hatten, tun konnte.

Also wartete sie. Sie war verständnisvoll. Sie versuchte, die Zeichen zu deuten. Sie weinte mit ihm, über ihn und für ihn. Sie begab sich in eine Therapie. Sie ging zu einem Astrologen. Sie kochte innerlich vor Wut. Sie drohte ihm. Sie redete auf ihn ein und lauschte seinem Schweigen, wartete auf irgendeinen Hinweis. Je gespannter die Atmosphäre wurde, umso ängstlicher wurde sie. Sie wußte, daß sie irgend etwas falsch machen mußte. Sie versuchte wieder und wieder, alles richtig zu machen. Sie nahm ab. Sie kaufte sich sexy Nachtwäsche. Sie kochte ihm Feinschmeckermenues. Sie wusch sogar das Auto für ihn. Aber nichts schien zu verfangen. Er schien es hinter der Plexiglaswand, die er um sich selbst errichtet hatte, gar nicht wahrzunehmen oder sich nicht darum zu kümmern.

Es dauerte ein Jahr, bis Joan sich selbst gestattete, die Wahrheit zu entdecken. Sie hätte nie gedacht, daß es eine andere Frau geben könne, aber dann stellte sich heraus, daß er eine Affäre mit seiner Sekretärin hatte. Und Joan sagte sich, daß ihr etwas Wesentliches fehlen müsse. Irgendein großer Makel, der an ihr haftete, hatte ihn in die Arme einer anderen getrieben.

Joan harrte aus. Sie konnte warten, bis Bill wieder zu Verstand kam und zu ihr zurückfand. Er würde diese Sache sicherlich überwinden. Joan las Bücher. Sie räumte die Wohnung um. Sie ließ sich ihr Haar anders frisieren. Sie trauerte. Sie steigerte sich in Wutanfälle hinein. Sie bekniete ihn, mit zu einer Eheberatung zu kommen. Sie warf ihn hinaus. Sie ließ ihn wieder hinein. Sie zog selber aus. Sie kam wieder zurück. Sie probierte alles aus, was ihre Freunde, ihr Therapeut und die Bücher zur Selbsthilfe ihr empfahlen. Nichts funktionierte.

Ein weiteres Jahr verging, ohne daß Bill sich auch nur einen Deut geändert hätte. Er sagte, alles sei so kompliziert, er sei unentschlossen, befinde sich in einer *midlife crisis*. Er wollte seine Ehe weiterführen, und er wollte an der anderen Frau festhalten. Joan versuchte es, aber damit konnte sie nicht leben. Ihr gingen die Strategien aus, sie verlor jede Hoffnung, und es fehlte ihr die Energie, den einarmigen Banditen, zu dem sich ihre Ehe entwickelt hatte, weiter zu bedienen.

Schließlich ging Joan zu einer Nachbarin, die schon seit vielen Jahren geschieden war. Sie erzählte ihr die ganze Geschichte, weinte und fragte: »Wann weiß man denn, daß man genug getan hat, es lange genug versucht, lange genug gewartet hat? Woher weiß man denn, wann es an der Zeit ist aufzugeben?«

Die Nachbarin erwiderte klugerweise: »Wenn Sie danach noch fragen, dann sind Sie noch nicht bereit, Ihre Ehe aufzugeben.«

Das stimmte. Joan blieb noch weitere drei Monate bei der Stange. Schließlich begriff sie endlich, daß es in ihrer Ehe nichts mehr zu gewinnen gab. Ganz gleich, was sie auch tat, Bill blieb stets unverändert. Er würde seine Liebschaft nicht aufgeben. Er würde die Ehe, die sie wollte, niemals wollen. Und er würde sich nicht entscheiden. Sie mußte ihren Schritt tun und sich lösen. Sie konnte ihn nicht ändern, und sie konnte auch nicht alleine eine Ehe aufrechterhalten.

Mit dem Gefühl, eine Versagerin zu sein, reichte sie die Scheidung ein. Ein Partner, der einhundert Prozent gibt, kann eben nicht zwei Partner ersetzen, die je fünfzig Prozent geben sollten.

Es ist nicht einfach, die Hoffnung aufzugeben, eine Beziehung oder einen einarmigen Banditen hinter sich zu lassen, der oder dem man all seine Zeit, Energie und sein Geld gewidmet hat. Wenn wir jetzt aufhören, verpassen wir vielleicht gerade den höchsten Jackpot aller Zeiten, die Riesenauszahlung, das vollkommene Leben. Die Stimmen in unserem Kopf rufen: »Sei keine Spielverderberin, kein Verlierer, kein Zweifler.« »Versuch es eben für ein Weilchen noch etwas intensiver.« »Du kannst diese Sache richten.« »Gib nicht auf.« Die Erkenntnis, es lange genug versucht, lange genug verloren, lange genug ausgehalten, lange genug gehofft zu haben, ist bitter. Es ist eine bittere Pille, wenn wir erkennen müssen, daß es an der Zeit ist, Schluß zu machen.

Und niemand kann diese Frage für uns beantworten. Wir müssen auf unser eigenes tiefstes Wissen hören, um die bestmögliche Antwort zu finden. Wir können auf unseren Körper hören, der uns vielleicht anfleht, Schluß zu machen, auszuruhen, loszulassen. Wir können auch auf die Menschen hören, die uns lieben und das Beste für uns wollen.

Oder wir können es dabei belassen und so weitermachen wie bisher. Das Ergebnis wird das gleiche sein wie jedes Mal zuvor. Nichts wird sich ändern, bis wir es tun.

Das Ziel

Versuchen Sie es, versuchen Sie es wieder, und wenn Sie keinen Erfolg haben, dann hören Sie auf damit. Wenn Sie es schon so lange mit solcher Inbrunst versucht haben und trotzdem Ihr Ziel nicht erreicht, ist es vielleicht an der Zeit loszulassen. Die beste Formulierung dafür findet sich im Gebet um Gelassenheit: »Gott gebe mir die

Gelassenheit, Dinge hinzunehmen, die ich nicht ändern kann, den Mut, Dinge zu ändern, die ich ändern kann, und die Weisheit, das eine von dem anderen zu unterscheiden.«

Übungen

Stellen Sie sich einmal vor, Sie würden Ihre Verhaltensweise, die Sie ein ums andere Mal in der Hoffnung wiederholt haben, es möge sich etwas ändern, einfach aufgeben. Vielleicht fehlt Ihnen dann ein Problem, dem Sie Ihre Zeit und Ihre Energie widmen können. Was werden Sie mit sich selbst anfangen? Wenn Sie nicht mehr zu einer ausgetrockneten Quelle gehen, um dort Wasser zu schöpfen, was werden Sie dann tun, um sich fit zu halten? Wenn Sie und Ihre Freunde übereinkommen, Ihre endlosen und unergiebigen Streitigkeiten einzustellen, was werden Sie dann statt dessen tun? Wenn Sie alle Ihre Pläne und Tricks aufgeben, mit denen Sie Ihren Partner oder Ihre Lieben ändern wollen, was können Sie dann statt dessen planen?

Wenn es Ihnen nicht gelingt, Ihr Universum zu ändern, wenn all Ihre Praktiken ohne Erfolg bleiben, dann stellen Sie Ihre Bemühungen ein. Suchen Sie Hilfe. Fragen Sie jeden, den Sie kennen, wie Sie vielleicht auf anderem Wege vorankommen können. Ihre Erfahrungen sind nicht völlig einzigartig, und die Personen, von denen Sie es am wenigsten erwarten, werden oft die innovativsten Lösungen beitragen. Hören Sie sich einmal in Ihrer Umgebung um oder treten Sie einer Gruppe wie den Anonymen Alkoholikern, der Vereinigung von Kindern von Alkoholikern, den Anonymen Spielern, den Alleinerziehenden Eltern bei. Und hören Sie sich einmal an, was andere zu sagen haben, die mit dem gleichen Problem kämpfen wie Sie. Man wird Sie verstehen, und vielleicht wird man Sie auch überraschen.

Machen Sie in Ihrem Denken den Schritt vom: »Wenn ich nur ... hätte«, zum: »Nächstes Mal werde ich ...« Träumen Sie nicht davon, wie die Dinge eigentlich sein sollten, sondern konzentrieren Sie sich auf den nächsten Schritt, den Sie wirklich tun können. Und dann tun sie ihn.

Bestärkungen

Ich kann aufhören, ohne ein/e Spielverderber/in zu sein.
Ich kann verlieren, ohne ein/e Verlierer/in zu sein.
Ich kann die intermittierende Verstärkung überwinden.
Ich kann entscheiden, wann ich aufhöre und wann ich es gut sein lasse.
Ich kann meine Meinung ändern.
Ich kann andere Menschen nicht ändern.
Ich werde meinen Vollzeitjob nicht aufgeben, um an einem einarmigen Banditen zu spielen.
Ich habe Erfolg und ich versage, also bin ich.

21

Ich brauche keine Hilfe!

Der Mythos

Ich sollte niemals irgendwelche Hilfe benötigen. Ich sollte in der Lage sein, alles selbst zu machen.

Die Wahrheit

Seit dem Anbeginn der Welt hat niemals irgend jemand irgend etwas alleine gemacht. Uns allen wurde geholfen, in diese Welt zu gelangen, und wir benötigen jede Menge Hilfe, um sie zu bestehen. Batman hatte Robin. Obelix hatte Asterix. Der Hänsel hatte Gretel. Und selbst John Wayne hatte sein Pferd.

Der Anfang

Weil wir als Menschenbabys auf die Welt kamen, benötigten wir lange Zeit sehr viel Hilfe. Die Art und Weise, wie uns diese Hilfe zuteil wurde, lehrte uns viel über das Geben, das Empfangen und die Befriedigung unserer Bedürfnisse. Manche Säuglinge kamen sich wichtig vor, weil ihr Weinen und Schreien sofort zu Ergebnissen führte. Manche Säuglinge machten sich Sorgen, weil ihr Schreien ohne Antwort blieb und sie daher nicht wußten, wie sie schnell ihr Fläschchen wieder voll bekommen konnten. Wir erinnern uns vielleicht bewußt nicht mehr daran, aber falls wir damals geglaubt haben, daß niemand für uns da sei, daß wir keine Hilfe bekommen konnten, wenn wir sie benötigten, dann haben wir vielleicht bei dieser Gelegenheit gelernt, nicht um Hilfe zu fragen, und fragen auch heute noch nicht. Falls uns aber die Zuwendung zuteil wurde, die wir brauchten, dann wurde uns damit das Gefühl vermittelt, daß wir ein gutes Recht hatten, in dieser Welt zu sein und um Hilfe zu bitten. Wir konnten auf die vertrauen, die sich um uns kümmerten, uns mit ihnen einlassen, uns von ihnen trennen und uns bei all dem wohlfühlen. Das, was wir als Kinder gelernt haben, ermöglicht es uns, als Erwachsene mit einem Gefühl der Sicherheit Zuwendung zu empfangen (oder auch nicht). Wenn wir glaubten, daß wir eigentlich nichts von anderen erwarten sollten, dann versteckten wir unsere Bedürfnisse vor den anderen und vor uns selbst, und bald vergaßen wir, daß wir überhaupt Bedürfnisse hatten. Wie der Ertrinkende, der sagte: »Was, ich? Irgend etwas benötigen? Mir geht's gut. Wirklich. Gluck, gluck.« Um einen Rettungsring zu bitten, war ihm zu peinlich, zu riskant.

Die meisten Kinder, die zum ersten Mal in die Schule kommen, arbeiten gern zusammen. Sie wollen alle eine Eins in »Kooperation« bekommen. Zu oft allerdings sagt man ihnen, wenn sie dann wirklich einem Klassenkameraden helfen wollen, daß jeder für sich allein arbeiten muß. Hilfsbereitschaft und Kooperation werden dann als »arbeitet nicht selbständig« oder noch schlimmer als »Schwätzen« bezeichnet. Die ungeschriebenen Regeln besagen, daß nur die Hilfe durch den Lehrer oder die Lehrerin zulässig ist; aber die Lehrer sind oft überlastet, weil sie die vielen Anforderungen in der gegebenen Zeit gar nicht erfüllen können. Also lernen die Kinder, daß es gefährlich für ihre Noten und für ihre Selbstachtung sein kann, wenn sie um Hilfe bitten, Hilfe gewähren oder Hilfe brauchen.

In manchen Familien wird die Bitte um Hilfe als Zeichen von Schwäche angesehen. Dort sagt man den Kindern: »Zieht euch an den eigenen Haaren aus dem Sumpf.« »Halte durch.« »Das finde selbst raus.« »Ich hab zu tun. Belästige mich nicht damit.« »Stell dich nicht so dumm an!« In dieser Situation lernen Kinder schnell, ihre Bedürfnisse zu verbergen, um nichts zu bitten, unabhängig zu sein und so schnell wie möglich ihrem Zuhause den Rücken zu kehren.

Die Gegenwart

Als schöpferische Erwachsene ersinnen wir allerlei phantasievolle Möglichkeiten, um jede Bitte um Hilfe zu vermeiden. Wir geben vor, selbst der Experte zu sein, alles zu wissen. Wir wechseln das Thema, machen Witze, wegwerfende Bemerkungen, sind sarkastisch oder wütend. Wir vermeiden unbekannte Menschen, unbekannte Orte, neue Ideen. Diese Strategien verhärten sich in Masken der Tüchtigkeit, die schwer wieder abzulegen sind. Wer sein Gesicht zu verlieren fürchtet, fährt lieber stundenlang im Kreis umher, als daß er seine Maske einmal absetzt und nach dem Weg fragt. »Man weiß ja, was man sich schuldig ist!« Masken sind außerdem störend beim Küssen. Wenn wir unsere Verletzlichkeit oder unsere Bedürftigkeit nicht zeigen können, dann wird jede Intimität nahezu unmöglich. So spazieren wir also ums Haus, tragen unsere Masken und erfinden hundert Gründe, warum wir nicht aktiv werden und irgend jemanden um Hilfe bitten. »Wen könnte ich denn fragen ... Nein, er ist wahrscheinlich zu beschäftigt. Er ist jetzt müde nach der Arbeit. Ich weiß, daß ihn das nicht interessiert. Sein Leben ist schon so überfüllt. Er wird ohnehin wahrscheinlich Nein sagen, also frage ich besser erst gar nicht.« Oder: »Es ist vielleicht aufdringlich zu fragen ... Wenn sie zusagt, habe ich ein schlechtes Gewissen deswegen. Außerdem sagt sie nur zu, weil sie höflich ist. Sie wird selbst gar nicht dahinterstehen. Ich werde sie nicht belästigen. Ich werde es einfach selbst machen.«

Wir können uns auch durch unsere Angst in eine Isolation bringen. »Ich kann das selbst. Ich brauche keine Hilfe. Ich werde herausfinden, wie es geht. Mir wird ohnehin niemand richtig helfen. Ich will nirgendwo stören. Es ist töricht, um Hilfe zu bitten. Ich will nicht als Trottel dastehen. Ich bin nicht hilflos. So schlimm steht es noch nicht mit mir.«

Was würde uns passieren, wenn wir unsere Masken abnähmen und uns nicht gegen die anderen abschlössen? Wer würde uns sehen? Wer würde uns beißen? Wenn wir einfach darum bäten, was wir wollten, dann würden wir nicht mehr perfekt wirken. Wir erfahren vielleicht neue Dinge, die nicht zu dem passen, was wir immer geglaubt haben. Wir müssen vielleicht unsere bestgehüteten Annahmen neu überdenken. Wir erhalten vielleicht ein schreckerregendes Ja zur Antwort, oder wir verbrennen uns die Finger an einem gefürchteten Nein. Ein Nein fügt uns keine tödliche Wunde zu; es ist nur eine (manchmal furchtbare) Enttäuschung. Wir werden lernen, damit zu leben. Und wir werden es überleben, so wie wir immer überlebt haben. Manchmal vermittelt ein unerwartetes Nein auch eine nützliche Botschaft oder klärt sogar die Luft.

Wenn wir direkt um das bitten, was wir wollen, werden wir überraschend oft ein Ja als Antwort erhalten. Manchen Menschen wird es sogar gefallen, gefragt zu werden. Eine helfende Hand zu akzeptieren mag uns zunächst demütigend erscheinen, aber wenn wir einmal tief durchatmen, wird sich zeigen, daß es mit ein bißchen Übung immer besser geht. Wir haben immer das Recht zu fragen, das gleiche Recht, das auch unsere Freunde habe. Mit unserer Bitte zur rechten Zeit zu kommen, ist dabei hilfreich. Und auch die Erfahrung im Bitten. Einige Menschen, die wir schon lange kennen, haben vielleicht Jahre darauf gewartet, daß wir sie einmal um etwas bitten, um irgend etwas. Und manchmal sagt vielleicht auch irgendeiner einmal nein.

Es war einmal ...

Joe saß in seinem ersten Jahr am College im Englischunterricht und verstand kein Wort von dem, was der Professor über nachgestellte Partizipien erklärte. »Sie werden diese Partizipien alle noch von der High School her kennen«, sagte der Professor. Joes High-School-Zeit lag zehn Jahre zurück, und er erinnerte sich nicht daran, jemals auf ein nachgestelltes Partizip gestoßen zu sein. Gab es damals überhaupt schon nachgestellte Partizipien? Joe hatte die letzten zehn Jahre zuhause verbracht, im wirklichen Leben, und seine Kinder erzogen. Seine einzigen Schreibaktivitäten während dieser Zeit waren kurze Mitteilungen an die Lehrer seiner Kinder und Weihnachtskarten gewesen. Nun fing er noch einmal von vorn an, wollte wieder lernen, aber Englisch war nie seine Stärke gewesen. Er hörte aufmerksam zu und machte sich Notizen, aber dennoch verlor er den Grund unter den Füßen. Er schaute sich in der Klasse um und dachte: »Alle außer mir scheinen diesen Kram zu verstehen. Ich bin wohl der einzige Dummkopf hier. Ich halte lieber die Klappe und versuche, es selbst herauszufinden.«

Der Professor wanderte inzwischen durch das Revier substantivischer Sätze und anderes unbekannte Gelände. Joe hatte jede Orientierung verloren und bedurfte dringend eines Führers. Er holte tief Luft. Selbst wenn alle anderen sich auf diesem Gebiet auskannten, er tat es nicht. Er schluckte, hob die Hand, und mit einem Gefühl wie ein Fünftklässler bat er den Professor um nähere Erläuterung. Die ganze Klasse ließ augenblicklich einen Seufzer der Erleichterung hören. Der Professor warf einen Blick in die Runde. »Es ist auch ziemlich schwierig«, sagte er. »Ich werde etwas langsamer vorgehen und versuchen, es auf andere Art verständlich zu machen.« Einige der Studenten sprachen Joe nach dem Unterricht an und bedankten sich bei ihm. Sie hatten ebenfalls völlig die Orientierung verloren, aber es war ihnen zu peinlich vorgekommen zu fragen. (Sie wissen selbst schon, wer Sie in der Geschichte sind.)

Das Gleiche passiert jeden Tag tausende Male in Klassenzimmern, Konferenzräumen, in Wohnzimmern. Niemand möchte als Dummkopf dastehen, weil er etwas fragt – also läßt er es.

Es gibt in Wirklichkeit gar keine dumme Frage, und wir haben das Recht, alle alles zu fragen. Jeder kann ja eine Antwort ablehnen, wenn er nicht antworten möchte. Und manchmal wird das auch geschehen. Das Lehren und Lernen ist wie das Leben ein gemeinschaftliches Unternehmen. Wir müssen es nicht alleine machen wollen.

Das Ziel

Finden Sie sich damit ab: Sie brauchen Hilfe. Sie können kaum Ihr Piano selbst die Treppe hinauftragen oder sich Ihren eigenen Blinddarm herausoperieren. Finden Sie sich damit ab, manchmal hilflos zu sein. Lernen Sie zu bitten. Das tun alle. Und Sie können es auch. Wenn Sie fürchten, daß andere Menschen nicht alles genauso machen werden, wie Sie es machen würden, dann haben Sie wahrscheinlich recht. Diese anderen Menschen sind ja nicht Sie. Und diese anderen Menschen sind auch nicht vollkommen.

Geben Sie der Welt die Möglichkeit, Ja zu sagen. Sie sagt es gerne.

Nehmen Sie sich die Freiheit, jemand zu sein, der oder die lernt, und nichts weiß; ein Anfänger so gut wie eine Expertin, eine Empfängerin so gut wie ein Geber, ein unvollkommener Mensch so gut wie gelegentlich eine Heilige.

Übungen

Erstellen Sie eine Liste Ihrer Verbündeten. Vergessen Sie die Katze nicht, den Postboten, Ihre beste Freundin, Ihr Pferd, Ihren

Buchmacher, Ihren Broker, die Bibliothekarin, Ihren Nachbarn, die Tierärztin, Ihre E-mail-Freunde. Sie alle sind potentielle Helfer/innen, und sie alle haben bereits einen Platz in Ihrem Leben.

Schockieren Sie Ihre Freunde. Sagen Sie ja, wenn Sie gefragt werden: »Kann ich dir helfen?«

Üben Sie Zusammenarbeit und kultivieren Sie das Bündeln von Kräften. Die Beatles waren zusammen weitaus besser, als jeder von ihnen es solo war. Laden Sie zum Gespräch, zur Diskussion, zu gemeinsamem Nachdenken ein.

Machen Sie aus einem schwierigen Soloprojekt ein Gemeinschaftsunternehmen. Bitten Sie jemanden, etwas mit Ihnen zusammen zu machen – eine Mahlzeit zubereiten, ein Auto waschen, ein Gedicht lesen, einen Brief schreiben, Ihnen beim Umzug helfen, bei der Gartenarbeit, beim Babysitten. Häufiges Üben erleichtert das Bitten um Hilfe. Schließlich haben Sie nur noch halb so viel Angst und doppelt so viel Spaß dabei.

Bestärkungen

Ich kann mich entschließen, nicht alles alleine zu machen.
Ich kann entscheiden, wann ich um Hilfe bitten will und wann nicht.
Ich bin klug und brauche trotzdem Hilfe.
Ich bin stark und benötige dennoch Hilfe.
Ich bin unvollkommen, aber Hilfe brauche ich trotzdem.
Ich komme mit einem Nein zurecht.
Ich komme mit einem Ja zurecht.
Ich komme damit zurecht, wenn man mich in Verlegenheit bringt.
Ich bin willens, ein Anfänger zu sein, eine, die lernt.
Ich benötige alle Hilfe, die ich bekommen kann!
Ich bitte, also bin ich.

22

Mich kennen heißt mich verlassen?

Der Mythos

Wenn du mich wirklich kennen würdest, würdest du mich zurückweisen und nichts mehr mit mir zu tun haben wollen.

Die Wahrheit

Je weniger wir uns selber leiden mögen, je mehr wir uns selbst zurückweisen und verwerfen, um so stärker ist unsere Überzeugung, daß andere das gleiche tun werden. Je mehr wir uns selbst mögen und akzeptieren, um so weniger zurückgewiesen und abgelehnt fühlen wir uns, wenn uns ein anderer sagt: »Nein, danke.« Wir müssen uns damit abfinden, daß man Zurückweisung nie ganz vermeiden kann. Ob wir uns nun verstecken oder in Erscheinung treten, wir werden immer das ein oder andere Nein hören. Wir werden Menschen erleben, die andere Pläne haben als wir, die nichts mit uns anfangen können, die sich von uns abwenden, obwohl wir das nicht wollen. Wir wollen all diese Verhaltensweisen und zahllose andere unter dem Begriff Zurückweisung zusammenfassen.

Manche von uns sind wahre Experten, was Zurückweisung anbelangt; sie stoßen überall darauf. Wir können uns durch die einfachste, unbefangenste Handlung, durch den unmerklichsten, nur eingebildeten Wink zurückgewiesen fühlen – wenn jemand nicht ans Telefon geht, wenn man nur den Anrufbeantworter an der Strippe hat, wenn jemand auf unsere E-mail nicht antwortet, wenn jemand abgereist ist, ohne uns »Auf Wiedersehen« zu sagen, wenn jemand stirbt. Wir können lange Vormittage und endlose Nachmittage damit verbringen, uns wegen dieser Zurückweisungen schlecht zu fühlen. Wir können Abende und Wochenenden damit ausfüllen, unsere Abweisungen Revue passieren zu lassen, sie unseren Freunden aufzuzählen, sie in unseren Köpfen noch einmal zu durchleben und sie in unseren Tagebüchern zu verewigen.

Sich zurückgewiesen zu fühlen, kann zu einer Vollzeitbeschäftigung werden. Man kann damit alle negativen Einstellungen, die man zu sich selbst hat, bestätigen und ausschmücken. Wir können die Zurückweisung als positiven Beweis werten, daß wir wieder einmal keiner Liebe wert, unerwünscht, häßlich, monströs, zu dumm, zu schlau, zu sexversessen, zu wenig sexy, übergewichtig, untergewichtig, wertlos, _____ (bitte selbst ergänzen) sind.

Ganz andere Gefühle stellen sich ein, wenn wir selbst jemanden verlassen und zurückweisen, wenn wir selbst jemandem nein sagen, andere Pläne haben, ihn oder sie abweisen und uns davonmachen, lange bevor sie wollen, daß wir gehen. Wenn wir diejenigen sind, die den anderen verlassen, dann haben wir dabei selten das Gefühl zurückzuweisen. Es geht fast immer nicht um die anderen, sondern um uns selbst. Wir sagen nicht nein, weil sie es sind; wir sagen nein aus Gründen, die in uns liegen. Unsere Bedürfnisse, Wünsche und Prioritäten sind lediglich von den ihren verschieden. Die Zurückweisung vollzieht sich wie die Anerkennung hauptsächlich in den Augen und im Verständnis des Betrachters.

Der Anfang

Aus tausend nicht mehr erfindlichen Gründen haben wir uns irgendwann in der dunklen Vergangenheit selbst die Rolle des ersten Monsters in einem Horrorfilm zugewiesen, der im tiefsten Inneren unserer Seele immer noch vor sich hin flimmert. Im Laufe der Jahre haben wir nur wenige Auserwählte diesen Film sehen lassen. Wir waren erstaunt, daß die anderen unsere Monster gar nicht so grauenhaft fanden, nicht vorzeitig rausgegangen sind und uns auch nicht annähernd so brutal verurteilten, wie wir es selbst taten, ja, nicht einmal daran dachten, uns zurückzuweisen und zu verlassen. Statt sich als unsere schlimmsten Kritiker zu erweisen, waren sie von dem Gedanken besessen, sich selbst zu verurteilen, starrten auf die Wiederholungen und Standbilder in ihren eigenen Köpfen, fasziniert von ihren eigenen geheimen, schleimigen Kreaturen. Jeder denkt, daß sein Monster das allergräßlichste ist.

Wir sind nicht mit einem grauenhaften oder depremierenden Selbstbild zur Welt gekommen. Wir sind mit gar keinem Selbstbild zur Welt gekommen. Wir haben uns selbst zum ersten Mal im Spiegel der Gesichter um uns herum erblickt. Und meist haben wir dann nur deren Stimmungen, Gefühle und Einstellungen zu uns reflektiert. Indem wir uns durch ihre Augen sahen, entwickelten wir ein Bewußtsein unserer selbst und gewannen Urteile über dieses Selbst. Gewöhnlich beurteilten wir uns so, wie wir von den anderen beurteilt wurden, wie gut oder wie schlecht das immer gewesen sein mag. Manchmal ernteten wir nicht die Kritiken, die wir gern gehabt hätten, so daß wir neue, verbesserte Versionen unseres Selbst erfanden, die besser in die Welt passen sollten, so daß wir Zurückweisung vermeiden konnten. Einfallsreich erfanden wir Möglichkeiten, unseren Kritikern zu gefallen, Lob zu ernten, Applaus und selbst Oskars für unsere Vorstellung.

Im Vergleich fiel unser ursprüngliches inneres, ganz normales Selbst immer weiter zurück und erschien uns schließlich schäbig oder sogar schändlich. Wir brachten dieses innere Selbst zum Schweigen, verurteilten es, versteckten es im tiefsten Keller unserer Psyche und machten ein Geheimnis darum. Und bald schon wuchs sich dieses innere Selbst zu einer Kreatur aus, die grob, roh und gefährlich schien. Wir verscheuchten sie und hielten sie dem Blick der Öffentlichkeit verborgen. Der Film wurde nur privat gezeigt. Mit der Zeit und mit viel Übung wurden wir schließlich unser eigener schlimmster Kritiker, unsere schlimmste Kritikerin. Wir sind es immer noch.

Kinder brauchen die Versicherung, daß selbst die dunkelsten Seiten ihres Selbst nicht wirklich zum Fürchten sind. Sie brauchen einen Fan-Club, eine Cheerleader-Truppe, so etwas wie eine PR-Agentur, die ihnen immer wieder in Erinnerung ruft, daß sie, selbst wenn sie nicht perfekt sind, auf jeden Fall gut genug sind für einen großen Auftritt. Stellen Sie sich vor, jemand hätte Sie als Kind über das Telefon an Ihrem Bett angerufen und gesagt: »Eh, Kind, schau doch mal. Du bist vielleicht wirklich ganz in Ordnung, dein Wesen und dein Äußeres. Aber noch keiner hat gemerkt, daß du ein ganz großartiges Kind bist, ein Wahnsinnstalent. Du bist phantastisch. So was wie dich hat's noch nie gegeben. Aus dir wird mal was ganz Großes.« Alle Kinder hungern nach Lob, Anerkennung, Würdigung und Akzeptanz ihres echten Selbst, vor allem, wenn sie gerade zu Teenagern werden.

Während der unruhigen Jahre der Pubertät versuchten wir herauszufinden, wer wir wirklich waren. Wir verlagerten unsere Aufmerksamkeiten von unseren Familien auf die größere Welt. Wir mußten ganz von neuem herausfinden, wie man es anstellt, von anderen angenommen zu werden. Wir probierten die Kleider und die Persönlichkeiten anderer an, suchten nach etwas, was uns gut stand. Wir wurden selbstkritisch, die Frage unseres Aussehens entwickelte sich zu einer Obsession. Wir duschten uns, wir schrubbten uns ab. Wir striegelten uns. Wir kämmten uns. Wir benutzten Deo. Wir trieben jeden Aufwand. Wir beteten um reine Haut und ausgeprägte Muskeln. Während unsere Körper sich änderten, sorgten wir uns mehr und mehr um immer unbedeutendere Dinge. Wieder wurden die Reaktionen anderer zu unseren Spiegeln. Wir sahen uns selbst durch ihre Augen und maßen uns an dem, was sie unserer Vorstellung nach sahen.

Es ist traurig, aber wahr, daß allzuoft unser Aussehen darüber entscheidet, wie beliebt wir sind, wo wir in der sozialen Hackordnung stehen und wie erfolgreich wir uns fühlen. Je nachdem, wo und wie wir aufgewachsen sind, zählen unser Verstand, unsere künstlerische Begabung, unsere handwerklichen Fähigkeiten, unsere Musikalität und andere Talente allzuoft ganz einfach nicht. Einige von uns hatten viele Spotlights, unter denen sie sich in Szene setzen konnten. Andere hatte nur wenige oder gar keine. Wir alle haben alles über Zurückweisung gelernt. Kein Wunder, daß keiner von uns noch einmal dieses Alter durchmachen möchte.

Der Druck, normgerecht auszusehen, ging von unseren Altersgenossen aus, aber viel davon kam auch von anderer Stelle. Die Medien, die Medien und noch einmal die Medien erfüllten unsere Zimmer und unsere Seelen mit Bildern idealisierter Jugend, Bildern der Reichen, der total Coolen, der Tragisch-Superzeitgemäßen. Sie alle waren ganz anders als wir, körperlich vollkommen. Keiner der Medienhelden ließ je einen Pickel oder widerspenstiges Haar, Übergewicht, Brille, Zahnklammern, ein Hörgerät, Krücken oder einen Gehstock sehen. Wenn wir als Kinder oder Jugendliche körperlich weniger als vollkommen waren (und das waren wir alle), dann hatten wir wahrscheinlich Schimpf, Schande und Peinlichkeit zu ertragen auf unserer Suche nach Akzeptanz.

Niemand hat uns je gesagt (und wir wollten es in Wirklichkeit auch gar nicht hören), daß jeder von uns in seiner Lebensspanne unausweichlich Perioden der Gebrechlichkeit, der Behinderung erleben wird. Niemand hat uns gesagt, daß wir nur vorübergehend im Vollbesitz unserer Kräfte sind. Die meisten von uns sind selbst derzeit körperlich in irgendeiner Weise überfordert. Einige Teile unseres Körpers funktionieren einfach besser als andere. Und einiges an uns ist, bedingt durch die Gene, unsere Geschichte, Unfälle, Glück und Unglück, alles andere als perfekt.

Unglücklicherweise entstand ein großer Teil unseres Selbstbildes während dieser unruhigen, bewegten Teenagerzeit. Ein miserables Timing. Es waren die Jahre hormonalen Aufruhrs, stündlich eintretender Identitätskrisen und endlosen Selbstmitleids. Kein Wunder, daß wir uns nichts und niemandem gewachsen fühlten, ängstlich und nicht im mindesten liebenswert. Kein Wunder, daß wir uns ständig verzweifelt verliebten, uns nach jemandem verzehrten, der unser echtes Ich entdeckte und das Monster in uns liebte.

Die Gegenwart

Man hat uns allen beigebracht, daß unser Bewußtsein so etwas wie ein Eisberg ist. Unser bewußtes Selbst ragt nur zu einem Zehntel aus dem Wasser heraus. Es reagiert unkontrollierbar auf zufällige Strömungen unter der Oberfläche. Unser Unterbewußtsein ist wie der Keil des Eisberges, der unter Wasser liegt; neun Zehntel unserer Persönlichkeit sind untergetaucht, unerreichbar, geheimnisvoll.

Unser unbewußtes Selbst, das Selbst unserer Träume und tiefsten Phantasien, wird oft als sündig und grauenerregend dargestellt, als etwas, das gezähmt, abgerichtet, zivilisiert und domestiziert werden muß. Wir können auch unser eigenes unbewußtes Selbst als furchterregend und feindlich, als gefährlich für uns selbst und andere ansehen. Wir können lernen, zutiefst beschämt, kritisch und besorgt zu sein, was die verborgenen Teile unserer Seele anbelangt. Schließlich kann ja jeder Teil von uns, der sich unter Wasser befindet, jederzeit an der Oberfläche auftauchen, eine schwere Flutwelle auslösen und den gesamten Planeten überfluten.

Dieses Eisbergmodell unserer Person hat viel zu den alten »Wer-bin-ich«-Filmen beigetragen, die wir alle während unserer Kindheit und Jugend drehten, als wir definitiv festzulegen suchten, wer wir wirklich waren. Solche frühen Filmproduktionen können zu Klassikern werden, die uns jedesmal tief beeinflussen, wenn wir die stärksten Selbstzweifel hegen oder uns am verletztlichsten vorkommen.

Es war einmal ...

Dawn ist von ihrem Ehemann Chuck gerade wegen einer anderen Frau sitzengelassen worden. Sie kam sich wie eine Versagerin vor, ungeliebt und nicht wert, geliebt zu werden. Sie hatte Chuck die tiefsten Wahrheiten über sich offenbart, und jetzt hatte er sie zurückgestoßen und verworfen. Die Vergangenheit schien ihr voller Schmerz, die Gegenwart empfand sie als angsterfüllt und die Zukunft als öde und beinahe hoffnungslos. Sie schalt sich selbst, zu viel von sich mitgeteilt zu haben, zu offen und zu vertrauensvoll gewesen zu sein.

Rein äußerlich betrachtet war Dawn attraktiv, tüchtig, hatte keine Geldsorgen und war erfolgreich. Aber sie selbst kam sich dumm vor, verabscheute sich selbst, haßte ihr Aussehen.

Während der Zeit der Trennung erwiesen sich viele ihrer Freundinnen und Freunde und engen Mitarbeiter als mitfühlend und hilfreich. Man lud sie zum Mittagessen ein, führte sie zum Abendessen aus, lud sie zu Partys ein. Für Dawn hatte das alles keinen Sinn. Sie glaubte, daß jeder sie verlassen würde, wenn er erst entdeckte, wie und wer sie wirklich war. Chuck hatte sie gekannt. Er hatte sie verlassen. Daraus folgerte sie logischerweise, daß jeder, der sie wirklich kannte, sich von ihr abwenden würde. Wenn Chuck sie nicht gewollt hatte, dann würde niemand sie wollen. Jetzt nicht und auch in Zukunft nicht.

Dawns Telefon stand nicht mehr still. Ihre Freunde riefen sie an und fragten sie, wie es ihr ginge, ob sie äße, wie sie schlief, was sie machte. Aber Dawns eigene innere Hintergrundmusik war zu laut und zu beschämend. Die Anteilnahme und Zuwendung ihrer Freunde nahm sie nur dumpf und schwach wahr, wie aus weiter Ferne. Kaum, daß sie sie überhaupt hörte.

Eines Abends, als sie wieder einmal allein zu Haus saß und weinte, sich in Verzweiflung und Selbstmitleid erging, fand sie in einem Fotoalbum ein Bild von sich mit sechzehn. Ein hageres, sommersprossiges, schlacksiges Mädchen mit wirrem Haar in ausgeleiertem Trainingsanzug. Damals war sie sich auch als totale Versagerin vorgekommen. Sie schämte sich für ihren Körper, ihre Konfusion, ihre Unfähigkeit, und sie hatte nie jemandem anvertraut, wer sie selbst wirklich war und wie sie sich fühlte. Statt dessen hatte sie eine fröhliche Miene aufgesetzt und versucht, selbstbewußt zu wirken. Vor ihrem inneren Auge betrachtete Dawn alte Aufnahmen von sich aus ihrem Archiv der schmerzhaftesten pubertären Erinnerungen. Diese furchtbaren, einsamen, peinigenden Jahre schienen damals endlos zu sein und nie enden zu wollen.

Aber jetzt mit sechsunddreißig gestattete Dawn sich endlich einen Augenblick der Erleuchtung. Sie wischte ihre Tränen fort, schneuzte die Nase und versuchte, sich das Bild im Album mit den Augen einer Erwachsenen anzuschauen. Zwanzig Jahre waren vergangen, aber kein Erfolg, kein Lob, nichts, was sie erreicht hatte, groß oder klein, hatte ihre überholte Autobiographie ändern können. Ihre alten pubertären Gefühle der Verzweiflung und Hoffnungslosigkeit waren zurückgekehrt, wiederauferstanden, wiederbelebt durch die gescheiterte Ehe und die bevorstehende Scheidung.

Chuck schien die Seiten von ihr, die sie am meisten gehaßt und verabscheut hatte, einschließlich des unsicheren, verwirrten sechzehnjährigen Mädchens in ihrem Inneren, geliebt und akzeptiert zu haben. Aber nun war Chuck fort. Mit sich selbst und ihrem nicht mehr zeitgemäßen Selbstbild alleingelassen, kam Dawn sich wieder einmal wie ein dummer Teenager vor. Immer noch eingefroren in der Vergangenheit wie ein Mammut mit seiner langen Wolle im Gletschereis war sie abgeschnitten von der warmen, fähigen, erwachsenen Frau, zu der sie geworden war.

Zum ersten Mal im Leben fing die erwachsene Dawn an, ihre Selbstwahrnehmung in Frage zu stellen. Sie hatte ihre Erfolge ihrem Lebenslauf hinzugefügt, aber nicht ihrem eingefrorenen Selbstbild. Sie war nicht mehr hager, ihr Haar nicht mehr fransig, und ihren ausgebeulten Trainingsanzug gab es auch schon lange nicht mehr.

Sie hatte die Haut der orientierungslosen Sechzehnjährigen schon vor langer Zeit abgestreift und selbst gar nicht begriffen, daß sie zu etwas anderem geworden war. Jetzt mußte sie auftauen, mußte entdecken, wer sie heute war und das Erwachsenenleben in Besitz nehmen, das sie für sich selbst geschaffen hatte. Aber es fehlte ihr ein neues Bild, um das alte zu ersetzen, und ihren alten Wahrnehmungen traute sie nicht mehr.

Im Laufe der nächsten Wochen fragte Dawn unter Qualen ihre engsten Freundinnen und Freunde, wie sie sie sahen. Sie versuchte, sich gegen die Antworten zu wappnen. Aber die Antworten, die sie zu hören bekam, die Bilder, die die anderen von ihr zeichneten, waren ganz anders, als sie erwartet hatte. Sie waren positiv und anerkennend. Und Dawn war schockiert darüber, daß sie selbst sich nie so gesehen hatte, wie die anderen sie sahen.

Die anderen kannten sie, wie sie jetzt war. Und sie hatten sie nicht gekannt, als sie sechzehn war. Vielleicht war Dawn also doch nicht das Mammut mit dem dicken Pelz, für das sie sich gehalten hatte. Nach und nach nahm sie die positiven Urteile an, obwohl es furchtbar schmerzhaft war, fast so wie bei erfrorenen Fingerspitzen, die langsam auftauen.

Dawn bewahrt das Foto von sich im Gedächtnis, und sie empfindet viel Sympathie und Wertschätzung für das junge, schüchterne Mädchen in ihrem Inneren. Dann kam der Tag, an dem sie sogar über ihr altes Hochzeitsfoto nostalgisch lächeln konnte, im Bewußtsein dessen, wie schwer es ihr gefallen war, loszulassen und weiterzugehen. Sie war nicht länger eine schlaksige Jugendliche oder eine errötende Braut. Das war einmal. Jetzt war jetzt: eine neue Dawn.

In Dawns tiefstem Inneren verbarg sich der unbeholfene, schlaksige Teenager. Bei ihm versteckt sich an gleicher Stelle vielleicht ein Alien, ein Wurm, ein Dummkopf, ein schleimiges, grünes Monster, ein verängstigtes Kind oder irgendeine Mischung daraus. Es ist schwer, immer daran zu denken, daß diese unangenehmen Seiten von uns selbst nicht alles sind. Wir vergessen leicht, daß wir es fertigbringen, uns in die Erwachsenenwelt einzufügen, selbst wenn wir uns immer noch wie Kinder vorkommen. Unsere Leistungen sind immer noch ganz gut, selbst wenn wir uns vorkommen, als wären wir dem Comicstrip der Samstagszeitung entsprungen. Wir alle verbringen einen großen Teil unseres Erwachsenenlebens damit, unser inneres und äußeres Selbst in Einklang zu bringen, das, für das wir uns einst gehalten haben, mit dem, das wir jetzt wirklich sind.

Wie wir mit unserem Selbstbild leben, das wirkt sich auf all unsere Beziehungen aus. Wenn wir unser inneres Selbst nicht leiden mögen, bezweifeln und verbergen, wenn wir unseren wahren Wert in Frage stellen, dann staunen wir, warum überhaupt jemand, der halbwegs bei Verstand ist, sich für unsere Gesellschaft entscheidet. Groucho Marx sagte: »Zu einem Club, der mich als Mitglied hat, möchte ich nicht gehören.« Woody Allen entwickelte dieses Konzept in seinen Selbstunsicherheit und Selbstzweifel glorifizierenden Filmen weiter. Und jetzt sagen wir: »Mit jemandem, der mich als Partner will, will ich nicht zusammen sein.« Also verstellen wir uns. Wir begraben unser Ich und schaffen uns eine Fassade. Wir versuchen zu glänzen und zu blenden und hoffen, daß niemand unser wirkliches Selbst erwischt, wie es über uns hinwegtritt.

Aber das Dumme ist, daß wir tief in unserem Innersten enttäuscht über die Kurzsichtigkeit sind, wenn wirklich jemand auf unsere elegant konstruierte Fassade hineinfällt. Wenn du dich in meine hinreißende Fassade verliebst, wie kann ich dann jemals wissen oder darauf vertrauen, daß du mich auch so lieben könntest, wie ich wirklich bin? Ich kann es eben nicht. Das ist der Kern der Geschichte Marilyn Monroes: Die Männer verfielen immer wieder dem Glamour-Girl, das sie darstellte. Sie brachte sich um in dem Glauben, daß niemand jemals die echte Marilyn gesehen, gekannt oder geliebt habe.

Den Frauen bringt man immer noch bei, daß ihr Aussehen das Wichtigste sei. Diese Tatsache mag trivial erscheinen, aber sie hat ernste Konsequenzen. Wenn die Männer ihr jugendliches Aussehen einbüßen, dann erwarten sie, daß man sie weiter liebt und um ihrer inneren Werte willen schätzt. Wenn die Frauen ihr jugendliches Aussehen einbüßen, dann fürchten sie, zurückgewiesen und um jüngerer, saftigerer Weidegründe willen verlassen zu werden.

Es war einmal ...

Auf einer Kreuzung in der Nähe ihres Zuhauses rammte ein anderes Fahrzeug Paula in ihrem PKW von der Seite. Sie behielt von dem Unfall ein entstelltes Gesicht, das auch durch plastische Chirurgie nur teilweise wiederhergestellt werden konnte. Es war ihr peinlich und strengte sie an, ständig von Leuten angestarrt zu werden, die sie kannte und die sie nicht kannte. Die Verlegenheit, in die ihr neues Gesicht sie stürzte, wurde zu einem echten Problem. Nachdem sie dazu erzogen worden war, alle Unvollkommenheiten sorgsam zu verstecken, fand sie es furchtbar, in ihrem Gesicht für alle sichtbare Narben zu tragen. Ihr Ehemann beendete ihre seit zehn Jahren bestehende Ehe und sagte ihr, er sei sich sicher, sie würde das verstehen. Sie verstand es nur allzu gut. Paula zog sich zurück, verbarg sich vor einer Welt, die nicht mehr sehen wollte als ihr beschädigtes Äußeres.

Paulas Bruder, der sich wegen dieser Isolation Sorgen machte, kaufte ihr einen Computer und brachte Paula bei, wie man ihn bedient, wie man ins Internet gelangt. Und schon bald kommunizierte sie mit Menschen in aller Welt, die sie nicht sehen konnten und denen es egal war, wie sie aussah. Langsam kehrte Leben in sie zurück, und sie erinnerte sich der Tatsache, daß sie mehr war als nur ein hübsches Gesicht. Sie war erstaunt herauszufinden, wie vielen anderen Frauen es genauso ging wie ihr.

In ihrer Heimatstadt gründete Paula eine Selbsthilfegruppe für alle, die sich mit inneren Vernarbungen, mit Scham und mit Entstellungen herumzuschlagen hatten und denen kein Hospital dabei half.

Unterstützt von ihrer Gruppe nahm Paula auch Verbindung zum örtlichen Krankenhaus auf und thematisierte zuerst mit den Schwestern, dann mit den Ärzten die mit Entstellungen einhergehenden psychologischen Leiden. Es dauerte nicht lange, und sie hatte eine Broschüre zusammengestellt, die es dem medizinischen Personal erleichtern sollte, das einsame und schwierige Leben entstellter Patienten zu verstehen. Obwohl ihre Narben immer noch eine Quelle der Qual für sie waren, war sie gerade dadurch in ein neues und unerwartetes Leben mit unvorhergesehenen Herausforderungen katapultiert worden. Ihr Leiden ließ sie Zugang zu überraschenden Fähigkeiten finden. Es ermöglichte ihr, einen neuen und produktiven Dialog zwischen ihrem inneren und ihrem äußeren Selbst in Gang zu bringen und über diesen Dialog mit anderen zu sprechen.

Ereignisse ändern unser Leben – Unfälle, Krankheiten, Todesfälle, Scheidungen, Umzüge, Brüche im Berufsleben, das Kommen und Gehen der Kinder -, und sie verlangen oft, daß wir überdenken, wer wir wirklich sind, und die tiefsten Schichten unserer Identität neu formieren. Während solcher Zeiten des Übergangs benötigen wir weit mehr als unsere gewöhnliche Portion an Liebe, Unterstützung, Ermutigung und Hilfe.

Das Ziel

Formen Sie das Bild von sich selbst neu. Sie haben sich geändert. Nichts ist von Dauer, weder Sie noch Ihr Aussehen, Ihre Identität, Ihre Identitätskrisen. Sie sind nicht mehr der gleiche Mensch, der Sie vor zehn Jahren waren, nicht einmal der gleiche, der Sie vor zehn Tagen waren. Bringen Sie also Ihr Bild von sich immer wieder auf den neuesten Stand. Destruktive und langweilige Geschichten, die Sie sich selbst erzählen, sollten Sie neu schreiben oder ausblenden.

Verkürzen Sie die Distanz und die Unterschiede zwischen Ihrem inneren und Ihrem äußeren Selbst. Einige Menschen werden Sie auf jeden Fall akzeptieren und lieben. Und andere Menschen werden Sie auf jeden Fall verurteilen, zurückweisen und verwerfen. Es macht keinen Unterschied, wenn Sie sich als die oder der ausgeben, die oder der Sie wirklich sind. Üben Sie es, Ihr nicht ganz perfektes Selbst so erwachsen und liebevoll zu betrachten, wie es geht. Sträuben Sie sich nicht dagegen, daß andere Menschen Sie lieben.

Übungen

Lassen Sie sich von den Menschen, die an Ihnen hängen, über sich selbst ins Bild setzen. Fügen Sie das Ihrem Lebenslauf hinzu. Es gehört an Ihr schwarzes Brett. Speichern Sie es auf Ihrer internen Festplatte.

Lassen Sie sich niemals und von niemandem abwertend kritisieren. Die anderen mögen feststellen, daß sie manches lieber anders sähen, mögen ihre Meinung äußern und Sie bitten, irgendwelche Dinge anders zu machen als bisher. Aber sie dürfen Sie nicht beleidigen. Dieser Teil Ihres Lebens ist vorüber. Und wenn es trotzdem jemand wagt, Sie herabsetzend zu kritisieren, dann nehmen Sie seine Kritik nicht zu ernst. Fragen Sie einfach, was Sie seiner Meinung nach anders machen sollen, und belassen Sie es dabei. Trennen Sie Aussagen zu Ihrem Verhalten von Aussagen über Ihren Charakter. Ihr Verhalten zu ändern können Sie ja in Erwägung ziehen.

Und kritisieren Sie sich selbst auch niemals in herabsetzender Weise. Sie dürfen Ihre Vorlieben kundtun, Ihre Meinung äußern und sich selbst sagen, daß Sie etwas anders machen sollten, aber Sie dürfen sich nicht beleidigen. Das sollte in Ihrem Leben vorüber sein. Wenn Sie Ihre heimlich kritische Stimme hören, dann machen Sie daraus die Stimme von Donald Duck. Senken Sie die Lautstärke. Lassen Sie sich nicht von jedem Quacksalber sagen, was Sie tun sollen.

Überlegen Sie, wann und wo Sie sich mitteilen, denn nicht jede/r wird Sie lieben (selbst schuld). Es gibt Situationen, in denen es geradezu gefährlich ist, Ihr wahres Ich zu offenbaren. Tagtäglich werden Menschen dafür bestraft, daß sie anders sind als andere. Sie werden gebrandmarkt für ihre Politik, ihre Religion, ihre sexuelle Orientierung, ihre Unfähigkeit, zu schreiben und zu lesen, ihr Aussehen, ihren Akzent, ihre ungewöhnlichen Vorlieben. In diesem Spiel kann jeder leicht Verlierer sein. Entscheiden Sie selbst, wann Sie sich bedeckt halten und wann Sie hervortreten wollen. Bleiben Sie in Deckung. Verläßliche Menschen, die nicht darauf aus sind, andere zu verurteilen, werden mit Ihnen Kontakt suchen, Ihnen zuhören, Sie anhören. Sie werden Sie akzeptieren, schätzen, direkt sein, klare Grenzen aufzeigen und ehrlich zu Ihnen sein.

Wenn Sie darauf bestehen, sich selbst weiterhin zurückzuweisen und abzulehnen, dann zeigen wir Ihnen hier acht erprobte und verläßliche Methoden, um auch andere dazu zu bringen, Sie abzulehnen und zurückzuweisen.

1. Bleiben Sie kühl. Erwärmen Sie sich niemals für eine Beziehung.

2. Seien Sie beschäftigt. Haben Sie niemals Zeit oder Kraft für irgend jemanden.

3. Seien Sie schnell. Weisen Sie jeden zurück, bevor er Sie zurückweisen kann.

4. Seien Sie gewunden. Weichen Sie aus. Phantasieren Sie. Verstellen Sie sich. Spielen Sie Versteck mit jedem, der Sie wirklich kennenlernen will. Lassen Sie ihn nichts herausfinden.

5. Machen Sie sich unsichtbar. Lassen Sie niemanden Ihr wahres Selbst sehen.

6. Seien Sie schreckenerregend. Seien Sie so, wie es all die Menschen sind, die Sie am meisten fürchten und verabscheuen. Ängstigen Sie jeden.

7. Seien Sie prophetisch. Seien Sie fest davon überzeugt, daß alle

Beziehungen schnell und schlecht enden werden. Sorgen Sie dafür, daß es auch so kommt.

8. Ziehen Sie sich zurück. Leiden Sie allein. Weisen Sie jeden zurück und verlassen Sie jeden, dem etwas an Ihnen liegt.

Wenn Sie dann endlich erfolgreich allein sind, dann sollten Sie vielleicht lernen, sich selbst eine gute Gesellschaft zu sein.

Bestärkungen

Ich kann das Monster in mir lieben.
Ich habe es nicht nötig, mich zurückgewiesen oder verlassen zu fühlen.
Ich habe es nicht nötig, mich abwertend zu kritisieren.
Mein wahres Ich ist das Verletzlichste, was ich habe.
Ich kann mich mit den erschreckendsten Seiten meines Selbst anfreunden.
Ich bringe es fertig, mich zu offenbaren und mich nicht zu offenbaren. Ich kann mich mit den Augen eines Erwachsenen ansehen.
Ich bin das erste feste Mitglied meines eigenen Fanclubs.
Ich kann mich Menschen anvertrauen, die mich nicht zurückweisen werden.
Ich bin in guter Gesellschaft, selbst wenn ich allein bin.
Ich bin zurückgewiesen worden, also bin ich.

23
Die vollkommene Beziehung

Der Mythos

Ich sollte fähig sein, eine vollkommene Beziehung anzuknüpfen und zu unterhalten. Wenn sie nicht vollkommen ist, dann muß mindestens mit einem von uns etwas nicht stimmen.

Die Wahrheit

Es gibt keine vollkommene Beziehung. Sie sind unvollkommen. Und das sind auch alle anderen, ganz gleich, wieviel Sie Ihnen bedeuten. Und jede Beziehung, an denen Sie selbst oder einer der anderen beteiligt ist, wird unvollkommen sein. Seien Sie dankbar dafür. Unvollkommene Beziehungen können sich ändern, können wachsen, können eine Herausforderung sein, können weiter werden. Vollkommenheit ist etwas, das vielleicht für einen Augenblick erreicht werden kann, aber niemals kann eine Beziehung, kann ein ganzes Leben vollkommen sein.

Irgendwann in der Morgendämmerung der Zivilisation erhalten wir alle die Botschaft, daß es irgendwo eine vollkommene Beziehung gibt, und viele von uns sind fortan auf der Suche danach. Vorstellungen aus dem Märchenbuch wie die von dem Topf mit Gold am Ende des Regenbogens strahlen einen einfachen goldenen Glanz aus, hinter dem das armselige, echte Leben verblaßt.

Nehmen Sie zum Beispiel Fred Astaire und Ginger Rogers. Sie wirken in den alten Filmen so vollkommen. Sie sind vornehm elegant und scheinen in ihrer perfekten Harmonie unbeirrbar zu sein.

Sie lächeln in einem fort. Sie treten einander nicht auf die Füße oder stoßen beim Tanz gegen die Mauer. Sie stürzen auch nicht auf dem Tanzboden. Sie schwitzen nicht einmal. Ihre Beziehung scheint vollkommen zu sein, weil auf der Leinwand alles eine Illusion ist und weil nur die Illusionen von Dauer sind. Das echte Leben verläuft nicht so choreographiert, nicht so schön, nicht so einfach, nicht so vollkommen.

Alle Beziehungen im echten Leben werden manchmal glücklich, aufregend, froh, tiefsinnig, hilfespendend und erfüllend sein. Und manchmal werden sie holperig, schwierig, langweilig, furchtbar, armselig und trotzdem gut genug sein. Jede Beziehung hat ihren Platz auf einem Kontinuum, das von voll funktionsfähig bis zu scheußlich funktionsgestört reicht, und am falschen Ende dieser Skala gibt es nicht allzuviel zu lachen.

Alle funktionsfähigen Beziehungen reagieren und ändern sich, wenn sich die Musik ändert oder der eine dem anderen zu oft auf die Zehen tritt. In ausreichend guten Beziehungen ist die Gemeinschaft genauso wichtig wie jedes ihrer Mitglieder. Die Partner bleiben einander bewußt und sind fähig, sich zu einigen, wer auf dem Tanzboden des Lebens führt und wer folgt. Sie schaffen es, sich mit eleganten Tanzschritten voneinander zu lösen und wieder zueinander zu finden, und jeder kann einmal allein im Scheinwerferlicht stehen.

Menschen in bedrückend funktionsunfähigen Beziehungen tanzen zu verschiedener Musik, bewegen sich in verschiedene Richtungen, machen unberechenbare Schritte zu einem unbekannten Takt. Sie sind nicht fähig, sich zu einigen, wer führt und wer folgt. Sie können sich nicht einigen, wann sie zusammenbleiben und wann sie sich voneinander lösen wollen. Ständig steht einer dem anderen auf den Zehen. Der eine Partner will vielleicht das ganze Scheinwerferlicht für sich, während der andere es ablehnt, überhaupt zu tanzen. Vielleicht kleben die Partner aber auch wie festgeklebt aneinander und sind zu keinem Solo fähig. Kein Wunder, daß es bei Fred und Ginger so gut aussah!

Der Anfang

Die Fernsehfamilien lieferten die Rollenmodelle, mit denen wir aufwuchsen. Wir tragen auch als Erwachsene das Bild ihrer unbesorgten Beziehungen noch mit uns. Außerdem begleiten uns weiter die vollkommenen Augenblicke unserer eigenen Kindheit. Aus diesen ausgewählten Versatzstücken stellen wir eine idealisierte Collage einer für alle Zeiten vollkommenen Beziehung, die auf einer unerreichbaren, unbedingten Liebe beruht, zusammen.

Während der Jahre unserer Kindheit und Jugend bekamen wir viele Arten von Liebe zu kosten. Wir waren wahrscheinlich einmal verknallt in einen Klassenkameraden aus der dritten Klasse, in eine Lehrerin, als wir in die sechste Klasse gingen, in einen Jugendbetreuer, einen Pfadfinderführer, in ein Mädchen aus der Cheerleader-Truppe, einen Football-Spieler, eine Sängerin, einen Englischprofessor. Wir himmelten Filmstars, Rockstars, Superhelden und andere unerreichbare Idole an. Die Liebe schien so nahe und doch so fern. Verliebtheit und Sandkastenlieben waren die ersten Möglichkeiten, Liebesbeziehungen außerhalb der Familie anzuknüpfen. Mit den Jahren lernten wir dann mehr und mehr über tiefe Gefühle, Verlangen und tief empfundene Sehnsucht. Ein paar Jahre älter, und wir wollten mehr Wechselseitigkeit, mehr Intimität, mehr Substanz, einen echten Tanzpartner. Das Tanzen in unseren Träumen war nicht das gleiche wie ein langsamer Tanz mit einem wirklich lebendigen Partner, einer lebendigen Partnerin.

Wir entdeckten auch merkwürdige Vorstellungen über vollkommene Beziehungen, die tief in der Truhe unserer Urgroßmutter verborgen lagen zwischen lavendelparfümiertem Leinen. Diese ordentlichen, antiquierten Modelle des Lebens und der Ehe blieben noch erhalten, lange nachdem das Leinen schon zerfallen war. Wir lernten von Großmutter, daß wir als Jungfrauen (das galt nur für die Mädchen) oder mit sexuellen Erfahrungen (das galt nur für die Jungen) in die Ehe gehen sollten. Und dann sollten wir (sowohl Jungen als auch Mädchen) in einer dauerhaften (bis daß der Tod euch scheidet), monogamen (allen anderen entsagenden), heterosexuellen (Braut und Bräutigam, Mann und Frau), traditionellen (kirchlich getrauten) Beziehung leben. Taten wir das nicht, wäre das ein Versagen, wären wir befleckt, hätten wir die Regeln gebrochen und die Natur und die Ordnung des Universums verletzt.

Aber das Universum hatte andere Vorstellungen. Beziehungen waren und sind schwieriger und merkwürdiger, als unsere Großmutter es sich vorstellte. Noch bis vor kurzem konnten Frauen keinen Besitz haben, weil sie selbst Besitz waren. Noch bis vor kurzem wurden Ehen nur aufgrund finanzieller Erwägungen geschlossen. Noch bis vor kurzem wurden Ehen arrangiert, bei denen Liebe keine Rolle spielte. Noch bis vor kurzem wurden die Menschen im Durchschnitt nur vierzig Jahre alt, so daß Ehen gut fürs ganze Leben geschlossen werden konnten. Noch bis vor kurzem gab es keine Geburtenkontrolle. Noch bis vor kurzem verließen die Menschen selten ihren Geburtsort und heirateten nur Partner, die sie praktisch von Geburt an kannten, gab es keine Scheidung, ganz gleich aus welchen Gründen. Noch bis vor kurzem war die Großfamilie die Norm. Und erst vor kurzem haben wir begriffen, daß das Universum durchaus nicht vollkommen war.

Wegen der nicht vorhersehbaren Änderungen, die sich in der Welt zugetragen haben, sind viele unserer traditionellen Vorstellungen inzwischen überholt. Lassen Sie uns einige der Weisheiten der Vergangenheit kritisch prüfen:

1. Liebe bezwingt alles.
   Falsch. Liebe bezwingt niemals alles.
2. Ehen werden im Himmel geschlossen.
   Falsch. Das sagen wir erst im nachhinein.
3. Eine gute Frau ist verantwortlich dafür, das Leben ihres Mannes zu erfüllen.
   Falsch. Das ist nicht einmal möglich.

4. Es ist die Verantwortung eines guten Mannes, auf vollkommene Weise für seine Frau zu sorgen.

   Falsch. Das kann er nicht, und er schuldet es ihr auch nicht.

5. Die kleine Frau sollte dankbar sein für ein Dach über dem Kopf.

   Falsch. Die undankbare Hexe ist heutzutage größer, als sie früher war, und ist Architektin.

6. Beziehungen enden, weil Sie nicht vollkommen sind.

   Richtig. Sie dauern aber auch an, weil Sie nicht vollkommen sind.

7. Beziehungen enden, weil Ihr Partner/Ihre Partnerin nicht vollkommen ist.

   Richtig. Sie dauern aber auch an, weil Ihr Partner/Ihre Partnerin nicht vollkommen ist.

8. Ein Paar muß wegen der Kinder zusammenbleiben.

   Falsch. Fragen Sie die Kinder.

9. In unserer Familie gibt es keine Scheidungen.

   Richtig. Kein Wunder, daß unsere Familie so unglücklich und funktionsunfähig ist.

10. Du hast dir dein Bett selbst gemacht, also leg dich auch hinein.

    Falsch. Du hast dir dein Bett gemacht, jetzt mach es neu.

11. Strebe nach Frieden um jeden Preis.

    Falsch. Friede um jeden Preis ist zu teuer.

12. Wenn du nicht verheiratet bist, bist du nichts.

    Falsch. Wenn du nicht verheiratet bist, bist du lediglich unverheiratet.

13. Wenn du keine Kinder hast, wirst du keine Erfüllung finden.

    Falsch. Du kannst auf mancherlei Weise Erfüllung finden, die sich deine Großeltern nie hätten träumen lassen.

Die Gegenwart

Gute Beziehungen sind möglich. Vollkommene Beziehungen sind unmöglich. Wir alle bringen unsere eigenen persönlichen Erfolge, Mißerfolge, Erinnerungen und Träume mit in jede neue Verbindung ein. Wir erlernten die Kunst der unvollkommenen Beziehung von unseren Familien, unseren Lieblingsfilmen und Romanen, Fernsehsendungen und Anzeigen und von unseren früheren Partnern. Jedes Magazin am Kiosk sagt uns, wie es geht, wie wir es besser machen können. Aber gerade wenn wir denken, daß wir es langsam richtig hinbekommen, ändert sich die Beziehung – ein Kind kommt, jemand wird krank, muß noch einmal die Schulbank drücken, seinen Studienabschluß machen, jemand wird uns genommen, jemand wird alt oder abhängig –, und alles ändert sich.

Außerdem ändert sich etwa alle zehn Jahre das Bild der Beziehungen in unserer Kultur, entwickelt sich weiter und überrascht alle. Die Rollen, die Erwartungen, die Partnerschaften der fünfziger Jahre haben nicht viel Ähnlichkeiten mit denen der neunziger. Heutzutage lernen wir unsere zukünftigen Partner kaum noch bei kirchlichen Veranstaltungen, beim Üben im Schulorchester oder auf der Geburtstagsparty unserer Cousine kennen. (Die kirchlichen Veranstaltungen werden immer seltener, die meisten von uns spielen nicht im Schulorchester und unsere Cousine, die in Alaska wohnt, haben wir noch nie zu Gesicht bekommen.) Die lästige Suche nach einem Partner spielt sich heutzutage in Bars, Fitneßstudios, Einkaufszentren, am Arbeitsplatz, mit Hilfe von Partnervermittlungen, im Internet und durch Anzeigen ab. Es ist erstaunlich, daß überhaupt jemals zwei Menschen zur richtigen Zeit und am richtigen Platz zusammenkommen und herauskriegen, wie sie eine zukunftsträchtige, befriedigende, ausreichend gute Beziehung in Gang bekommen.

Andere Menschen kennenzulernen war nie schwieriger als heute. Wir sind sehr mobil; es fehlen die gelegentlichen Begegnungen mit dem Gasmann, da wir selbst ablesen. Wir sprechen auch nicht mehr mit dem Bankangestellten, da alles über Plastikkarten läuft. Wir halten kein Schwätzchen mehr mit dem Ladenbesitzer nebenan, es gibt keinen Ladenbesitzer mehr nebenan. Wir bedienen Maschinen und geben Codes ein statt mit echten Menschen zu sprechen. Geselligkeit ist eine aussterbende Kunst. Wir benutzen Voice-Mail, Faxe und E-mail und hören oder sehen kaum noch einen lebendigen Menschen aus Fleisch und Blut.

Obwohl unsere Welt in gewisser Weise immer weiter wird, schrumpft unsere Fähigkeit, Intimität herzustellen, immer stärker ein. Einfühlungsvermögen ist immer schwieriger zu erlernen, und wir lassen uns nicht leicht mit Menschen ein, die von uns verschieden sind. Wir sind so isoliert, daß wir meistenteils schüchtern sind, Zurückweisung voraussehen und zu vermeiden versuchen, indem wir den anderen zuerst zurückweisen. Es ist alles so kompliziert und abschreckend geworden, daß für viele Menschen in den neunziger Jahren die sichersten Beziehungen über das Internet laufen: »Das ist die perfekte Beziehung. Ich kann Sie nicht sehen. Sie können mich nicht sehen ...« Kein Wunder, daß es uns so widerstrebt, eine bestehende Beziehung zu beenden, ganz gleich, wie furchtbar sie auch sein mag. Lebendige Beziehungen aus Fleisch und Blut sind zu einer vom Aussterben bedrohten Spezies geworden.

Wenn wir tatsächlich einmal einen Menschen aus Fleisch und Blut neu kennenlernen, in Echtzeit, ist das ein so ungeheuer wichtiges Ereignis, daß wir erstarren wie das Kaninchen vor der Schlange. Wir sind ungeübt und ungeschickt darin, Kontakt herzustellen, wir sind verlegen, wenn wir ein unverbindliches Gespräch, eine lockere Konversation führen sollen. Weil die Regeln sich dauernd ändern, kommen uns neue Bekanntschaften so monumental vor. Wir wissen nicht, wer die Tür öffnet, offen hält oder schließt, wer fährt, wer bezahlt, wer bittet, wer führt, wer folgt, wer etwas tut, wer etwas nicht tut, wer in den letzten drei Monaten negativ getestet wurde. Die Unsicherheit läßt uns jede neue Bekanntschaft riskant erscheinen.

Und jede neue Freundschaft kommt uns wie ein Wunder vor. »Vielleicht habe ich dieses Mal endlich die vollkommene Beziehung gefunden. Vielleicht ist dies jetzt endlich meine wahre Liebe.« Und vielleicht, nur vielleicht ist es wirklich so.

Wenn wir diesen Punkt erreicht haben, dann wollen wir gar keinen Test auf Realität durchführen. Wir wollen die vollkommenen Augenblicke, die sich bei jeder vielversprechenden neuen Beziehung einstellen, auskosten. Schon allzubald, wenn wir mehr Zeit miteinander verbringen und unsere Kenntnis voneinander vertiefen, werden wir finden, daß, so wie das Leben und wir selbst, auch unser neuer Partner alles andere als vollkommen ist. Unwillig, diese erschreckende Information zu akzeptieren, können wir uns entschließen, unrealistisch zu bleiben und alles daranzusetzen, Vollkommenheit zu erreichen. Wir können eine vollkommen gute, unvollkommene Beziehung zu einer vollkommen funktionsunfähigen Beziehung machen. Hier sind vier todsichere, unfehlbare Katastrophenfahrpläne, die garantiert jede Beziehung ruinieren.

1. Machen Sie anderen zum Vorwurf, nicht vollkommen zu sein. Seien Sie grausam. Seien Sie sarkastisch. Verhöhnen und kritisieren Sie Ihren Partner, wenn er es am wenigsten erwartet, vor allen Dingen spät abends, früh am morgen oder wenn er krank ist. Überzeugen Sie ihn, daß alle Probleme seine Schuld sind. Haben Sie eine Liste zur Hand, auf der so viele Probleme wie möglich aufgeführt sind. Sammeln Sie Probleme. Übertreiben Sie sie. Sie dürfen niemals vergessen, vergeben oder nachgeben. Hegen Sie Ihren Groll. Rechnen Sie ab. Weisen Sie jeden Kompromiß zurück. Übernehmen Sie keine Verantwortung. Wiederholen Sie oft: »Es liegt an dir, daß dies keine vollkommene Beziehung ist.«

2. Werfen Sie sich selbst vor, nicht vollkommen zu sein. Nehmen Sie alles persönlich. Verhöhnen und kritisieren Sie sich selbst.

Konzentrieren Sie sich auf Ihre Fehler. Sammeln Sie sie. Übertreiben Sie sie. Sie dürfen keinen vergessen. Vergeben Sie niemals sich selbst etwas oder lassen Sie es einfach gut sein. Überzeugen Sie sich selbst, daß alle Probleme Ihre Schuld sind. Weisen Sie Kompromisse zurück. Übernehmen Sie die volle Verantwortung für alle Fehler, dafür, daß Sie keine Gedanken lesen können, daß Sie nicht fähig sind, die Zukunft vorherzusagen. Wiederholen Sie oft: »Nur meinetwegen haben wir keine pefekte Beziehung.«

3. Seien Sie völlig unrealistisch. Beachten Sie keinesfalls die persönliche Geschichte, weder Ihre noch die Ihres Partners. Zögern Sie nie, Verpflichtungen einzugehen. Wiederholen Sie die gleichen Handlungen und glauben Sie fest daran, daß Sie diesmal damit ein anderes Ergebnis erzielen. Ignorieren Sie alle realen Begrenzungen. Erwarten Sie mehr, als menschenmöglich ist. Erpressen Sie Ihren Partner/Ihre Partnerin, der perfekte Vater oder die perfekte Mutter zu werden, die Sie nie hatten, und Ihnen all die unbedingte Liebe zu gewähren, die Sie sich in Ihrer Kindheit gewünscht haben.

4. Bestreuen Sie Ihre Beziehung großzügig mit den folgenden Sprüchen; Sie können dann zusehen, wie sie verwelkt und abstirbt:

Wenn du mich wirklich liebtest, würdest du niemals irgend etwas von mir erwarten.

Wenn du mich wirklich liebtest, würdest du mich niemals allein lassen, nicht einmal für einen Nachmittag.

Wenn du mich wirklich liebtest, würdest du niemals auch nur einen kleinen Teil deiner Zeit mit anderen verbringen.

Wenn du mich wirklich liebtest, würdest du meine Schlachten für mich schlagen.

Wenn du mich wirklich liebtest, würdest du dich ändern und alles nur noch so machen, wie ich es für richtig halte.

Wenn du mich wirklich liebtest, würdest du genauso denken

und fühlen wie ich. Wir wären dann wie eins und würden nie mehr Grenzen oder Trennung nötig haben.

Wenn du mich wirklich liebtest, würdest du wissen, was ich mag, was ich will, was ich meine, was ich nicht meine. Du wärst fähig, meine Gedanken zu lesen. Ich müßte gar nichts mehr sagen. Mein Schweigen wäre dir beredt genug.

Wenn du mich wirklich liebtest, würden wir niemals streiten oder verschiedener Meinung sein über Geld, über die Arbeit, über Politik, Religion, Filme, Witze, die Wohnungseinrichtung, die Ferien, die Kindererziehung oder Sex.

Wenn du mich wirklich liebtest, würde unsere Leidenschaft niemals vergehen und brauchte auch nicht erneuert werden.

Wenn du mich wirklich liebtest, könntest du ohne mich gar nicht leben.

Wenn du mich wirklich liebtest, wäre unsere Beziehung vollkommen.

Das Ziel

Vergessen Sie das Vollkommene. Begründen und hegen Sie eine ausreichend gute Partnerschaft, indem Sie ein/e ausreichend gute/r Partner/in sind. Reden Sie miteinander. Hören Sie zu. Lachen Sie. Entwickeln und bewahren Sie sich einen guten Sinn für Humor. Vermeiden Sie es, respektlos zu sein, keine Achtung voreinander zu haben, unbesonnen oder gemein zu sein. Machen Sie einander keine Vorwürfe. Setzen Sie den anderen nicht herab. Seien Sie bereit, sich zu entschuldigen. Seien Sie offen für Änderungen. Lassen Sie immer klar erkennen, was Sie gerne haben, was Sie wollen, wo Sie die Grenzen setzen. Seien Sie flexibel. Passen Sie sich an.

Vertrauen Sie sich und stehen Sie sich selbst positiv gegenüber. Vertrauen Sie Ihrem Partner oder Ihrer Partnerin und stehen Sie ihm oder ihr positiv gegenüber. Achten Sie Ihre Differenzen. Ermutigen

Sie sich beide zu Einzigartigkeit und Kreativität. Sparen Sie nicht mit Anerkennung. Versuchen Sie nicht, die Persönlichkeit Ihres Partners einer Generalüberholung zu unterziehen. Verhandeln Sie alle Kleinigkeiten. Lassen Sie keine großen Affären daraus werden. Seien Sie bereit zu geben. Seien Sie bereit zu nehmen.

Übernehmen Sie die Verantwortung für sich selbst, Ihre Gefühle, Ihr Verhalten. Lassen Sie den anderen Ihre Verantwortung. Nehmen Sie sich Zeit füreinander. Schaffen Sie ein Gleichgewicht zwischen Zusammenarbeit und Trennung, Zusammensein und Alleinesein. Suchen Sie sich einen Partner, der ebenfalls den Wunsch hat, gut genug zu sein.

Erkennen Sie und lassen Sie die Hände von den Beziehungen, die mehr schlecht als recht funktionieren. Eine Beziehung zu pflegen, darf nicht bedeuten, zu lügen, zu betrügen, einander etwas vorzumachen, übermäßig eifersüchtig zu sein, einander zu drohen, zu beschimpfen oder gar körperlich zu mißhandeln.

Schlechte Beziehungen verhelfen Ihnen zu furchtbaren Gefühlen über sich selbst, über Ihre Gefühle, Ihre Werte und Ihre Vorstellungen. Zu den ersten Warnzeichen gehören unkontrollierte Wutausbrüche, exzessives Trinken oder starker Drogenkonsum, große Unterschiede in Ihrer Einstellung zur Arbeit und zum Geld. Hüten Sie sich vor jedem, der Kinder, Haustiere oder leblose Dinge mißhandelt. Vermeiden Sie jeden, der Sie anlügt, Sie niedermacht, Sie als Sexobjekt behandelt, sich rar macht, wenn Sie krank werden, Sie dazu drängt, Ihre Freunde und Ihre Familie aufzugeben, Sie in gefährliche Situationen bringt. Seien Sie willens, beim Namen zu nennen, was passiert. Machen Sie weder sich selbst noch anderen etwas vor. Fragen Sie Dritte (und Vierte), wie sie die Situation beurteilen. Suchen Sie Hilfe. Werden Sie klug. Machen Sie Schluß.

Übungen

Wenn Sie in einer Beziehung leben, die gut genug ist, dann hegen und pflegen Sie sie. Denken Sie mit Wonne daran, wie diese Beziehung begann. Es gab ja wohl gute Gründe, überhaupt erst einmal zusammenzukommen. Erinneren Sie sich an das Gute und feiern Sie es.

Geben Sie acht darauf, wer Sie sind und was Sie bleiben möchten. Seien Sie besonders vorsichtig und einfühlsam, wenn Sie von Ihrem Partner/Ihrer Partnerin eine Änderung verlangen. Wahrscheinlich ist, daß Ihr/e Partner/in sich nicht sehr ändern wird. Denken Sie daran, wie schwer es Ihnen fällt, Ihr eigenes Verhalten zu ändern. Es ist auch nicht sehr wahrscheinlich, daß Sie sich jemals sehr ändern werden.

Schaffen Sie sich für jeden negativen Augenblick mit Ihrem Partner/Ihrer Partnerin fünf positive Augenblicke. Seien Sie fünfmal so nett zueinander, wie Sie häßlich zueinander waren. Machen Sie fünf Komplimente für jede Kritik. Auf das Zahlenverhältnis kommt es an.

Arbeiten Sie auf gemeinsame Ziele hin. Unterstützen Sie sich in Ihren Ambitionen.

Finden Sie das richtige Gleichgewicht zwischen der Pflege der Beziehung, Ihrer eigenen Pflege und der Pflege Ihres Partners/Ihrer Partnerin. Tarieren Sie dieses Gleichgewicht immer wieder neu aus, wenn sich etwas geändert hat. Es wird sich ständig etwas ändern.

Wenn Sie in einer Beziehung leben, die mehr schlecht als recht ist, dann suchen Sie nach einer Möglichkeit, diese Beziehung zu ändern oder zu beenden.

Nehmen Sie sich Zeit, alleine zu sein. Entdecken Sie die Freuden der Einsamkeit. Genießen Sie es, ohne eine tiefe Beziehung zu leben. Seien Sie vorbereitet. Alle Beziehungen enden, außer Ihrer Beziehung zu sich selbst.

Bestärkungen

Ich kann tanzen, wenn ich in einer Beziehung lebe, die gut genug ist.

Ich weiß, wann meine Beziehung nicht mehr funktioniert.

Ich kann um Hilfe bitten, klug werden, Leine ziehen.

Ich weiß, wann die Beziehung, in der ich lebe, gut genug ist.

Mir geht's gut. Dir geht's gut. Uns geht's gut.

Ohne dich bin ich etwas anderes.

Wenn ich alleine bin, bin ich in sehr guter Gesellschaft.

Ich bin gut genug.

Ich verkrafte es, wenn du und ich und unsere Beziehung unvollkommen sind. Ich knüpfe Beziehungen, also bin ich.

24
Die B-Seite der Vollkommenheit

Der Mythos

Perfektionismus ist nicht mein Thema.

Die Wahrheit

Perfektionismus ist unser aller Thema. Wir inhalieren ihn mit der Luftverschmutzung. Wir schwimmen darin. Der Perfektionismus ergreift jedesmal von uns Besitz, wenn wir mit uns selbst hadern, weil wir etwas falsch gemacht haben, zu spät sind oder uns dumm anstellen. Er verfolgt uns, wenn wir wissen, daß wir etwas besser gemacht haben könnten und sollten, alles verstanden haben sollten, alle Konsequenzen vorausgesehen haben sollten.

Der Anfang

Wir waren vollkommen.

Die Gegenwart

Wir sind immer noch perfekt. Wir haben perfekte Mängel, Beulen, Schwellungen, Warzen und zwei linke Füße. Perfekt bedeutet für bloße Sterbliche, daß wir regelmäßig aufs Gesicht fallen, uns den

Kaffee über die Hose gießen und oft und mit Begeisterung etwas falsch machen.

Das Ziel

Lassen Sie den Perfektionismus für sich zum Thema werden, genau wie Herrschaft, Mitabhängigkeit, unverbesserliche Romantik, Zurückweisung, Schuld, Scham, Furcht, Überarbeitung und Das Verwischen der Geschlechtsrollen. Sie sind eine/r von uns. Genießen Sie es.

Übungen

Schreiben Sie Ihre eigenen privaten, liebsten Perfektionsmythen auf, diejenigen, mit deren Hilfe Sie es schaffen, gerade noch normal zu bleiben.

Lächeln Sie wissend, wenn Sie das Streben anderer bemerken, perfekt zu sein.

Zeigen Sie offen, daß Sie gewöhnlich sind.

Lassen Sie sich auf Widersprüche ein.

Stellen Sie die Autorität in Frage.

Bestärkungen

Ich bin gern Perfektionist/in. Da bin ich in ausgezeichneter Gesellschaft.

Ich liebe mein vollkommen gewöhnliches Ich.

Ich lebe in Stuttgart, nicht im Märchenland. Ich _____ (bitte selbst ergänzen), also bin ich.

Der Unvollkommenheitstest

Kreuzen Sie so viele Antworten an, wie Sie mögen. Sie werden anhand der Ergebnisse nicht benotet.

1. Ich empfinde tiefe Furcht, Fehler zu machen ...

a) oft
b) selten
c) nur montags
d) nie

2. Zu meinen unbezahlbaren Unvollkommenheiten gehört:

_____

_____

_____

3. Meine Fehler sind größer und besser als deine.

    zutreffend/unzutreffend

4. Meine Unvollkommenheiten machen mich zu einem vollkommenen menschlichen Wesen.

    zutreffend/unzutreffend

5. Meine Unvollkommenheiten und deine Unvollkommenheiten machen uns zu einem perfekten Paar.

    zutreffend/unzutreffend

6. Ich verbringe wertvolle, kostbare Zeit damit, die kleinste Unvollkommenheit zu finden und zu kritisieren.

a) oft
b) selten
c) nur montags
d) nie

7. Ich genieße die Unvollkommenheiten anderer mehr als meine
   eigene.

   zutreffend/unzutreffend

8. Deine Unvollkommenheiten sind

a) bewundernswert
b) interessant und bemerkenswert
c) ermüdend
d) alarmierend
e) alles unter a) bis d) Genannte zugleich

9. Meine Unvollkommenheiten sind

a) bewundernswert
b) interessant und bemerkenswert
c) ermüdend
d) alarmierend
e) alles unter a) bis d) Genannte zugleich

10. Meine Eltern haben mich unvollkommen gemacht

a) oft
b) selten

c)   nur montags

d)   nie

11.   Meine Kinder machen mich unvollkommen

a)   oft

b)   selten

c)   nur montags

d)   nie

Fühl dich wohl

Carmen Renee Berry
Das tut mir gut
365 Wohlfühltips für Körper und Seele
416 Seiten, Paperback
ISBN 3-451-26606-7
Jeder Tag wird zu einer Insel – gegen Streß und Alltagsroutine. Ein Wohlfühl-
programm für das ganze Jahr.

Henri Brunel
Die Fünf-Minuten-Entspannung
22 Übungen für alle, die viel Streß und wenig Zeit haben
160 Seiten, Klappenbroschur
ISBN 3-451-26380-7
Für alle Gestreßten: In Minutenschnelle tief entspannen und anschließend topfit
durchstarten – das ist das Konzept dieses Buches.

Lawrence LeShan
Mit Meditation zum Wohlfühlgewicht
192 Seiten, Klappenbroschur
ISBN 3-451-26486-2
Schluß mit dem Jo-Jo-Effekt! Einfache Meditationstechniken für alle, die streßfrei
abnehmen und seelisch ausgeglichen bleiben wollen.

Kwan Lau
Feng Shui – leicht gemacht
Den eigenen Lebensraum harmonisch gestalten – Energieblockaden
lösen
ISBN 3-451-26370-X
Die jahrhundertealte Tradition des chinesischen Feng Shui verständlich und
praxisnah erklärt und auf heutige Verhältnisse angewandt.

Friedrich Graf
Ganzheitliches Wohlbefinden – Homöopathie für Frauen
Ein Begleiter für die wichtigsten Lebensphasen
288 Seiten, kartoniert
ISBN 3-451-22681-2
Sanft heilen und gesund bleiben: Ein kompetenter Ratgeber für Frauen in allen
Lebensphasen, die „natürlich" gesund sein wollen.

HERDER

Prof. Dr. med. Josef Rötzer
Der persönliche Zyklus der Frau
Von der Vorpubertät bis zu den Wechseljahren
256 Seiten mit 6 Abb. und 50 Tabellen, Klappenbroschur
ISBN 3-451-26885-X

Professor Rötzer erklärt, welche körperlichen Zeichen der Frau helfen, die Besonderheiten ihres Zyklus wahrzunehmen, und informiert genau über die Veränderungen, die in den verschiedenen Lebensabschnitten auftreten können.

Margarethe Schindler
Rituale für die Lebensmitte
Dem Leben Tiefe geben
153 Seiten, Klappenbroschur
ISBN 3-451-26474-9

Rituale in der Lebensmitte helfen, den Bestand des bisherigen Lebens zu sichern und sich auf eine neue, wertvolle und lebenswerte Lebensphase einzurichten.

Wighard Strehlow
Wie Hildegard-Medizin vorbeugt und heilt
Die Praxis für ein gesundes Leben – Erfahrungen mit dem Gesundheitsprogramm der Heiligen Hildegard
ISBN 3-451-26409-9

Die praktische Anwendung der Hildegard-Medizin bei den großen chronischen Zivilisationskrankheiten.

Cornelia Thiels
Das Selbsthilfeprogramm bei Depressionen
Neue Energien finden
192 Seiten, Klappenbroschur
ISBN 3-451-26375-0

Cornelia Thiels zeigt, wie man mit wenig Aufwand Kraftquellen erschließen kann – gerade wenn man meint, keine Energie mehr zu haben.

Sabine Seyffert
Entspannung für gestreßte Mütter
Neue Kraft schöpfen – Phantasiereisen, Ruheübungen, Autogenes Training
160 Seiten, Klappenbroschur
ISBN 3-451-26113-8

„Jetzt bloß ruhig bleiben!", ist der Stoßseufzer so mancher gestreßten Mutter im alltäglichen Chaos. Sabine Seyffert stellt leichte und wirksame Entspannungstechniken vor, mit denen Ruhe und Gelassenheit bewahrt werden können.

HERDER